航空服務管理與票務

鄭章瑞　編著

補充資料

全華圖書股份有限公司

1. 本書中舉例所使用的票價，以年票 (Normal Class fare) 為主，但讀者可類推其他頭等艙、商務艙、特惠經濟艙之票如 YEE6M、YEE1M 或其他旅遊票價。

2. 本書中舉例所使用的 NUC、ROE，會隨各種狀況變動，實際開票時以當時之 NUC 及 ROE 為準。

3. 一般來說，TPM 及 MPM 不太會變動，但仍以開票當時公告內容為準。

4. 本書所述行李重量、件數、超重行李費、改票加收手續費等，皆會隨著各地區、各航空公司、各個時間階段而變動，請向各航空公司查詢。

5. 同一艙等，同一航段，各航空公司向 IATA 所報備之票價仍然有可能不一樣。

6. A 航空公司所提供之各種服務，B 航空公司不見得一樣，請向各航空公司查詢。

7. 隨著電子化推動，紙本機票或航空相關文件、換票手續等作業及規定，將迅速改變，讀者要隨時注意及更新資訊。

8. 票務相關規則與計算，皆源自 IATA 所制定，因此請注意 IATA 之訊息。

9. 訂位的訊息以先啓資訊系統股份有限公司所發行之 Abacus 使用手冊為參考資料，因此請注意該公司發布之最新訊息。

自序

在華航服務26年實務及11年教學經驗，結合實務與理論，爲了實現教學步驟、理想與優質，將原「航空客運與票務」進階篇中，較爲繁瑣的票價計算與組合刪除，修訂出版本書，擴大內容：第4章航空客運市場、第6章機場服務介紹、第7章機上服務修訂及新增第三節空服員考試準備、第8章將時間換算再分類。

希望經由此書，開啓學子由淺入深，逐步學習航空概論及初級票務知識，只要是跟航空公司有相關的行業及工作，皆需要學習票務知識，這是航空及旅遊業最基本的知識。

我要再次感謝在華航任職期間，曾照顧及幫助我的朋友，點滴在個人心中，我不曾忘懷，雖然無法一一列名，但我記得你們的恩情。

謝謝使用本書的老師及同學，自2015年8月初版，在數次修正及更新資料，第四版即將付印之際，個人除懷抱感恩之外，實誠惶誠恐，總希望完善本書，但囿於個人才疏學淺，所能參考文件有限，如果能再獲得航空公司協助，當更能完善本書內容，祈盼學界及業界先進，給予建議及指教，您的指教都是我永遠的感激。我的 Email：raymondvnu@yahoo.com.tw

謹將此書獻給我已逝的母親　鄭池彩秋女士及敬愛的父親　鄭銘源先生，一生辛苦，勤勞篤實，惜物愛人，與人爲善，無濟世高深學問，有平凡人生溫情，雖困居鄉間，卻能鼓舞孩子高飛，給予永無止盡沉默的愛。

謝謝在本書編撰期間，協助提供資訊的朋友、萬能科大的好友及全華圖書公司編輯部同仁。

鄭章瑞謹誌
2020 年 2 月

Contents ✈ 目 錄

第一篇 航空服務管理

第 01 章 航空概論與主管機關
第一節 民航組織 / 8
第二節 MITA、SITA & GDS / 11
第三節 民航及觀光主管機關 / 14

第 02 章 航空公司組織與產業
第一節 航空公司業務與組織 / 24
第二節 產業之關聯性 / 26

第 03 章 航空公司特性與分類
第一節 航空公司的特性 / 30
第二節 航空公司的分類 / 34
第三節 目前飛行臺灣的航空公司 / 39

第 04 章 航空客運市場
第一節 航空市場需求分析 / 42
第二節 航空市場環境分析 / 48
第三節 航空產品及品牌 / 51

第 05 章 旅遊趨勢
第一節 團體旅遊 / 60
第二節 個人自由行 / 63
第三節 航空公司因應策略 / 67

第 06 章 機場服務介紹
第一節 機場旅客服務概論 / 72
第二節 出境服務 / 77
第三節 入境服務 / 90
第四節 轉機服務 / 93

第 07 章 空勤服務
第一節 空勤服務程序與內容 / 98
第二節 旅客機上須知 / 112
第三節 空服員應考須知及題庫 / 114

第 08 章 航權與指標
第一節 空中航權 / 134
第二節 三個區域 / 138
第三節 全球飛行指標 / 140
第四節 跨區飛行 / 141
第五節 時間換算 / 142

第二篇 航空初級票務

第 09 章 訂位系統與客運聯盟
第一節 訂位系統 / 156
第二節 銀行清帳計畫 (BSP) / 162
第三節 航空聯盟 / 163
第四節 班號聯營 / 168

第 10 章 代號

第一節 城市及機場代號 / 172
第二節 航空公司英文 2 碼代號 / 177
第三節 航空公司英文 3 碼代號 / 178
第四節 航空公司數字 3 碼代號 / 179
第五節 貨幣代號 / 180
第六節 世界各國國名代號 / 181
第七節 機票稅費代號 / 182

第 11 章 機票種類與使用

第一節 機票種類 / 184
第二節 機票使用 / 190
第三節 行李 / 192
第四節 國內線運送服務 / 202
第五節 危險物品簡介 / 211

第 12 章 電子機票

第一節 電子機票 (ET) / 226
第二節 機票組成內容 / 230
第三節 機票行程類別 / 242

第 13 章 票價基礎規則 (一)

第一節 NUC 及 ROE / 248
第二節 票價選擇準則 / 250
第三節 行程型態 / 251
第四節 機票開立及銷售指標 / 253
第五節 票價哩程系統 / 254
第六節 票價計算欄 / 257

第 14 章 票價基礎規則 (二)

第一節 票價計算名詞 / 260
第二節 票價檢查－特定航路 / 263
第三節 票價檢查－高票價 / 264
第四節 票價計算方向 / 265

第 15 章 航空機票訂價策略分析

第一節 航空機票訂價因素 / 271
第二節 航空機票訂價方法 / 276
第三節 航空機票訂價策略 / 281

附錄

附錄一 機票術語 / 290
附錄二 空服員報考參考資訊 / 304
參考文獻及資料來源 / 310

第一篇
航空服務管理

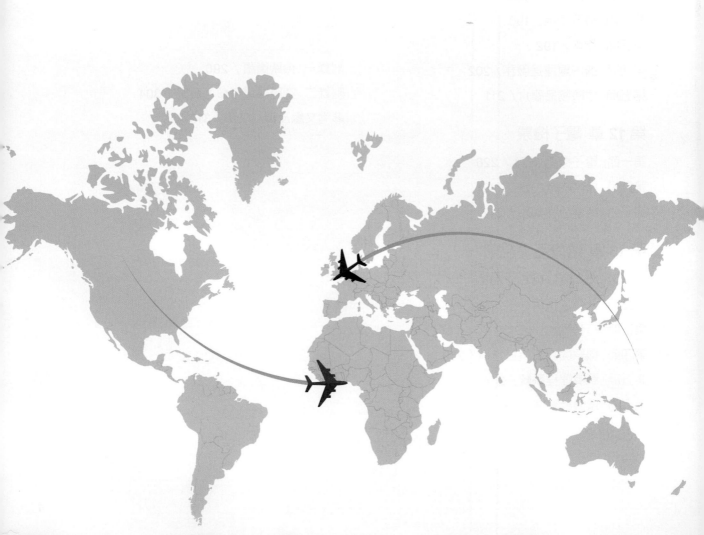

第 01 章 航空概論與主管機關

第一節 民航組織
第二節 MITA、SITA & GDS
第三節 民航及觀光主管機關

教學目標

1. 明確瞭解國際航空各種組織及功能。
2. 瞭解 MITA 及 GDS 內容。
3. 瞭解主管機關業務職掌。

課前導讀

　　本章主要介紹國際民航組織 (ICAO) 及國際航空運輸協會 (IATA)。 IATA 的商業功能及其附屬組織，主導全球民航的運作，其中 MITA 及 SITA 與航空公司及旅行社的關係更是密不可分。

　　我國主要民航及觀光主管機關有交通部民用航空局、飛航安全調查委員會及觀光局，在國際民航組織法規下訂定我國內部之相關法規，同學準備考試時，應至各機關網站查詢最新規定。

第一節　民航組織

一、國際民航組織

（一）成立起源

美國於 1944 年邀集 52 個國家，在芝加哥簽訂「芝加哥協議」，並於 1945 年成立「國際民航組織」(ICAO, International Civil Aviation Organization)，爲各國官方單位（如民航局）所組成，是聯合國屬下專責管理和發展國際民航事務的機構。我國 1971 年退出 ICAO 後即被中國取代，2013 年 9 月 27 日臺灣以「特邀貴賓」身分重返 ICAO 會議。

（二）成立之宗旨與目的

發展國際航空之原則及技術，並促成國際空中運輸的規劃及發展，俾達成：

1. 確保全球的民航事業獲得成長。
2. 確保各國在機會均等原則下經營國際民航業務。
3. 鼓勵各國爲和平用途改進航空器的性能與使用。
4. 滿足全球人民對航空運輸獲得安全與經濟的使用。
5. 鼓勵各國營建航路、航站、及助航設施。
6. 避免各國際民航間的惡性競爭。
7. 避免各國間的差別待遇。
8. 飛航情報區的劃定，促進國際民用航空的飛航安全。
9. 促進各國和平交換空中通過權。
10. 促進國際民航業務的全面發展。

二、國際航空運輸協會

（一）介紹

國際航空運輸協會（簡稱國際航協）(IATA, International Air Transport Association)，主要功能爲提供航空公司間合作平臺，以「提升安全可靠的航空服務」爲宗旨，並負責訂定航空運輸之票價及規則。

國際航協組織爲航空運輸業的民間組織，會員分爲「航空公司」、「旅行社」、「貨運代理」及「組織結盟」等四類。

國際航協之會員來自 146 國的航空公司，IATA 協會會員分為兩種，一為正會員 (Active member)，即經營定期國際航線航空公司；另一種為準會員 (Associate member)，以經營定期國內航線航空公司或包機公司為主，至目前已有 298 個會員。我國目前已為會員的航空公司有：中華航空公司、長榮航空公司。

（二）國際航協的願景與使命

1. **願景**：著力於創造價值、安全、可靠、有利的嶄新航空業，並持續的為全球謀福利。

2. **使命**：代表、領導和服務航空業。

   (1) 代表航空業：提高航空運輸政府管理部門理解，認識航空業給國家和全球經濟帶來的好處。維護全球各地航空業的利益，挑戰不合理的規則和收費制度及作出說明，並爭取合理的調整。

   (2) 領導航空業：近 70 年來，開發及建立航空業的全球商業標準。協助航空業通過簡化流程、降低成本和提高效率，同時增加乘客便利。

   (3) 服務航空業：使航空公司在明確定義的規則下，安全、有效、經濟運行，並向所有業者與產品，提供專家服務和專業支援。

三、國際航協的重要商業功能

1. **多邊聯運協定(MITA, Multilateral Interline Traffic Agreements)**：協定中最重要的內容就是客票、行李運送與貨運提單格式及程序的標準化。

2. **票價會議(Tariff Conference)**：制定客運票價、貨運費率、及訂定票價結構規則(Fare Construction Rules)。

3. **訂定票價結構規則(Fare Construction Rules)**：訂定以哩程作為基礎的票價計算規則，稱為哩程系統(Mileage System)。

4. **訂定統一的分帳規則(Proration Rules)**：各聯運航空公司將總票款，按一定的公式，分攤在所有航段上。

5. **清帳所(Clearing House)**：設立於倫敦，將所有航空公司的清帳工作，彙集在國際航協清帳所。

6. **銀行清帳計畫 (BSP, Billing and Settlement Plan；舊稱 Bank Settlement Plan)**：各航空公司會員與旅行社會員之中介機構，主要在簡化銷售、結報、清帳、票務管理等方面的程序，使業者的作業更具效率。

7. 推動電子無紙化：除了電子機票外，推動電子雜項文件(EMD)（如：MCO、PTA、FIM、MPD等）及貨運提單(AWB, Air WayBill)電子化。

四、組織任務

1. 實施分段聯運空運，使一票通行全世界。

2. 訂定客貨運價，防止彼此惡性競爭、壟斷。

3. 訂定運輸規則、條件。

4. 制定運輸之結算辦法。

5. 制定代理商規則。

6. 訂定航空時刻表。

7. 建立各種業務的標準作業程序。

8. 協調相互利用裝備並提供新資訊。

9. 確保決議的確實執行。

五、美國聯邦航空署[1]

　　美國聯邦航空署 (FAA, Federal Aviation Administration) 負責美國所有民航業務及客貨運的督導，訂定有關民航機的飛航標準，凡是有關民航機的飛航標準，民航機的設計、製造等都有嚴格規定；另外，也負責檢查美國境內每架民航機之飛航性能、執照核發，新機種在問世之前，必須先獲得機型執照；由於美國強大國力及商機，全球飛行於美國航線的飛機，亦比照美國訂定之標準辦理。

　　FAA 制定飛行員的資格、飛機維修人員資格證照和檢驗的標準。FAA 也負責飛航管制台及飛航輔助設施的操作，同時對其所設立的航線系統之交通流量加以限定：每兩架飛行中的飛機必須相互保持 4.8 公里距離，與相互間有 305 公尺以上的高度差。

1　資料來源：http://www.faa.gov。

第二節　MITA、SITA & GDS

一、MITA & BCTA

（一）多邊聯運協定 (MITA, Multilateral Interline Traffic Agreements)

在 IATA 體系下，航空公司加入多邊聯運協定後，可互相接受對方的機票或貨運提單，即同意接受對方的旅客與貨物。因此，協定中最重要的內容就是客票、行李運送與貨運提單格式及程序的標準化（圖 1-1）。

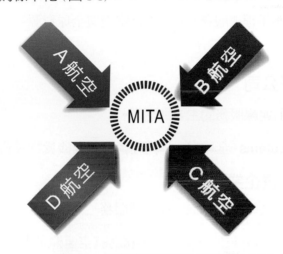

圖1-1　多邊聯運協定(MITA)架構

（二）雙邊清帳合約 (BCTA, Bilateral Clearing Traffic Agreements)

航空公司中有未能加入 MITA 者，與其他航空公司訂立雙邊清帳合約，以利接受對方開立的機票及客貨等，並依 IATA 票務規則及聯運清帳（圖 1-2）。

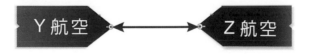

圖1-2　雙邊清帳合約（BCTA）架構

二、SITA[2]

國際航空電訊協會 (SITA, Société Internationale de Télécommunications Aéronautiques) 屬於國際航空運輸協會 (IATA) 成員之一，是一家跨國資訊科技技術公司，總部設在日內瓦 (Geneva)，專門提供航空業資訊科技技術和電信服務。

2　資料來源：http://www.sita.aero。

SITA 建構全球涵蓋最廣的網絡，是航空運輸通訊與資訊科技解決方案的全球頂尖專家，為航空公司、機場、全球訂位系統 (GDS)、政府與其他顧客，提供管理業務解決方案，形成全球航空運輸業的通訊骨幹。

SITA 的業務內容包含管理全球通訊、基礎架構與外包服務，並為航空公司提供票務資訊、商業管理服務，以及航班運作、飛機運作與空對地通訊、機場管理與營運、乘客營運、行李處理、運輸安全、邊境管理與貨物處理等。

SITA 全球客服團隊成員超過 2,100 人，投入大量資源以提供最頂級的客戶服務，旗下的通訊與資訊科技應用程式服務，完全整合當地與全球資源。

（一）SITA 主要子公司

1. SITA ONAIR：機上連線服務的主要供應商。

2. CHAMP Cargo systems：全球唯一專門經營有關飛機貨物業務的資訊科技公司。

（二）SITA 主要合資企業

1. Aviareto：提供航空運輸業者飛機資產管理服務。

2. CertiPath：經營電子身分證的安全管理業務為航空運輸業者提供服務。

SITA 完整的票務程式及資訊，讓航空公司及旅行社票務人員依賴日深，利用鍵盤及指令迅速完成開票作業，但若不瞭解票價基礎理論，可能無法精準掌握票價是否為最低組合。

三、GDS

（一）何謂 GDS

「全球訂位通路系統」或「航空公司、機場、全球分銷系統」(GDS, Global Distribution System)，是應用於民航運輸及整個旅遊業的電腦資訊服務系統。通過 GDS，遍及全球的旅遊銷售機構，可以及時地從航空公司、旅館、租車公司、旅遊公司，獲取大量與旅遊相關的資訊，從而提供顧客快捷、便利、可靠的服務。

（二）GDS 服務內容

GDS 服務內容有：班表／票價陳列 (Schedule/Fare Display)、訂位 (Reservation)、開票 (Ticketing)、資訊系統 (Information System)（圖 1-3）。

旅行社從業人員可以藉著 GDS，幫客人預訂全球大部分航空公司的機位、旅館及租車，另有關旅遊的服務（如：旅遊地點的安排、保險、郵輪甚至火車等），也都可以透過 GDS 直接訂位，還可以直接取得全世界各地旅遊相關資訊，包括航空公司的班表，旅館、租車公司、機場的設施、轉機的時間、機場稅、簽證、護照、檢疫、信用卡查詢、超重行李計費等資訊；GDS 系統已成為旅遊從業人員所必備的工具，也是航空公司、飯店業者及租車業者的主要銷售通路。

目前在國際上主要有四大 GDS 分銷商，包括 Amadeus、Galileo、Sabre、Worldspan 等四大系統，而在臺灣市場較為行業所熟知的 Abacus，其技術支持源自於 Sabre。

圖1-3　GDS服務內容

第三節　民航及觀光主管機關

一、交通部民用航空局

（一）組織編制概況

　　交通部民用航空局的單位有企劃、空運、飛航標準、飛航管制、場站、助航及供應等 7 組及資訊、秘書、會計、人事、政風等 5 室。局屬機關則有：

1. **航空站**：桃園國際航空站1個特等航空站（已改為桃園國際機場股份有限公司）、臺北（松山）及高雄國際航空站等2個甲等航空站，以及花蓮、馬公、臺南、臺東等4個乙等航空站與臺中、金門、嘉義等3個丙等航空站及蘭嶼、綠島、七美、望安、南竿、北竿、屏東、恆春等8個丁等航空站。

2. **飛航服務總臺**。

3. **民航人員訓練所**。

4. **任務編組單位**：機場擴建工程處、飛航管制聯合協調中心、桃園航空客貨運園區開發中心。

5. **接受指揮監督單位**：航空警察局、航空醫務中心、財團法人航空器設計製造適航驗證中心。

（二）任務與職掌

1. 民航事業發展及民航科技之規劃與政策之擬訂事項。

2. 國際民航規劃、國際民航組織及國際民航合作之聯繫、協商與推動事項。

3. 民用航空業之管理督導及航空器之登記管理事項。

4. 飛航標準之釐訂、飛航安全之策劃與督導、航空器失事之調查及航空人員之訓練與管理事項。

5. 航空通訊、氣象及飛航管制之規劃、督導與查核事項。

6. 民航場站及助航設施之規劃、建設事項。

7. 軍、民航管制之空域運用及助航設施之協調聯繫事項。

8. 民航設施器材之籌補、供應、管理及航空器與器材入出口證照之審核事項。

9. 民航資訊系統之整體規劃、協調與推動及電腦設備之操作、維護與管理事項。

10. 航空器及其各項裝備、零組件之設計、製造、維修、組裝過程與其產品及航空器製造廠、維修廠、所之檢定、驗證事項。

11. 其他有關民航事項。

（三）我國各航空公司飛機擁有數量

航空器依普通分類法（從外觀分類）可分爲三類：使用噴射引擎的爲「噴射機」，裝具螺旋槳的是「螺旋槳飛機」，而頭上頂個大風扇的稱爲「直昇機」。

表1-1　中華民國國籍航空器統計

公司名稱	現有數量(機型及國籍編號)				小計
	機型	編號			
中華航空	B747-400	B-18210	B-18211	B-18212	B-18215	91
	B737-800	B-18610	B-18612	B-18615	B-18617	
		B-18651	B-18652	B-18653	B-18655	
		B-18656	B-18657	B-18658	B-18659	
		B-18660	B-18661	B-18662	B-18663	
		B-18665	B-18666	B-18667		
	A330-300	B-18301	B-18302	B-18303	B-18305	
		B-18306	B-18307	B-18308	B-18309	
		B-18310	B-18351	B-18311		
		B-18352	B-18315	B-18316	B-18317	
		B-18353	B-18355	B-18356	B-18357	
		B-18358	B-18359	B-18360	B-18361	
	A350-900	B-18901	B-18902	B-18903	B-18905	
		B-18906	B-18907	B-18908	B-18909	
		B-18910	B-18912	B-18915	B-18916	
		B-18917	B-18918			
	B747-400F	B-18701	B-18702	B-18703	B-18705	
		B-18706	B-18707	B-18708	B-18709	
		B-18710	B-18711	B-18712	B-18715	
		B-18716	B-18717	B-18718	B-18719	
		B-18720	B-18721	B-18722	B-18723	
		B-18725				
	B777-300ER	B-18051	B-18052	B-18053	B-18055	
		B-18001	B-18002	B-18003	B-18005	
		B-18006	B-18007			

續下頁

公司名稱	現有數量(機型及國籍編號)				小計
	機型	編號			
長榮航空	B777-300ER	B-16703	B-16705	B-16706	B-16707	
		B-16708	B-16709	B-16710	B-16711	
		B-16712	B-16713	B-16715	B-16716	
		B-16718	B-16719	B-16720	B-16721	
		B-16722	B-16723	B-16725	B-16726	
		B-16727	B-16728	B-16729	B-16730	
		B-16731	B-16732	B-16733	B-16735	
		B-16736	B-16737	B-16738	B-16739	
		B-16740				
	A321-211	B-16201	B-16202	B-16203	B-16205	
		B-16206	B-16207	B-16208	B-16211	
		B-16212	B-16213	B-16215	B-16216	
		B-16217	B-16218	B-16219	B-16220	83
		B-16221	B-16222	B-16223	B-16225	
		B-16226	B-16227			
	A330-200	B-16310	B-16311	B-16312		
	A330-300	B-16331	B-16332	B-16333	B-16335	
		B-16336	B-16337	B-16338	B-16339	
		B-16340				
	B777F	B-16781	B-16782	B-16783	B-16785	
		B-16786				
	B787-9	B-17881	B-17882	B-17883	B-17885	
	B-787-10	B-17801	B-17802	B-17803		
	A318-112	B-55411				
	A319-115	B-54111				
	A319-133	B-00777				
	G280	B-66666				

續下頁

承上頁

公司名稱	現有數量(機型及國籍編號)				小計
	機型	編號			
遠東航空	MD-82	B-28011	B-28017	B-28021	B-28035	14
		B-28037				
	MD-83	B-28007	B-28025	B-28027		
	ATR-72-212A	B-28066	B-28068	B-28088	B-28082	
		B-28266	B-28268			
立榮航空	A321-211	B-16209	B-16210			17
	ATR72-212A	B-17001	B-17002	B-17003	B-17005	
		B-17006	B-17007	B-17008	B-17009	
		B-17010	B-17011	B-17012	B-17013	
		B-17015	B-17016	B-17017		
華信航空	E-190AR	B-16821	B-16822	B-16823	B-16827	13
		B-16828	B-16829			
	ATR72-212A	B-16851	B-16852	B-16853	B-16855	
		B-16856	B-16857	B-16858		
臺灣虎航	A320-232	B-50001	B-50003	B-50005	B-50006	11
		B-50007	B-50008	B-50011	B-50015	
		B-50016	B-50017	B-50018		
德安航空	BK-117B-2	B-55507	B-55509			6
	DORNIER-228-212					
	DHC6- Series 400	B-55573	B-55577	B-55575	B-55571	
中興航空	BK-117B-2					1
	Hawker 400xp	B-77701				
凌天航空	BELL-206B3	B-31118	B-31109	B-31169		6
	AW169	B-16979	B-16928	B-16988		
大鵬航空	BN-2B-20	B-68802				3
	BN2T	B-68808				
	P68C-TC	B-77709				
漢翔工業	ASTRA-SPX	B-20001				1

續下頁

承上頁

公司名稱	現有數量(機型及國籍編號)					小計
	機型	編號				
群鷹翔國土資源航空	BN-2A-26	B-69832	B-69896			2
民用航空局	BEECH-350	B-00101				1
華捷商務航空	GV-SP	B-99888	B-90609			3
	GVI(G650ER)	B-99988				
飛特立航空	400A	B-95995				8
	BD-700-1A10	B-96999	B-95959			
	BD-700-1A11	B-99998				
	EMB-135BJ	B-99999				
	737-700IGW	B-09590				
	GVI(G650ER)	B-88322				
	EMB-505	B-95119				
前進航空	208B	B-23063	B-23062			2
臺東縣政府	M-105	B-00001				7
	M-120	B-00002	B-00011	B-00006		
	F-26	B-00003				
	C-90	B-00008				
	Z-160					
	STANDING BEAR 105	B-00012				
觔斗雲	Cameron Z-120					0
安捷飛航訓練中心股份有限公司	DA 40 NG	B-88001	B-88002	B-88003	B-88005	7
		B-88006	B-88007			
	DA 42 NG	B-89001				
天際航空	M-120	B-12011	B-12029	B-00005		7
		B-00007				
	Z-90	B-20156				
	Z-160	B-00009				
	F-36	B-10411				

續下頁

承上頁

公司名稱	現有數量(機型及國籍編號)					小計
	機型	編號				
亞太創意學院	M-77	B-88888				1
鹿溪管理顧問股份有限公司	Z-120	B-67988	B-79001			3
	Z-140	B-79002				
騰達航空	GVI(G650ER)	B-56789	B-98888			2
總計						289

資料來源：交通部民航局網站及統計資料。

機型說明：

B：代表波音公司生產

A：代表空中巴士公司生產

F：代表貨機

ER（Extended Range）：主要增加了油箱容量和把最大起飛重量提升及增加航程公里

SF（Special Freighter）：特訂貨機

二、飛航安全調查委員會

（一）組織

行政院依民國 87 年 3 月 23 日發布之「航空器飛航安全委員會組織規程」，設立「航空器飛航安全委員會」，民國 90 年 5 月 23 日發布「行政院飛航安全委員會組織規程」，更名為「行政院飛航安全委員會」，為有效發揮調查機關所需具備之獨立性及公信力，並配合政府組織再造計畫，101 年 5 月 20 日「飛航安全調查委員會」正式成為獨立機關。

飛航安全調查委員會置委員 5 人至 7 人，由行政院院長任命適當人員兼任，任期 3 年，並指定其中一人為主任委員綜理會務，並指揮、監督所屬人員，對外代表該會；一人為副主任委員，襄助主任委員處理會務。飛航安全調查委員會下設事故調查組、飛航安全組、調查實驗室及秘書室。

（二）飛航安全調查委員會掌理業務 [3]

1. 飛航事故之通報處理、調查、鑑定原因、調查報告及飛航安全改善建議之提出。

2. 國內、外飛航事故調查組織與飛航安全組織之協調及聯繫。

3　資料來源：飛航安全調查委員會網站。

3. 飛航事故趨勢分析、飛航安全改善建議之執行追蹤、調查工作之研究發展及重大影響飛航安全事件之專案研究。

4. 飛航事故調查技術之能量建立、飛航紀錄器解讀及航機性能分析。

5. 飛航事故調查法令之擬訂、修正及廢止。

6. 其他有關飛航事故之調查事項。

三、交通部觀光局[4]

（一）組織

　　目前該局下設：企劃、業務、技術、國際、國民旅遊等 5 組，及秘書、人事、會計、政風等 4 室。爲加強來華及出國觀光旅客之服務，先後設立以下旅客服務中心，及臺中、臺南、高雄服務處。

1. 臺灣桃園國際機場旅客服務中心。

2. 高雄國際機場旅客服務中心。

3. 臺北設立觀光局旅遊服務中心。

　　另爲直接開發及管理國家級風景特定區觀光資源，成立以下 13 個風景區管理處：

1. 東北角暨宜蘭海岸國家風景區管理處。

2. 東部海岸國家風景區管理處。

3. 澎湖國家風景區管理處。

4. 大鵬灣國家風景區管理處。

5. 花東縱谷國家風景區管理處。

6. 馬祖國家風景區管理處。

7. 日月潭國家風景區管理處。

8. 參山國家風景區管理處。

9. 阿里山國家風景區管理處。

10. 茂林國家風景區管理處。

11. 北海岸及觀音山國家風景區管理處。

4　資料來源：交通部觀光局網站。

12. 雲嘉南濱海國家風景區管理處。

13. 西拉雅國家風景區管理處。

　　交通部觀光局為輔導旅館業及建立完整體系，設立「旅館業查報督導中心」；為辦理國際觀光推廣業務，陸續在舊金山、東京、法蘭克福、紐約、新加坡、吉隆坡、首爾、香港、大阪、洛杉磯、北京、上海等地設置駐外辦事處。

（二）業務職掌

1. 觀光事業之規劃、輔導及推動事項。

2. 國民及外國旅客在國內旅遊活動之輔導事項。

3. 民間投資觀光事業之輔導及獎勵事項。

4. 觀光旅館、旅行業及導遊人員證照之核發與管理事項。

5. 觀光從業人員之培育、訓練、督導及考核事項。

6. 天然及文化觀光資源之調查與規劃事項。

7. 觀光地區名勝、古蹟之維護，及風景特定區之開發、管理事項。

8. 觀光旅館設備標準之審核事項。

9. 地方觀光事業及觀光社團之輔導，與觀光環境之督促改進事項。

10. 國際觀光組織及國際觀光合作計畫之聯繫與推動事項。

11. 觀光市場之調查及研究事項。

12. 國內外觀光宣傳事項。

13. 其他有關觀光事項。

第 02 章 航空公司組織與產業

第一節 航空公司業務與組織
第二節 產業之關聯性

教學目標

1. 明確瞭解航空公司業務與組織及功能。
2. 瞭解產業之關聯性內容。

課前導讀

　　本章主要在說明航空公司主要業務內容、組織架構及各處室之職掌。另將其相關的上、中、下游產業簡單介紹,航空公司載客量增加,其他相關產業亦將受惠。

第一節　航空公司業務與組織

一、業務主要內容

　　一般人對航空公司的營業內容，總以為載運旅客及貨物，其實它的營業項目及範圍非常廣泛，且有擴大趨勢，茲簡述其主要內容如下：

1. 客運、貨運、郵運等。
2. 空運業務代理，包括營業、運務、維修等。
3. 水利觀測、海上救護、空中照相、漁群搜索、農藥散布等。
4. 飛機修護及車輛修護等。
5. 航空電腦作業承攬。
6. 空中廚房業務之經營。
7. 飛機設備之銷售。
8. 飛機之出租及銷售。
9. 有關航空雜誌之發行。
10. 飛航訓練器材維修業務。

二、組織與各主要部門

　　圖 2-1 為航空公司的組織圖，主要部門如下：

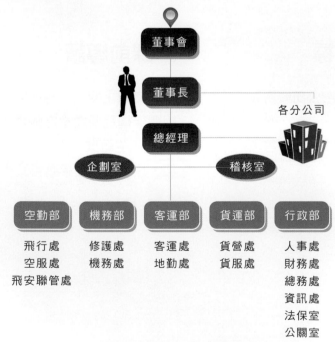

圖2-1　航空公司組織圖

1. **空勤部**：含飛行處、空服處、飛安聯管處
2. **機務部**：修護處、機務處
3. **客運部**：客運處、地勤處
4. **貨運部**：貨營處、貨服處
5. **行政部**：人事處、財務處、總務處、資訊處、法保室、公關室
6. **幕僚單位**：稽核室、企劃室
7. **各分公司**

各處室職掌如下：

1. **飛行處**：負責飛行組員培訓與管理、航空保安教育訓練、執行調查飛安事件、航機簽派等業務。
2. **空服處**：負責空服員之調派管理與訓練、規劃空中用品、機售商品之供應等業務。
3. **飛安聯管處**：負責航機簽派作業等。
4. **修護處**：負責航機維修執行。
5. **機務處**：負責航材補給管理、訓練計畫之建立與規劃。
6. **客運處**：負責督導全線客運營業等業務。
7. **地勤處**：負責制訂地勤服務作業計畫與執行等。
8. **貨營處**：督導全線貨運營業之業務。
9. **貨服處**：貨運服務及作業標準。
10. **人事處**：公司組織與人力資源規劃等業務。
11. **財務處**：負責規劃公司資金管理運用、投資業務控管。
12. **總務處**：負責辦理總務採購、秘書業務以及總收發文、督導環安、地安、勞安等業務。
13. **資訊處**：結合資訊科技與業務知識，推動公司資訊化。
14. **法保室**：負責審查公司各項對外合約與契約、訴訟及保險事宜。
15. **公關室**：策訂公司形象、促銷廣告策略等。
16. **稽核室**：負責稽核內部控制制度、年度業務計畫執行成效。
17. **企劃室**：負責公司中長程經營策略規劃、機隊計畫以及年度計畫、飛機購售等業務。
18. **各分公司**：開發及推廣各分公司客貨運營業。

> 📍 **小知識**
>
> **航機飛行前是由誰同意放行的呢？**
>
> 　　是由航務處或飛行處所屬簽派中心簽派員同意簽放，其中簽派員必須擁有證照及檢定，簽派員之任務有：
> 1. 飛航組員指派。
> 2. 裝載計畫。
> 3. 選定航空器航路。
> 4. 飛航計畫。
> 5. 航機維護簽放。
> 6. 載重平衡。
> 7. 飛行監視。

第二節　產業之關聯性

航空運輸服務業係以提供客、貨運輸服務為主要內容，而其營運有賴上、中、下游各相關產業的支援及配合才得以提供完善的服務流程並滿足客戶需求。

航空公司之上、中、下游各產業關聯性[1]，如圖 2-2 所示。

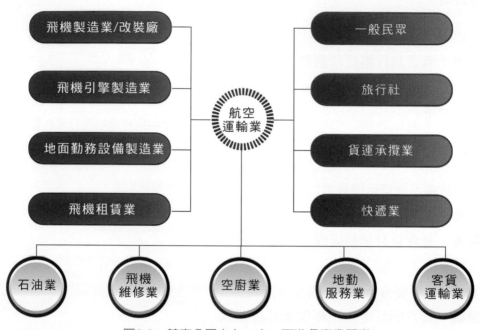

圖2-2　航空公司之上、中、下游各產業關聯

（一）上游產業

1. **飛機製造業及改裝廠**：飛機製造廠商，例如：美國的波音及法國的空中巴士。

2. **飛機引擎製造業**：世界主要的飛機發動機製造商為奇異、普惠、勞斯萊斯等。

3. **地面勤務設備製造業**：機坪作業所需牽引車輛及相關機具設備，均屬於地面勤務設備。

4. **飛機租賃業**：飛機租賃業者亦為航空運輸業之上游業者。

1　資料來源：長榮航空公司公開說明書。

（二）中游產業

1. **石油業**：為穩定燃油成本，航空公司須與世界主要燃油供應商簽訂長期合約。

2. **飛機維修業**：飛機定期及不定期（緊急或特殊情況）檢查、保養及維修與飛航品質及安全息息相關。

3. **空廚業**：餐點為飛航品質重要之一環，皆慎選當地合格空廚業者負責相關業務。

4. **地勤服務業**：地勤服務為機場整體作業中之一環，國外場站則將不同地勤項目委託國際同業，或當地機場專業地勤公司代理。

5. **客貨運輸業**：負責飛航、空服人員，往返機場間的接駁運輸作業。

（三）下游產業

1. **一般民眾**：商務或觀光旅客。

2. **旅行社**：航空公司與旅行社搭配共同行銷。

3. **貨運承攬業**：包括進口貨運、出口貨運、轉口貨運，以及航空貨櫃、報關業務。

4. **快遞業**：陸上快遞公司與空運運輸服務相互結合，以提供更便捷之服務，如：Federal Express、DHL、UPS。

第 03 章 航空公司特性與分類

第一節 航空公司的特性
第二節 航空公司的分類
第三節 目前飛行臺灣的航空公司

教學目標

1. 瞭解航空公司的 16 項特性。
2. 瞭解航空公司分類及廉價航空特性。

課前導讀

本章主要在介紹航空公司 16 項特性及 8 種類型,同學閱後可對航空公司有進一步認識,將來至業界工作與航空公司接觸,可迅速瞭解其屬性。

第一節　航空公司的特性

從每次空服員及機師招考，僧多粥少，非常競爭，錄取率很低，可知航空業的魅力及特殊，從下述特性中可瞭解其一。

1. **國際性**：航空公司之空服、航務、運務、修護、營運、票務、清帳、電腦資訊與保險等業務，皆須與國際接軌，故各國語言使用及交流，皆為高度國際性。

2. **專業性**：航空公司之修護、機師、業務、機票清帳、資訊維護及安全管理皆屬高度專業職場知識與技能，很多在學校無法學到，需要實際在航空公司工作多年後，才能獲得。

3. **可變性**：航空公司就旅客擬定的商品（或行程）中，給予充分的資訊與說明。但有可能因時、因地或因事或人力不能抗拒的環境下，不得不改變服務的內容，遂產生服務的可變性(Variability)，如颱風或航機機械故障，皆須立即應變。

4. **永續性**：航空公司為永續經營，皆需大量投入資金維修與更新機型，多元化的行銷與營運，尋求獲利。

5. **競爭性**：航空公司為採用各式各樣票價與服務，吸引旅客，除需面對本國航空公司，更需面對外國航空競爭，尤其是廉價航空興盛後，航空公司間的激烈競爭是屬必然。

6. **服務性**：航空公司乃服務業之一種，故服務業的許多特性為航空公司所共同具備。航空公司亦含有公共服務性，因運輸事業係一公共服務事業，服務對象為社會大眾，所產生的效益與民生、經濟及國防有密切的關係，空中服務人員形象及態度更是航空公司競爭一大特色。

7. **季節性**：航空公司營運深受季節性影響，即淡季與旺季。主要原因有觀光發源國家的自然氣候、制度上的因素如學校寒暑假、以及旅遊地特殊景色或節慶帶來觀光需求，而無法平均的分配於全年各月份，所以營運需求有其季節性。

8. **整體性**：航空公司的營運代表一個國家整體經濟力的表現，其產業亦創造上下游產業興盛及就業機會，改善國際收支平衡，促進國際貿易，增加國民所得及政府稅收，提高人文、自然資源的附加價值。

9. **替代性**：國外旅行的交通，目前唯有海洋運輸可替代航空運輸，雖然交通費可減少許多，但在分秒必爭的今日，就時間與方便性來考量，節省的金錢，仍抵不上搭乘飛機所省下的時間成本，因此海運客貨輪替代性較小。

10.**障礙性**：航空公司的經營障礙，可就「進入市場的障礙」與「退出市場的障礙」兩個面向說明。

(1) **進入市場的障礙**

① 航空業為資本密集和勞力密集的產業，經營具規模經濟：飛機、廠房、航站設施、機組與修護以及其他後勤人員之相關訓練調派等（圖3-1），在在都需要大筆資金的投資，若未經審慎評估與規劃而貿然投入經營，從籌集資金開始到實際投資與經營時，往往不易獲致效率。

圖3-1　華航空服訓練設備

② 受政府政策及航權之限制：政府部門對航空業發展的政策（如：只有特許少數幾家公司的經營，到完全開放互相競爭的方式、航線的規劃與分配、機場設施建設與使用權的核准，還有針對特殊政策所要求的規定等）皆對航空業的投資經營有很大的影響。

例如：對國際航線的部分，由於牽涉國家主權，常須由政府部門先行與外國達成航權的協定，再進行分配；或是由航空公司對航空公司的方式，以航權交換的協定，來開闢新航路。

③ 既有業者之威脅：既有業者已經進入市場經營多年，一般而言其市場占有之
情況已經相當固定，而且常投資上下游相關產業多角化經營，以相對降低經
營之成本與風險，新加入者若無法在成立時，即已形成一相當規模的經營，
並以強勢行銷迅速打入市場獲致占有率，則相當難有生存空間。

(2) 退出市場的障礙

① 固定成本高，飛航設備不易處分：原有航空業者欲退出經營時，飛機、廠房
人員之處理與遣散，會由於當初的高額投資成本，而使得處理時不易達成。
尤其是飛機的部分，由於飛機本身的單價甚高，能否找到願意承接的同業，
或是否能獲得所期望的理想價格，相當程度的影響其處分結果。

② 牽涉上下游相關產業：一家航空業者欲退出市場，除了該業者本身之員工安
置問題，也因為市場的分配態勢發生變化，上下相關產業連帶受到衝擊，且
影響消費者權益甚大，造成市場不安，不只是單一業者本身的問題而已（圖
3-2）。

圖3-2　航空業所牽涉到的上下游產業影響很大。

11.**高資本性**：航空公司資本額動輒以數十億至數百億，每架飛機成本皆數億元，並非
一般企業所能經營。

12.**高風險性**：航空公司除有飛安、航線拓展不易、及國際恐怖攻擊之風險性外，由於其資產及人力皆屬高成本，費用有時無法自我控管（如油價），營運若欠佳，將立即造成資金缺口，導致倒閉。

13.**景氣影響性**：經濟良好，商業往來興盛，人民所得增長，才有餘力出國，若遇景氣欠佳或傳染病的影響，如SARS期間人民不敢搭機，對航空公司的營運造成很大壓力。

14.**無法儲存性**：航空公司之艙位出售，特質上屬無法儲存性(Perishable)，可謂服務的不可觸摸性(Intangible Nature of the Service)。

15.**不可分割性**：航空公司的各部門運作皆環環相扣，所有的作業程序皆須依照標準作業流程(Standard Operation Procedures, SOP)。

16.**高度管制性**：各國為維護主權，傳統上皆管制航空公司負責人或多數股權須為本國人所有，但目前已有逐漸開放的趨勢。

第二節 航空公司的分類

　　航空公司是指：以各種航空飛行器為運輸工具，以空中運輸的方式運載人員或貨物的企業。航空公司使用的飛行器可為自有，也可以是租賃而來，它們可以獨立提供服務，或者與其他航空公司合夥或者組成聯盟。航空公司的規模，可以從只有一架運輸郵件或貨物的飛機，到擁有數百架飛機，提供各類全球性服務的國際航空公司。航空公司的服務範圍可以分國際的、國內的，也可以分定期航班服務和包機服務。

　　近年來，各國的廉價航空興起，我國航運的發展從國內原傳統航空公司，興起籌設廉價航空子公司，可見其服務型態已發生變化，如華航的虎航（圖3-3）。

圖3-3　廉價航空

一、依服務型態區分

　　航空公司依服務型態，可區分為「全服務航空公司」及「廉價航空公司」。

1. **全服務航空公司 (Full Service Carriers, FSC)**：全服務航空公司需要比較高的營運成本和固定成本來維持其空中服務（如：勞工、燃料、飛機、引擎、資訊處理服務和網路、機場設施、機場處理服務、銷售、飲食、訓練、航空保險等），因此大部分機票收入用來支付許多外部服務企業或內部成本。全服務航空公司如：華航、長榮、聯合(United)、國泰、新航、日航、泰航等航空公司，多為大型傳統航空公司。

2. 廉價航空公司 (LCC, Low Cost Carriers)

(1) 廉價航空公司的定義：低成本航空公司英文爲Budget airlines或Low fare[1] and no-frills[2] airlines。Berster and Wilken(2004)對「低成本航空公司」所下的定義是，某航空公司在其企業營運管理及運作方面上，較大型傳統航空公司，或全服務航空公司更具成本方面的競爭優勢，其經營策略一切以簡單和節省成本爲基本原則[3]。

(2) 廉價航空的優勢：廉價航空的最大優勢，並不是在於它的低票價策略，而是來自於低成本。例如，美國一些區域性航空公司如捷藍(JetBlue)、西南(Southwest)等航空公司。

(3) 廉價航空的特點

① 飛機上沒有提供餐飲，或僅免費供應小點心和飲料，目的爲減少食品採購、製作、運送、保存、裝卸等成本。

② 無退票或退票手續費超高、無客服，減少後勤人力。

③ 行李計件或計重額外收費，不提供免費託運行李（圖3-4）。

(4) 廉價航空降低成本的方式[4]

① 航線結構簡單，準點率高、省開支，多爲點對點航線、短程，或稱爲城市對城市航線，類似巴士或捷運。

② 航班密集、機艙座椅密度高，單一走道，以便達到高利用率。

③ 使用單一機型（機型少），以便減少飛行員的培訓費用及飛機的維修成本。

④ 高頻率、縮短地停時間。

⑤ 在較便宜的次級機場起降、航班只設經濟艙。

⑥ 無轉機服務、須付費服務、自有網站銷售、腹艙不載貨。

⑦ 服務盡量自動化，節約人力成本。

⑧ 開闢熱門路線，直接銷售，減少佣金支出。

---

1 Low fare ＝低價。

2 no-frills ＝無額外服務。

3 資料來源：陳明達，2005。

4 資料來源:洪宛萱,金燕汝,林家慶,2010.11,探討廉價航空通路發展現況之研究—以臺灣地區爲調查對象。

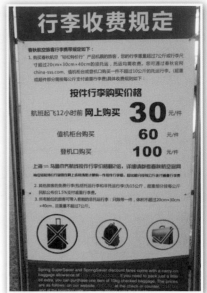

圖3-4　廉價航空機場櫃檯與行李收費規定

二、依飛行範圍區分

　　航空公司依飛行範圍可區分為「國際航空公司」及「國內航空公司」。

1. **國際航空公司(International airlines)**：飛行兩國之國際航線航空公司屬之。目前我國長榮、華航、遠東、立榮、華信五家航空公司皆有國際線航班，屬於國際航空公司；另有日本航空、泰國航空、紐西蘭航空、馬來西亞航空、國泰航空公司等外國航空公司。

2. **國內航空公司(Domestic airlines)**：飛行該國國內城市的國內航線航空公司屬之，如澳洲之Qantas Jetstar Airlines、澳洲維珍航空(Virgin Blue)。

三、依運輸種類區分

　　航空公司依運送的內容區分為「客運航空公司」及「貨運航空公司」。

1. **客運航空公司(Passenger airlines)**：以載客為主收入，行李或部分貨運收入為輔之航空公司，如國泰航空公司。

2. **貨運航空公司(Cargo airlines or Airfreight carriers)**：以載貨為主收入，其餘收入為輔之航空公司，如聯邦快遞(FedEx Express)航空公司。

四、依班次時間區分

航空公司依班次時間區分為「定期班機航空公司」及「不定期班機航空公司」。

1. **定期班機航空公司(Schedule airlines)**：班機時刻表固定，含(1)航班每週飛行日(Frequency)、(2)出發時間(Departure time)、(3)抵達時間(Arrival time)、(4)起降站(From/To)、(5)班號(Flight number)等之航空公司。例如：中華航空公司或長榮航空公司（圖3-5）。

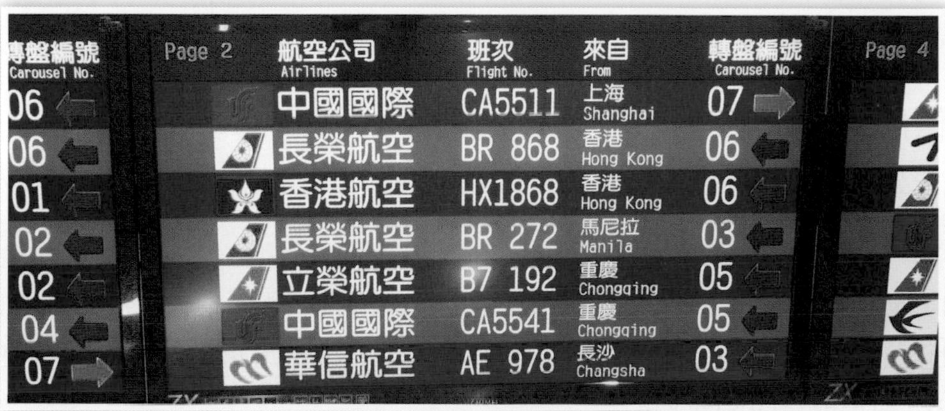

圖3-5　航空班時刻表

2. **不定期班機航空公司(Non-Schedule airlines)或包機公司(Charter flight airlines)**：班機時刻表非固定之航空公司。例如：Aethereal Aviation 或Wizz Air。

五、依公司規模區分

航空公司依公司規模，區分為「大型航空公司」及「小型航空公司」。

1. **大型航空公司(Bigger-scale airlines)**：投入資金大且班機、班次較多或機型較大之航空公司。

2. **小型航空公司(Smaller-scale airlines)**：投入資金小且班機、班次較少或機型較小之航空公司。

六、依航行區域區分

航空公司依航行區域，區分為「越洋航空公司」及「區域航空公司」。此標準是相對比較下，以飛越太平洋或大西洋或由亞洲直飛歐洲等航線來區分。

1. **越洋航空公司(Transocean airlines)**：例如：中華航空、長榮航空。

2. **區域航空公司(Regional airlines)**：例如：華信航空、立榮航空。

七、依營運方式區分

航空公司依營運方式區分為以「航空公司」或「總代理 (GSA)」方式營運。

1. **航空公司**(Airlines)：例如：新加坡航空公司在臺灣設立分公司，並以新航名義在臺營運及廣告。

2. **總代理**(General Sales Agent, GSA)：GSA以總代理的方式營運，其本身是旅行社，實質上代理航空公司局部或全部之業務。例如：統領國際運通股份有限公司是捷克航空公司(Czech Airlines)之總代理。

八、依航線到達區分

航空公司依航線到達區分為「ON-LINE 航空公司」及「OFF-LINE 航空公司」。以飛行至臺灣為例說明如下：

1. ON-LINE AIRLINES：ON-LINE AIRLINES指班機飛抵該國之航空公司。例如：馬來西亞航空(MH)、澳門航空(NX)、菲律賓航空(PR)、新加坡航空(SQ)、泰國航空(TG)、越南航空(VN)等。

2. OFF-LINE AIRLINES：OFF-LINE AIRLINES指班機未飛抵該國之航空公司。例如：阿根廷航空(AR)、阿拉斯加航空(AS)、英國航空(BA)、奧地利航空(OS)等。

小知識

星宇航空公司

前長榮航空股份有限公司董事長張國煒積極籌設「星宇航空公司」，將依政府相關規定申請設立登記，預計於2020年1月正式起飛，以成為國際級一流的航空公司為目標。

星宇航空第一階段計畫，會率先飛航東南亞，陸續增加東北亞；預計開航1年後，開始營運長程線，先飛航美國西部航點。成立後第一個6年，機隊規模達24架、員工3500人；第二個6年，機隊預計增加到50架、員工7000人到8000人。

星宇航空公司提供良好的工作環境，歡迎有志從事航空業的優秀夥伴加入，共同為開創嶄新的航空事業而努力！

星宇航空地址：臺北市南京東路六段382號。

第三節　目前飛行臺灣的航空公司

大陸直航及開放天空政策，已使更多航空公司進入我國營業，亦使我國觀光產業蓬勃發展，桃園機場已計畫籌建第三航廈，謹簡列各國飛行臺灣之航空公司如表 3-1：

表3-1　飛行臺灣的客運航空公司

航空公司	代號	英文全稱	隸 屬
中華航空	CI	China Airlines	中華民國
長榮航空	BR	Eva Airways	
華信航空	AE	Mandarin Airlines	
立榮航空	B7	UNI Airways	
遠東航空	FE	Far Eastern Airways	
臺灣虎航	IT	Tiger Air	
星宇航空	JX	STARLUX Airlines	
中國國際航空	CA	Air China	中國
中國南方航空	CZ	China Southern Airlines	
上海航空	FM	Shanghai Airlines	
海南航空	HU	Hainan Airlines	
廈門航空	MF	Xiamen Airlines	
中國東方航空	MU	China Eastern Airlines	
山東航空	SC	Shandong Airlines	
深圳航空	ZH	Shenzhen Airlines	
四川航空	3U	Sichuan Airlines	
春秋航空	9C	Spring Airlines	
吉祥航空	HO	Juneyao Airlines	
河北航空	NS	HEBEI AIRLINES	
日本亞細亞航空	EG	Japan Asia Airways	日本
日本航空	JL	Japan Airlines	
全日空航空	NH	All Nippon Airways	
樂桃航空	MM	Peach Aviation	
香草航空	JW	Vanilla Air	
捷星日本航空	GK	Jetstar Japan	
星悅航空	7G	Starflyer	
印尼國家航空	GA	Garuda Indonesia	印尼
印尼亞洲長途	QZ	Wagon Air	
美國聯合航空	UA	United Airlines	美國
達美航空	DL	Delta Airlines	
美國航空	AA	American Airlines	
全美航空	US	US Airways	
夏威夷航空	HA	Hawaiian Airlines	
帛琉航空	P7	Palau Airways	帛琉

續下頁

航空公司	代號	英文全稱	隸屬
國泰航空	CX	Cathay Pacific Airways	香港
港龍航空	KA	Dragon Air	
香港航空	HX	HongKong Airlines	
香港快運航空	UO	HK Express	
澳門航空	NX	Air Macau	澳門
大韓航空	KE	Korean Air	韓國
韓國亞細亞航空	OZ	Asiana Airlines	
釜山航空	BX	Air Busan	
真航空	LJ	Jin Air	
濟洲航空	JC	Jeju Air	
易斯達航空	ZE	Eastar Jet	
德威航空	TW	T'way Air	
越南航空	VN	Vietnam Airlines	越南
越捷航空	VJ	Viet Jet Air	
越竹航空	QH	BAMBOO Airways	
捷星太平洋	BL	Jetstar Airways	
澳洲航空	QF	Qantas Airways	澳洲
泰國國際航空	TG	Thai Airays International	泰國
泰國亞洲航空	FD	Thai AirAsia	
泰國微笑航空	WE	THAI Smile Airways	
泰國獅子航空	SL	Thai Lion Air	
酷鳥航空	XW	NokScoot	
菲律賓航空	PR	Philippine Airlines	菲律賓
宿霧太平洋航空	5J	CEBU Pacific Air	
馬尼拉精神航空	SM	Spirit of Manila Airlines	
菲亞洲航空	PQ	Air Asia	
馬來西亞航空	MH	Malaysia Airlines	馬來西亞
全亞洲航空	D7	AirAsia X	
馬亞洲航空	AK	AirAsiaBerhad	
荷蘭航空	KL	KLM Royal Dutch Airlines	荷蘭
新加坡航空	SQ	Singapore Airlines	新加坡
捷星亞洲航空	3K	JetStar Asia（第一家進駐臺灣 LCC）	
酷航	TZ	Scoot	
漢莎航空	LH	Lufthansa	德國
土耳其航空	TK	Turkish Airlines	土耳其
阿聯酋航空	EK	Emirates Airlines	阿拉伯聯合大公國
加拿大航空	AC	Air Canada	加拿大
汶萊皇家航空	BI	Royal Brunei Airlines	汶萊
柬埔寨景成國際航空	QD	JC International Airlines	柬埔寨
俄羅斯皇家航空	RL	Royal Flight	俄羅斯
西伯利亞航空	S7	Siberia Airlines	
法國航空	AF	Air France	法國
紐西蘭航空	NZ	Air New Zealand	紐西蘭

第 04 章 航空客運市場

第一節 航空市場需求分析
第二節 航空市場環境分析
第三節 航空產品及品牌

教學目標

1. 瞭解航空市場需求分析。
2. 瞭解航空市場環境分析。
3. 瞭解航空產品及品牌。

課前導讀

　　本章主要從旅客的出行目的、旅行時間、旅客的特點、旅客的購買行為和營收貢獻度等方面來進行市場分析。依照航空產品的內涵，可以將產品的整體概念分為三個層次，即航空運輸的核心產品、形式產品和外延產品。

航空客運市場是人員可以快速移動、完全開放的競爭市場，其需求多樣與靈活，主要由航空公司、旅客（旅行社）、機場、航線、銷售通路及票價所決定。

第一節　航空市場需求分析

一、航空運輸需求的內容

航空運輸就是滿足旅客快速空間位移的需求，但是這種需求又會包含某一特定航空公司的航線、航班、票價、安全、服務與機型等方面的要求。其中，航班、票價及安全是旅客選擇優先考慮要素，因此航空運輸需求可以從下列六方面作分析：

（一）航線 (Flight Route)

航空公司營運的路線即飛航路線，由飛航的啟程點、中停點、終點、航路等要素組成。航線是旅客行程需求的具體化，也是航空公司進行行銷規劃活動的基礎。

（二）航班 (Flight Number)

航班是指在兩個城市之間單向飛行的代號，航班包括班號 (Flight No.)、出發機場 (From)、轉機機場 (Transfer) 和到達機場 (To)、日期 (Date)、起飛 (Departure) 及到達時間 (Arrival time) 等要素，航班強調的是能否滿足旅客的出發與到達時間。

（三）票價 (Fare)

低價競爭是航空公司常對旅客做行銷的重要手法，也是刺激需求增長的重要因素。價格的高低直接導致需求的增加或減少，特別是對價格敏感型的旅客，最適合運用價格策略進行市場開拓。

（四）安全 (Safety)

飛行安全是消費者對航空公司最基本及最重要的要求，航空公司應該強化及確保機務維修、安全檢查、飛行技術等的安全性，一家經常出事的航空公司，最終將被旅客所拋棄。

（五）服務 (Service)

　　航空公司是服務性行業，具有全程服務性的特點。旅客對於提供的服務內容、服務標準都是非常敏感，從地面服務到空中服務，都是旅客對航空公司需求的內容及評比的項目（圖4-1）。

圖4-1　中華航空服務櫃檯

（六）機型 (Aircraft)

　　各航空公司會從營運、技術、航機價格及機場環境的角度，來決定最合適的機型。從旅客的角度看，消費者更願意選擇安全性、舒適性高的機型，雖然某些小型飛機也能達到安全、舒適的高標準，但大多數旅客仍認為大型飛機較安全及舒適。

二、航空客運市場分析

　　旅客在選擇航空公司時，一般依航班、票價、安全為優先考量，其次才是服務品質、飛行時刻早晚、是否需要轉機等選項。高消費的旅客對於服務的品質較為在意，價格為其次考慮；而消費較低的旅客，以價格低廉為首要考量，服務內容則不在意。因此，只有充分瞭解旅客的需求，對市場進行分析，合理設計產品，才能在激烈的市場競爭中脫穎而出。

　　從旅客的出行目的、旅行時間、人口的特點、旅客的購買行為和營收貢獻度等方面來進行市場分析：

（一）出行目地的分析

可分為公務旅行、商務旅行、獎勵旅遊和度假旅遊四大類，說明如下：

1. **公務旅行**：對於政府單位的公務旅客而言，旅行費用通常由服務單位支付，所以他們更加注重飛行的時間和舒適度。

2. **商務旅行**：分為公司旅行和獨立旅行。

    (1) 公司旅行：當旅行費用是由民營公司支付的，則稱為公司旅行，具有和公務旅行相似的特點。

    (2) 獨立旅行：如果旅行費用是由個人支付的，則是獨立旅行，特點是介於公務旅客和休閒旅客之間，一方面非常注重票價，另一方面也注重飛行的時間。

    例如，公司的銷售人員或機票成本由自己負擔的老闆。

3. **獎勵旅遊**：其特點是強調旅行的舒適性和成本的節約性。在公務及商務旅行中，還可以進行更為細緻的劃分，如進行商業談判、參加商業活動或者是參加會議。其中**獎勵會議旅遊**(MICE, Meetings, Incentives, Conferences and Exhibitions)是非常重要的分析市場。在這一市場中，旅行往往是組團的形式而不是個人的形式，訂位也常常是提前數週或數月，與普通的公商務旅行形成了明顯的區別。所以，航空公司應該注重獎勵會議旅遊(MICE)市場的開發。

小知識

獎勵會議旅遊(MICE)

　　獎勵會議旅遊的定義：針對已達成、甚至超越公司個別或總體業績目標的對象，如員工、經銷商、代理商等。由企業提供一定的經費，規劃獎勵會議假期，委託專業的旅行社，為該企業量身訂製專屬的獎勵旅遊活動，以犒賞創造營運佳績的人員，讓大家互相交流及體驗一場難以忘懷之旅，藉此激勵參與者對企業的向心力。

4. **度假旅遊**：包括團體旅遊、個人自由行及探親旅客。在旅遊出行中，航空票價只是旅行費用的一部分，在到達目的地後，必然會產生大量的膳食、遊覽和住宿等費用，因而這一市場的機票應該以低價格方式帶動旅遊地區的經濟發展。

（二）旅行時間的分析

旅行時間在航空市場行銷中是一個非常重要的市場分析因素。

旅行時間可分為「點到點」旅客 (point to point) 和「中轉」旅客 (transfer)：

1. **「點到點」旅客**：旅行者為充分利用時間，以清晨班機出發，晚上班機返回，所以此時段點常是搭乘飛機的高峰時間。

2. 「中轉」旅客：其要求往往是航班與航班的轉機時間較有充足的間隔，尤其是爲配合在越洋遠端轉機的航班時間。

（三）人口特點的分析

旅行市場行銷策略中，對市場產生影響的人口特點包括旅客的年齡、性別、家庭人口、家庭壽命、收入、職業、社會階層、教育程度、宗教、種族和國籍等。

1. 在商務旅行市場中，航空運輸是商務旅行的一個主要選擇，而商務旅行者也成爲航空公司重點關注的對象，商務旅行市場絕大多是由男性構成。但由於女性在公司中，開始擔任重要的職務，對商務旅行的要求也逐漸增加，因此行銷策略必須有所調整。

   商務旅行市場的另一個特點，旅行者主要來自於上層社會、受教育程度較高，所以他們對於飛行服務的品質有較高的要求，並且要求航空公司能夠提供可彰顯它們社會地位和身分的服務。

2. 在度假旅行市場中，男性和女性的比例大致相同，在超過60歲的旅客中，女性的比例還超過男性，其年齡範圍非常大。

（四）旅客購買行爲的分析

旅客的購買行爲，包括購買動機、購買頻率、對品牌的態度以及對其他因素的敏感度。

1. **購買動機(Purchase motivation)**：是驅使消費者購買的一種內部動力，反映了消費者在心理、精神和感情上的需求，包括經濟實惠、彰顯地位和信賴產品。

2. **購買頻率(Purchase frequency)**：是指消費者在一定時期內購買某種商品的次數，包括初次使用者、經常使用者和忠實使用者。

3. **對品牌的態度(Brand attitude)**：是預測購買決策者購買行爲的重要指標，包括堅定忠誠者、中度的忠誠者、轉移型忠誠者和多變者。

4. **對其他因素的敏感度**：包括對價格的敏感度(Price sensitive)、對服務的敏感度(Service sensitive)、對廣告的敏感度(Advertising sensitive)和對銷售管道的敏感度(Channel sensitive)。

根據航空旅客的購買行爲，可以將旅客分爲常搭旅客、兩可旅客、準旅客、非旅客之四類：

第一類	常搭旅客	是某一地區較為固定的旅客，但這類成員中有可能因為不瞭解他家航班班期、服務及機型，而沒有選擇其他航空公司。
第二類	兩可旅客	是潛在的客源，其可以選擇搭乘坐飛機，也可以選擇其他交通工具。
第三類	準旅客	有搭乘飛機欲望，但尚不具備條件，一旦時機成熟即成為實現的旅客。
第四類	非旅客	這些人則是一輩子幾乎不可能乘坐飛機的人。

根據以上劃分，針對第一類旅客和第二類旅客作促銷效果不大，所以總量客源增加不多；

針對第三類人員進行促銷，會對運輸市場的擴展具有重要性，因此正好利用低價進行促銷，把航空運輸品牌推向為數眾多的潛在客源，旅客的購買條件成熟，潛在的客源就會轉化成現實的旅客，這也符合服務性行業宣傳促銷逐步潛移默化的規律。

（五）營收貢獻度分析

營收貢獻度 (Revenue contribution) 作為市場分析變數是一種全新的分析方法。

根據顧客營收貢獻度的不同進行市場分析，就是把每個顧客當成一個分析市場，分析企業服務每個顧客的成本和收益，所得到的財務價值，然後與企業設定的顧客營收貢獻度水準進行比較。如果顧客營收貢獻度達到或超過企業設定水準，那麼他就是目標市場中的一員，所有滿足這些條件的顧客即構成企業的主要目標市場，其餘者列為次要目標。

小知識

營收貢獻度

指企業顧客在未來很長一段時間裡（作為企業顧客的時間長度內）為企業貢獻利潤的能力。

根據顧客營收貢獻度的不同進行市場分析，企業就能更加有效地制定行銷策略。1. 對於高級A客層所構成的子市場，企業的經營策略是增強聯繫，提高他們的轉換成本；2. 對中高級 B 客層，向他們提供額外利益，使其轉變成高級 A 客層；3. 對於中級 C 客層，可以透過降低交易成本，提供全面服務把他們轉變成中高級 B 客層；4. 對於普通 D 級的顧客將他們暫時放棄。

按顧客營收貢獻度進行市場分析是以「20% 的顧客帶來 80% 的收益」。常搭旅客計畫中將會員以各種卡別作區分，就是根據旅客的營收貢獻度所進行的分析，如對於最高等級的晶鑽卡、翡翠卡旅客，航空公司即提供高品質的服務以穩定需求，對於第二等級的金卡、華夏卡（普通卡）旅客，利用各種優惠措施吸引旅客選擇該公司（圖4-2）。

常搭旅客會員卡別

	第1級	第2級	第3級	最高級
華航	華夏卡	金卡	翡翠卡	晶鑽卡
長榮	綠卡	銀卡	金卡	鑽石卡
星宇	TRAVELER	ADVENTURER	EXPLORER	INSIGHTER

小知識

常搭旅客計畫(FFP, Frequent Flier Plan)（旅程酬賓計畫）

根據旅客搭乘飛機的次數或者哩程，向經常乘坐其航班的旅客推出以哩程累積作獎勵的促銷手段，提供免費機票兌換、座艙升等、兌換「使用貴賓室」、哩程折抵行李超重等，是吸引公務及商務旅客提高航空公司競爭力的一種常見市場手法。

圖4-2　專用報到櫃檯

第二節　航空市場環境分析

航空市場是指航空產業及其產品供需競合交易行爲的總稱；影響航空供給和需求的市場環境因素，主要有以下幾個：

一、政治法律環境

各國爲了保護其政治、經濟利益和安全，對市場行爲透過法規給予必要地限制或保障，於是，國家的法律、政令與政策就構成了市場的政治法律環境。例如，開放天空政策及互免簽證的推動是促使全球旅遊市場蓬勃的主因，而經濟的改善，進而推動了航空服務的發展。

政治穩定、社會安定、經濟發展、人民安居樂業，有助於航空服務的發展；反之，航空服務就衰退，乃至倒閉。例如，2003 年 SARS(Severe Acute Respiratory Syndrome) 嚴重急性呼吸道症候群屬非典型肺炎的一種，造成的恐慌導致飛越太平洋航線的航空旅行需求的急劇下降。2015 年中東呼吸道症候群 (Middle East Respiratory Syndrome, MERS)，導致韓國旅遊業損失約 50 億美元。

二、經濟發展因素

經濟發展水準決定了整個社會的經濟結構、收入和消費水準，也就決定了航空服務需求。

（一）經濟發展水準

經濟發展水準 (Economic development level) 是指一個國家經濟發展的規模、速度和所達到的水準，通常以國民生產總值 (GDP) 爲國民經濟計算的核心指標，也是衡量一個國家或地區經濟狀況和發展水準的重要指標。經濟發展水準的高低關聯著人們的收入水準、生活水準和支付能力，直接影響著人們的旅行需求及消費偏好及交通運輸方式的選擇。

一般而言，經濟發展水準高的國家和地區，航空服務需求水準就高；反之，航空服務需求水準就低。經濟快速發展的時期，航空服務需求增加較快；反之，顧客選擇航空運輸的數量和頻率相應會降低。

（二）經濟結構變動

經濟結構變動 (Economic Structure)：指國民經濟的組成和構造皆發生變化。支撐航空服務市場存在和發展的主要力量是經濟活動。地區與地區間的經濟交往愈頻繁，航空服務需求愈大。經濟交往的多寡取決於不同形態的經濟結構，愈開放的國家，經濟交往頻繁，航空服務需求就旺盛。

（三）產業結構調整

產業結構調整 (Economic restructuring) 則是指產業之間相互關係的變動和調整，國家或地區的產業布局和產業結構調整是影響航空客貨運需求的重要因素。產業布局影響著生產基地和消費市場之間的航空貨運量，例如上網購物興起後，跨國及跨區之間航空運輸量的不斷增加；而不同的產業結構必然引起不同的產品結構，一般來說，航空客貨運需求隨著高科技、高附加價值產品數量的增多，商品流通規模和範圍的增大而增加。

三、人口社會因素

航空市場需求是消費者航空服務需求量的總和，人口是構成市場的基本要素，是市場分析的基本依據。影響航空服務需求有下列人口因素：

（一）人口的密集程度

在一定的經濟發展條件下，航空服務需求數量與人口的密集程度有關，人口密集的國家和地區，航空運輸需求總量就高，反之則低；而人口增加時，航空運輸需求量也就會相應增加。

（二）人口的結構因素

人口結構是指將人口以不同的標準劃分而得到的一種結果。構成這些標準的因素主要包括以下幾類：年齡、性別、人種、民族、宗教、教育程度、職業、收入、家庭人數等。

人口結構對航空服務需求也有很大影響，年齡結構、職業結構、知識結構和經濟結構聯繫著高消費群的比例，高消費群的數量增加愈多，搭乘飛機數量增加愈快。

依據資料顯示「曾經坐過飛機」的客層年齡已逐漸下降；依職業劃分，專業和商務人員的航空旅客比例最高，而家庭主婦、兒童、學生和退休人員中的航空旅客比例也不小；此外，收入高的人群，個人用於航空服務的支出明顯高於收入低的人群。

四、旅遊業的發展

隨著經濟的發展，個人收入的增加，休閒和活動時間增多，旅遊已成為個人消費的主要部分。旅遊業是一項高度綜合的經濟事業，它的發展必然帶動相關產業的發展，而民航運輸和服務是關聯最密切，受影響最大的行業之一。

旅遊客源亦是航空公司的主要客源，旺季時的機位取得，為旅行業者爭奪遊客的重要方式之一，形成了旅行社之間、航空公司之間以及航空公司和旅行社之間的高度競合。

五、票價水準高低

航空票價高低直接影響著消費者經濟的考量，因此航空公司不僅在服務上提升品質，更應在成本控制下功夫，使票價降低，如此才能使社會大眾對航空運輸產生和增加需求。

第三節 航空產品及品牌

航空產品主要是服務產品，不具有物質形態，並且與之相關的內容很廣泛。從整體概念看，航空運輸的產品，是旅客購票開始，候機、登機到安全舒適的搭機，和到達目的地後提取交運行李的全部過程，所得到的服務。

為了更理解航空產品的內涵，可以將產品的整體概念分為四個層次，即航空運輸的核心產品、形式產品、票價產品和外延產品。

一、航空公司的核心產品

航空運輸企業提供的產品，實質是滿足顧客購買機票和託運貨物時，實現快速從甲地到乙地的空間位移及相應服務需求的滿足。

航空公司核心競爭力在低成本高產出的管理和服務，主要包括五大方面：嚴謹的服務設計和開發、全面創新原則、低成本高效益理念、員工的全面發展，及良好的策略。

因此，航空公司要盡可能布局航線密度，設計航線網路，通過聯盟、合作等途徑實現，滿足顧客出行需求。具體來說，航空運輸核心產品是快速、準確、安全、準時的將顧客送達目的地。

二、航空公司的形式產品

航空運輸的形式產品可以根據旅客需求，從不同的角度進行分析，以確定該如何做出與產品相關的決策。

航空運輸形式產品可以分為航線產品、服務產品和票價產品。

（一）航線產品

航線產品主要包括以下內容：客艙布局、航線網路（密度、時刻）、準時率。

1. 客艙布局

客艙布局是旅客在飛行過程中所處的空間結構，是消費者直接接觸航空公司的服務產品。每個航空公司都會根據市場需求提供給旅行者不同的旅行產品，客艙的設計必須根據旅行市場的不同而改變，通常低成本航空公司會將飛機布置為單一艙等布局，並盡可能的安裝座椅。為了安全和適航方面的考慮，航空公司在布置客艙時要符合飛機結構強度及緊急撤離的要求。

另外，還需要考慮旅客的舒適性，一般普遍認為座位的間距以 28 英吋為旅客能接受範圍，但仍未達到舒適的座位標準，因此一般定期航班的航空公司會將座位間距提高到 33 英吋。

為了取得競爭優勢，很多航空公司會將頭等艙和商務艙不斷升級，裝潢愈來愈豪華，座椅愈來愈舒適，每位旅客占據的空間也愈來愈大。但以客艙布局座位產品為主要特點的方式，比較容易被對手模仿，產生激烈的競爭，導致航空公司的經營成本愈來愈高，而各自的市場占有率卻沒有明顯的變化。

在這種形勢下，航空公司以出奇致勝方式，採用形象飛機策略，如長榮航空 Hello Kitty 彩繪機，以增加市場占有率（圖 4-3 ～ 4-4）。

圖4-3　長榮桃園機場kitty展示間

圖4-4　長榮kitty報到櫃檯

2. 航線網路、航班密度和航班時刻

　　航線網路、航班密度和航班時刻是滿足航空運輸產品核心價值的重要保障。

(1) 航線網路

　　航線網路是航空公司滿足客貨運輸市場需求的基本條件，也是航空公司開展營運的前提條件。一般來說，航空公司的航線結構決策，應配合公司的市場定位、目標顧客、產品組合和聯盟策略，所以它對公司的生存和發展有著重要的意義。在實際營運中，航空公司選擇開闢哪條航線要受到政府核准的限制。在國際市場上，航空公司首先要獲得本國政府的核准，才能取得經營權，即使如此，航班機型、承載量和飛行航班頻率也要受到很多管理規定的限制。在簽訂「雙邊運輸協定」時，雙方政府一般會明確避免過度競爭，指定承運航空的航班數量必須要對等。

(2) 航班密度

　　航班密度就是每週的班次，應根據運量、運能、機型和經濟效益等因素來安排。運量大、運能充足時，應增加航班密度；反之，應適當減少航班密度。從旅客和貨主的要求來看，航班密度愈大愈好。但從民航企業的角度來看，航班密度過大，就會造成載運率下降，影響企業的經濟效益（圖4-5～4-6）。

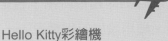

小知識

Hello Kitty彩繪機

　　長榮航空宣布，Hello Kitty彩繪機即將登陸歐洲！2014年10月29日起，長榮航空777-300ER Hello Kitty彩繪機－「牽手機」將飛航臺北－巴黎航線。牽手機固定飛航每週三、五、日的BR87臺北－巴黎，及每週一、四、六的BR88巴黎－臺北航線，配合Hello Kitty彩繪機的飛航，長榮航空與旅行社共同推出「Bonjour Kitty巴黎7天」行程，安排來回程皆搭乘Kitty牽手機。

　　長榮航空表示，目前6架Hello Kitty彩繪機中，前五架為A330機型，所飛航航點皆為亞洲航線，為移植亞洲市場的成功經驗，於2013年度推出首架波音777的Hello Kitty彩繪機－「牽手機」，飛航洛杉磯航線，引發熱烈迴響，歐洲地區也很期待Hello Kitty彩繪機的到來，因此，公司特別選在Hello Kitty生日前夕，調整「牽手機」的飛航航點，讓Kitty粉絲有1個新的Kitty相伴航點，同時也滿足了歐洲旅客的長久期待。

引述 2014 年 09 月 01 日蘋果日報陳如嬌／臺北報導

圖4-5　長榮航空班機時刻表

圖4-6　中華航空班機時刻表

(3) 航班時刻

航班時刻即起飛時刻,它是航空公司特有的資源(特有資源還包括航線經營權、機場設施使用權等)。在美國,時刻資源稱為降落權,它在航空公司客運競爭中有著非常重要的作用。同等條件下,較好的時刻能夠吸引更多的旅客,由於航班時刻具有獨占性的特點,因此成為航空公司競爭的主要手段之一。

航班時刻是一種稀少資源,航空公司獲取航班時刻並非要獲取時間資源本身,而是要獲取特定時刻對應空間所具有的空管和機場基礎設施的使用權,意味著在特定時刻對於跑道、航站櫃檯、停機坪、空管服務等基礎設施的使用。

美國的航班時刻拍賣分配機制,是全球實現航班時刻市場化配置的首件案例,韓國借鑒了美國模式,並採用航班時刻的拍賣分配機制。與美國一樣,韓國航空公司也必須為獲得時刻的使用權付費。這不僅能解決航班時刻的分配效率問題,且能增加政府財政收入和顯現資源價值,同時還建立競爭性的市場結構。

3. 航班的準時率

在競爭激烈的航空市場,準時率更能體現一家航空公司的實力與信譽,更是商旅人士選擇航空公司的一個重要考量因素。航班延誤時,航空公司若能及早透過電話、簡訊等方式,通知訂票的旅客,並且順延櫃檯開辦時間,則可以幫助旅客省去漫長的等待,更有效地支配時間,同時也能有效分流旅客,避免過多的旅客擁擠於機場。

旅客已完成登機手續,卻因天氣因素、機械出現故障等原因,導致旅客在登機口或機艙裡等待時間過長,所產生焦躁情緒,如果沒有得到及時疏導處理,輕則抱怨,重則可能會發生群體性的擾亂公共秩序事件。此時若能及時作出適當地危機處理,準確合理地向旅客通知航班預計起飛時間,才能做到安撫民心的效果。

當出發航班延誤時間過長時,航空公司或地面代理應當及時為旅客提供餐食、飲用水,對年邁、身體殘疾等特殊旅客給予更多的關懷。當航班最終決定取消時,根據旅客的不同要求,為其退票、改票、安排住宿,提取行李等。

(二)服務產品

服務產品是指與旅客服務相關的產品,主要包括有:銷售服務、機場服務和客艙服務。

1. **銷售服務**：銷售服務是旅客在訂票的過程中，航空公司提供給旅客的服務，主要是能夠提供便捷的購票管道、全方位的資訊溝通管道和售票過程中的服務。隨著電腦訂位系統的完善和網路技術的發達，旅客可以隨時透過各種方式購買機票。但航空公司仍舊面臨一項問題，即一些旅客在訂位後卻不登機(NO SHOW)，這種情況發生的原因有很多，如旅客在航班起飛之前突然生病、在機場的路上遇到交通堵塞，也可能是旅客改變了行程而放棄此次乘機。航空公司為了將這些損失降到最低，因而採取超售的方式，利用被旅客放棄的座位，去滿足其他旅客的需求。但如果登機的旅客人數超過機上的座位數，部分旅客就無法登機，航空公司會採取一些方法減少旅客的不滿，例如以少許金錢賠償旅客並安排轉搭他航，或確定安排同行程下一航班，如下一航班同艙等客滿則安排升等，讓公司的成本降到最低。

2. **機場服務**：近年來，航空公司為了改善和提高機場地面的服務，投入了大量的人力、物力，有些航空公司為高端旅客提供地面車輛接送服務另如設置了高鐵及捷運車站報到櫃檯，避免了旅客攜帶大量行李到機場的麻煩。因此如何簡化服務流程、提高效率也是重要的內容。航空公司可以多開設辦理登機手續的櫃檯（圖4-7），並增設自助報到機臺系統(KIOSK)，減少旅客辦理登機手續等候的時間（圖4-8）。

圖4-7 桃園機場華航報到櫃檯

圖4-8　桃園機場自助報到櫃檯

3. 客艙服務

　　客艙服務除了前面分析過的客艙布局外，有許多是與服務內容、方式密切相關。在航空運輸服務行銷的過程中，客艙服務是航空公司與旅客之間直接進行消費與服務交流的一個重要環節。在航空公司與旅客之間的多種接觸方式中，客艙服務也被旅客認為是航空公司提供消費服務品質的重要場所，因此如何提升客艙服務標準和品質，提高客戶滿意度，也成為航空公司提升品牌知名度和提高廣告效應的一項重點工作。

　　客艙服務是透過機內設置和服務人員兩個方面實現的，航空公司一方面對客艙的硬體設施進行改進、另一方面優化機上餐飲、娛樂服務以及客艙服務人員的服務技巧和服務品質。

　　客艙環境是航空公司與消費者之間，就服務產品的價值進行交流和評價的一個特殊場合，客戶關係是否能夠有效地建立、發展和維護，就取決於客艙服務產品的合理設計，以及空服員如何對服務產品與旅客進行有效的溝通和推廣。在客艙環境下的客戶關係的建立和維護是航空公司獲得長期客戶發展的重要途徑。

　　因此，在這種特殊的環境下，客戶常呈現出明顯的預期心理特徵，

　　(1) 客戶預期高價格的空中運輸，必將有高品質的服務和配套設施。

　　(2) 客戶預期從客艙提供的服務能夠滿足心理的尊重。

(3) 客戶預期空服人員能夠細心觀察來實現自己對服務的需求。

(4) 客戶預期客艙環境下能夠有更加人性化的服務品質。

(5) 客戶在享受服務的過程中也在給航空公司打分，甚至在考慮和比較下次出行要選擇的航空公司。

因此，除了滿足旅客在飛行過程中基本的物質要求外，重點是對客戶的情感、心理需求等提供個性化的服務，也就是開發和利用有效資源，重要的是通過這些服務，實行人文的行銷，提高客戶的忠誠度。

三、航空公司的票價產品

票價通常是影響交易成敗及銷售的重要因素，特別是對於航空運輸，旅客在選擇航空公司時，往往將價格作為一個重要的決策因素。

票價產品 (Fare Family) 就是航空公司利用價格的吸引力來提高旅客的購買，並將各種航線產品進行有效整合，促進產品的銷售。旅客可依每趟旅程不同需求選擇最符合自己的票價產品，如哩程累積、託運行李額度、預選座位等選擇。

（一）長榮航空

長榮航空自 2019 年 3 月 5 日起推出全新的「票價產品 (Fare Famlly)」，讓同業在銷售組裝票價時更加靈活。以往機票是以價格為導向，在新票制之後，將以「價值導向」來滿足旅客需求。此次於全艙等（商務艙、豪華經濟艙、經濟艙）推出的全新票價產品，經濟艙區分為「尊寵 (Up)」、「經典 (Standard)」、「基本 (Basic)」，多出「輕省 (Discount)」第四種。

訂位艙等代碼

艙等	票價產品(Fare Family)類別			
	輕省Discount	基本Basic	經典Standard	尊寵Up
皇璽桂冠艙 / 桂冠艙 / 商務艙	不提供	D	J	C
豪華經濟艙	不提供	P	T, L	K
經濟艙	A	V, W, S	Q, H, M	B, Y

有關長榮票價產品詳細資訊，請參閱該公司網站
https://www.evaair.com/zh-tw/booking-and-travel-planning/fare-family/introduction-of-fare-family/#

（二）中華航空

　　中華航空將從 2019 年 10 月 2 日起，推出全新票價產品 (Fare Family)，分成「精省 Discount」、「樂活 Basic」、「精緻 Standard」、「尊爵 Flex」等 4 種方案，再搭配豪華商務艙、豪華經濟艙及經濟艙等 3 種艙等，旅客可依每趟旅程不同需求選擇適合的票價產品。

　　新產品具有五大特色，包含機票效期延長、哩程累積優惠提升、行李額度多變化、機上 WIFI 贈送及預選喜好座位。

訂位艙等代碼

艙等	票價產品(Fare Family)類別			
	精省Discount	樂活Basic	精緻Standard	尊爵Flex
商務艙	不提供	D	C	J
豪華經濟艙	不提供	E	A	U / W
經濟艙	L	N / H / Q / R	T / V / K	M / B / Y

有關華航票價產品詳細資訊，請參閱該公司網站
https://www.china-airlines.com/au/zh/booking/book-flights/fare-family

四、航空公司外延產品

　　外延產品是顧客與航空公司的非直接接觸中，所感受到的所有硬體設施和服務流程的集合，包括新產品介紹、客服中心、常客計畫、網上免稅商品銷售、酒店預定、租車、出行訊息、機場及航空知識、航空夏令營等後臺服務及延伸服務。

第 05 章 旅遊趨勢

第一節 團體旅遊
第二節 個人自由行
第三節 航空公司因應策略

教學目標

1. 瞭解團體旅遊的特點。
2. 瞭解自由行的類別。
3. 瞭解航空公司因應策略。

課前導讀

　　旅遊的類型愈來愈多，年輕族群的愛好已逐漸轉變，本章主要探討航空公司在面臨團體旅遊及個人自由行旅遊類型中，如何在這種激烈競爭的市場中，搶占旅遊團體、自由行及散客市場的策略。

旅遊的種類分為：休假旅遊、生態旅遊、畢業旅遊、蜜月旅遊、醫療旅遊、會議旅遊、商務旅遊、宗教旅遊、文化旅遊、互助旅遊、水上旅遊、朝聖旅遊、特色旅遊、農村旅遊（農家樂）、狩獵旅遊、打工度假遊學旅遊、修業旅遊、學校旅遊、團體旅遊、自助旅遊、半自助旅遊與自由行（個人遊）等。

當計畫出國旅遊時，必須考慮的事項繁多，到底是要到東北亞、東南亞、歐洲，還是美洲呢？參加團體，還是自由行呢？參加哪一家旅行社呢？自由行要搭哪一家航空公司？住宿旅館酒店要如何安排呢？機票及簽證要如何處裡呢？以下一、二節即針對團體旅遊與自由旅遊的差異做說明。

第一節　團體旅遊

團體旅遊 (Group Inclusive Tour; Group Package Tour)，簡稱 G.I.T/G.P.T.，也稱「集體綜合旅遊」，遊客按旅遊批發商（旅行社）所編訂的日程、路線、交通工具及收費標準等，作出抉擇後經過報名參加與付款，到時成行。

旅行業的產品是透過各項觀光資源的整合與勞務服務所組成的無形商品，再利用業者本身優質服務與專業，來樹立消費者對這些無形商品選購的信心，是以「人」為中心的產業，而該行業的興盛可反映該國人民的生活水準與觀光產業之成效。

一、團體旅遊的類型

（一）國外團體旅遊

國外團體旅遊係指到中華民國疆域以外的其他國家或地區旅遊，且旅行社組織 10 人（含）以上的旅遊團隊，所進行的旅遊活動。

一般出國旅遊團的服務包括下列項目：

1. **代辦出國手續費**：旅行社代理旅客辦理出國所需之手續費、簽證費及其他規費。

2. **交通運輸費**：旅程所需各種交通運輸之費用。

3. **餐飲費**：旅程中旅行社在行程契約安排之餐飲費用。

4. **住宿費**：旅程中所列住宿及旅館之費用，如旅客需要單人房，經旅行社同意安排者，旅客應補繳所需差額。

5. **遊覽費用**：旅程中，所列的一切遊覽費用，包括遊覽交通費、導遊費，及入場門票費。

6. **接送費**：旅遊期間機場、港口、車站等與旅館間之一切接送費用。

7. **行李費**：團體行李往返機場、港口、車站等與旅館間之一切接送費用及團體行李接送人員之小費，而行李數量之重量須依航空公司規定辦理。

8. **稅捐**：各地機場服務稅捐及團體餐宿稅捐。

9. **服務費**：領隊及其他旅行社為旅客安排服務人員之報酬。

（二）國內團體旅遊

　　依交通部觀光局定義：「國內旅遊指在臺灣、澎湖、金門、馬祖及其他自由地區之我國疆域範圍內之旅遊。」在加上旅行社組織 10 人（含）以上的旅遊團隊，所進行的旅遊活動。

　　一般國內旅遊團之服務項目包括下列項目：

1. **代辦證件之規費**：旅行社代理旅客辦理所須證件之規費。

2. **交通運輸費**：旅程所需各種交通運輸之費用。

3. **餐飲費**：旅程中所列應由旅行社安排之餐飲費用。

4. **住宿費**：旅程中所需之住宿旅館之費用，如旅客需要單人房，經旅行社同意安排者，旅客應補繳所需差額。

5. **遊覽費用**：旅程中所列之一切遊覽費用，包括遊覽交通費、入場門票費。

6. **接送費**：旅遊期間機場、港口、車站等與旅館間之一切接送費用。

7. **服務費**：隨團服務人員之報酬。

二、團體旅遊的特點

（一）活動日程

　　旅遊團的活動日程一般比較穩定，除非發生極其特殊的情況，否則排定行程很少會有異動，旅行社必須按照旅遊定型化契約書，安排旅行團國外及國內旅遊的各項活動，並指派領有領隊執業證之領隊，帶領團體出國旅遊，並為團體辦理出入國境手續、交通、食宿、遊覽及其他完成旅遊所須之往返全程隨團服務。

（二）消費水準

　　一般出國旅遊團的消費水準較高，從搭乘飛機、住宿、餐食及由導遊帶領至各地購物消費，花費皆較高；國內團體則各有不同層次分別，依客人選擇價位而分，一般購物時間及價位較少。

（三）文化差異

　　出國旅遊團的成員中，有許多人未到過旅遊目的地國家或地區，缺乏對該地區歷史、文化、風俗習慣的瞭解，和當地居民之間存在著文化或語言上的溝通障礙，容易引起誤會而發生笑話或受騙，因此旅行社必須指派精通語言的領隊隨行。但國內團體就不會有此問題，講解及參訪難度較小。

小知識

零團費旅行團

　　所謂零團費旅行團，係指旅客只支付簽證及手續費等少許費用，就能參加旅遊的團體。

　　「零團費」之所以大行其道，一是因為旅行社競爭激烈，導致同行惡性減價搶客。二是旅行社可通過購物佣金抵銷團費開支，不少甚至獲利甚豐，令旅行社對承接低價團趨之若鶩。

　　旅客參加這些低價團，一個潛規則就是要大量購物，否則旅行社及先行墊支的導遊都要虧本，而旅行社為求利潤亦要千方百計迫使旅客購物，因而衍生出各種問題。

　　正本清源，關鍵在於禁止「零團費」，嚴禁各種按人頭費買團的行為，確保團費足以應付各項開支以及導遊的薪金，不必再依賴旅客購物來賺取佣金。只要基本的團費收入得到保障，「強迫購物」等問題都可迎刃而解，而且長遠有利旅遊業健康發展。

引述 2010.7.28 文匯報

第二節　個人自由行

　　自由行又稱個人遊，係與團體旅遊相對而言，一個人或少數人，購買旅行社或航空公司已安排好的機票加上酒店的旅遊產品。

　　自由行又可分「航空公司自由行」及「旅行社機加酒」兩種，其內容大同小異，大多是「機票」加「住宿」，有時再加一些接機及半日導遊。

　　自由行產品是以度假和休閒為主要目的，銷售以機票＋酒店＋簽證為產品核心，採自助旅遊形式精心為遊客打造的系列套餐產品。自由行為客戶提供了很大的自由性，旅遊者可根據時間、興趣和經濟情況自由選擇希望遊覽的景點、入住的酒店以及出行的日期，但在價格上比參加旅行社跟團的產品昂貴許多，但比完全自己出行的散客在價格上還是優惠一些。

一、自由行的類別

1. **個人自由行**：按照自己的計畫與旅行社預訂機票、酒店。但在行程安排上有不確定的可能時，可選擇能更改的機票。由於旅行社與航空公司、酒店的長期合作關係，價格會比個人單獨預訂要便宜。個人自由行，是旅行社或航空公司包裝好行程，一人即可成行，個人自由行的價格較高，但較自由。

2. **團體自由行**：團體自由行，又稱準自由行，去回行程都會統一，跟著旅行團隊一同登機，到達目的地後，脫離旅行團，自由行動，直到回程日重新與團體會合乘同班機回來。或者與其他自由行遊客同一時間出發／返回相同目的地，由於機票是團體票價格，這種套餐價格會更便宜。

二、自由行特性

1. **批量小**：自由行旅客，多為旅遊者本人或與少數親朋好友同行，因此人數與團體遊客相對較少。

2. **批次多**：由於年輕族群經濟能力增強，愛好自由行者增加，因此類似散客一樣，呈現批次相當多。

3. **預訂期短**：自由行旅客決定出遊時間常甚短，想到就走，要求旅行社在較短時間為其預訂好機位及旅館酒店。

4. **要求多**：自由行旅客對所居住之旅館品味與服務要求也較多。

5. **變化多**：自由行旅客常會因為缺乏事前規劃，造成經常更改機位時間及行程計畫，甚至臨時取消。

6. **採購少**：自由行旅客很多是厭惡團體採購行程太多，浪費時間，且多為純愛好旅遊者。

三、自由行低價機票攻略

1. **購買「紅眼航班」機票**：一些在半夜飛行的航班，由於乘客大多因為熬夜而紅眼，所以半夜的航班稱為「紅眼航班」。午夜飛行的成本相對較低，而商務人員一般不會為了省錢，選擇半夜班機，因客流量小，航空公司為了吸引乘客，對「紅眼班機」採取低票價策略。低票價對於旅行者來說是節省開支的好方法。此外，乘坐「紅眼航班」還可以省下一筆住旅館的費用。

2. **在星期二或星期四出行**：無論是出差還是探親訪友，星期五和星期六的機票屬於熱門時段。而不少出差的員工被要求一到目的地就開始工作，因此星期日和星期一的航班也是載客量大，而短期一兩天就能處理完的公務一般會選擇星期三出發。因此，星期二和星期四的客流量往往會少一些，航空公司也會選擇這兩天給乘客更多的折扣。

3. **考慮從小機場或副機場出發**：國外不少大城市有兩個或兩個以上的機場，一般小機場或副機場的運營成本低、客流量小，因此，從這些機場出發到同樣目的地的機票折扣會更高。

4. **搶購訂票**：現在國外一些出售機票的網站推出訂票遊戲，訂出航線的價格範圍，讓買家在訂票的過程中可以像參加拍賣會一樣不斷往上加價，程式會在一個適合的價位上接受買家的訂票請求，交易即成功。訂票遊戲所獲得的機票價格皆有折扣的，由於訂票遊戲節省賣家的場地費和人工費，因此網路上的訂票遊戲獲得的票價，一般低於電話或者店面訂購的價格。

5. **多方比價**：由於每家機場都有多家航空公司飛同一條航線，你可以記下不同航空公司的票價和折扣幅度，選擇最便宜的一家。國外有不少地方有機票代理商或者旅行公司，可以多諮詢一些商家，在便宜、信譽、安全、服務中選擇航空公司。

6. **在非假日出行**：一般人喜歡在節日裡攜家帶眷出去旅遊，所以節日的團費高漲，且航空機位一票難求，選擇非假日搭機，票價較低。

7. **選擇廉價航空**：廉價航空機票的票價比較低，因為他們將「多餘的」服務反應在票價上，盡量不提供食品、飲料、報刊和毛毯等物品，飛機的貨艙載重量小，客艙需要的空服員也少，所以運營成本低，西方人稱之為「低成本航空」。如果你

一定要在旺季的時候旅遊，那麼選擇「廉價航空」的機票可能比有折扣機票更划算，但注意託運行李要另外計價收費及退票限制等。

8. **重新訂機票**：一般人出遊前會提前幾天甚至幾星期預訂機票。然而，國外的機票價格或者折扣幅度是不斷變化的，如果遇到票價大幅度下降的時候，應先試算折扣後的票價不會因有退票費的影響而更加便宜，此時你應該當機立斷地退掉手中預訂好的機票，重新訂一張。例如在美國，退一張機票和重新訂一張機票的額外費用為75到100美元，如果降價幅度小於這個值，你就不用考慮重訂了。

9. **團體自由行**：旅行中選擇飛機航班也可以很有技巧，比如在購票時可以選擇參加團體訂票，但到了目的地是以自由行方式活動，可以節省機票費用，又可以依照自己旅行作規劃。在一些歐美國家，航空公司或者代理商一般會對20人以上的團體進行優惠。團體機票的最低價格可以比個人機票少三分之一。另外若是到國外旅遊，在國內購買聯程機票比到達目的地國家後，再購買當地航空公司的機票便宜。

四、自由行省錢策略

自由行的本質在旅遊，旅遊品質的好壞直接關係到你這次出遊的「成敗」。假如為了省錢而捨棄必去的經典景點，是金錢換不來的，也無法預測下次的旅程可以彌補，或另外再花一筆錢去一趟。在自由行的開支中，交通和住宿所占的比重最大，所以要想節省開支，就要在這兩項上多花些心思。

1. **事先規劃行程**：自由行其中省錢的方式之一，是規劃好旅遊路線和行程，避免走冤枉路。還有一些人造景點就不必次次都去，大同小異，不具觀賞價值。把此行重點放在該地最著名的天然人文景觀上，這些地方都遊覽到了，才不虛此行。時間較充裕情況下，再挑選一兩處當地口碑較好的景點探訪，或找尋城市裡有典故又最具該地文化品味的角落，這樣，才能真正瞭解當地文化風格。

2. **選擇淡季出遊**：在自由行的花費中，交通費用所占比例將近占了旅費的一半左右，所以建議大家選擇在淡季出遊，此時的機票會比平時便宜很多。

3. **自己訂酒店**：許多旅遊地區的酒店房價都是「海鮮價」，經常變化。所以選擇淡季出遊住宿費用會比較便宜。在國內自助旅行，透過一些旅遊網站所預訂的酒店房間其實價格並不便宜。最好的辦法是在網上搜尋目的地酒店的前檯電話，直接用電話預訂房間，這樣價格會便宜一些。

4. **到國外參加當地旅行團**：其實到了國外，不一定要自己找車、買門票才叫自由行，可以參加當地旅行團的「一日遊」等項目，如此既能節省時間，又可以節省

費用。在國外當地旅行團的項目，品質不差，而且無論到哪個國家，導遊都會用英語講解，基本可以聽懂。

5. **旁聽導遊講解**：一些當地具有特色的文物，如事先沒做功課研究，是無法了解其精髓，特別是古代建築，但在缺少導遊的講解要如何解決？旁聽是一個方法。

6. **購買當地交通圖**：買一張當地的交通圖，方便瞭解方位，辨別距離，亦可瞭解如何搭乘大眾運輸的好幫手，也是省錢的方法。

 **小知識**

湊（團體）票

何謂湊票，係指購買團體優待票，團去團回，只買票，但不買旅遊行程。

一般旅行社不太願意出售團體票，因為單賣機票利潤較低，帶團的利潤較好。

湊團的機票出發前2～3天，才知道您有沒有排到機位，因為出團旅行社要等到「開票最後期限」沒人報名時，才會將機位賣給你。

旺季或過年時，出國的人太多，機位難求，出團旅行社業績好，團體票（位）釋出的也比較少。

淡季時，因為人數少也不易成團。

缺點是湊團常讓人搭機比較沒安全感，行程出發時間不確定。

第三節　航空公司因應策略

　　因應激烈競爭市場，搶占旅遊團體、自由行及散客市場，航空公司如何分配個人票及團體票的比例；個人票的利潤比較高，團體票的利潤比較低，所以在旺季時多以賣個人票為主，團體票次之，因此在接近旺季時，航空公司會決定釋出多少團體票，自然是愈少愈好，其相關策略如下：

一、採用長期簽約制

　　出團旅行社與航空公司簽約，保證每月甚至整年出多少團，航空公司則保證，旺季一定分給出團旅行社多少團位，因為出團旅行社淡季為航空公司衝業績，旺季才是出團旅行真正賺錢時刻，所以出團旅行社在旺季時較不可能將機位給湊票的個人了。

二、使用收益管理系統

　　航空公司根據自己的機隊規模、航線結構與市場需求等因素，使用收益管理系統及訂位艙等代號，來分配及控制各種艙等配置數量，並隨時機動調整，力求使產品總量價值最優化，其管理方法包括多艙等價格管理、航班座位控制管理、座位超售、團體旅客管理等方法。旺季時配置團體票名額少，出團的旅行社分得也少，市場需求量大，這就造成團體票一票難求，自然出團費用水漲船高了，不只是團體票漲價，個人票也因市場需求量大而大漲。

三、機位清艙

　　航空公司在飛機起飛前三天會實施機位清艙，尤其是旺季時，航空公司可由後補人數多寡得知旺季時團體或個人票的需求量，再利用訂位艙等發放機位，當然以利潤最好的個人票為優先。當後補人數眾多時，立即採取清艙動作，讓已確認訂位者提早開票，因為訂位者，可能在 5 ～ 6 個月前即已訂位，也可能訂了 2 ～ 3 家的機位，清艙動作一舉數得：1. 搶客人、2. 收入現金、3. 服務後補者，以減少空位損失。當後補人數不多時，立即將機位釋放給旅行社的團體票，讓出團旅行社可以消耗空的機位，這時沒有合約關係的任何人都有機會拿得到團位。

四、出售特別票

當淡季時，航空公司除團體票之外，還放出一種「特別票」，航空公司以特殊的「訂位艙等」來控制這些「特別票」的數量。當旺季時航空公司就緊縮特別票，反之淡季時就放鬆特別票，當機位訂位不滿能賣則賣，所以在旺季時想省錢，只能去找特別票，例如，一般機票都是 90 天或 180 天的票，經由特別放出 30 天的票，或有限制的票，但這種票多半需要靠運氣，因為只有少數管道才能買到，一般是檯面下不能公開的，否則就有斷線之慮。

五、網路拍賣

航空公司根據訂位情況知道哪一班次乘客訂位量少，就以透明化的方式在網路低價公開給各旅行社或個人，例如：在網路上可以看到 3 ～ 30 天或 0 ～ 17 天的低價旅遊票或訂位後 14 天內開票，且開票後不能更改行程，或可更改行程但每改一次加收手續費等一些特別限制，稱為「旅遊票」或「特別票」。

六、競標升艙

競標升艙 (Bid Upgrade) 的玩法最先是由美國的廉價航空公司 JetBlue 發明的，但現在已經有越來越多的主流航空公司選擇了這種讓乘客低價升艙（同時又不浪費商務或頭等艙的席位），支持的航空公司包括中國國航、阿提哈德航空、紐西蘭航空、國泰航空、澳大利亞航空等。

里程兌換或者最高等級常搭旅客升級當然是選擇之一，不過這並不適用於大多數的普通乘客，一般洲際飛行的頭等艙和商務艙都不是滿員的，畢竟價格的因素擺在那裡。航空公司為了在最後關頭儘量攫取利益，會以競標的方式讓一部分出價的乘客獲得升艙。

拍賣競價只能付費購買升等，不提供以哩程競標。航空公司都會為出家設立一個下限，國際慣例是 150 美元，旅客出價控制在兩艙（如商務艙和經濟艙價格）差價的20 ～ 40% 即可。

航空公司推出升等拍賣競價方案，經濟艙的購票旅客可以競拍豪華經濟艙升等、豪華經濟艙的購票旅客可以競拍商務艙升等。

航空公司網站競標分三步驟：

1. 確認你所搭乘的航線與航班提供競價升等，可以在航空公司的網站上輸入姓氏與訂位代碼查詢。

2. 出價升等到上一個艙級（經濟艙不能越過豪華經濟艙直接競標商務艙升等），網站會告知你所出的價格有多少競爭力，如果競標成功，航空公司會用你的信用卡收費，並於出發前二至三天寄出確認通知。

3. 就是享受更高級的服務囉。不過，特別要注意的是，因為升等是用原艙級的票出價競標的，所以行李限制與哩程累積是依照原來訂位艙等的規定辦理。

七、異業合作

航空公司可與異業進行合作，對象上也更為多元與開放，例如華航與匯豐銀行、中國信託銀行及渣打銀行的信用卡進行合作；與三井 outlet 及新加坡環球影城等進行旅遊及購物優惠；臺灣虎航曾與交換平臺 Swapub 合作，只要在 Swapub 加入交換物件並寫上關鍵字，就有機會抽中機票。

八、線上社群行銷

「社群」是指一群人，也可以是指某一特定管道，這些有人群聚集的平臺，都稱為「社群」。

社群行銷需要透過一個能夠產生群聚效應的網路服務媒體來運作或經營。這個網路服務媒體在早期可能是 BBS、論壇、部落格、一直到近期的 Plurk（噗浪）、Youtube、Twitter（推特）、或者是 Facebook（臉書）、Instagram，在這些平臺上進行行銷行為，都稱之為社群行銷。

各航空公司對社群行銷活動大多很踴躍，其中威航舉辦粉絲社群活動的頻率非常高，例如推出線上競賽活動，號召社群揪團購票，召集越多人的團隊就能獲得 50 張機票。

九、實體社群行銷

　　社群網站其實也可以與線下行銷活動結合，開發出新的當紅話題，規劃一個實體的活動，在事前使用社群網站推廣，並鼓勵參與者在活動進行時與結束後打卡、發照片，引起群眾的注意，吸納下一波參與者。結合實體行銷與社群話題，不但能推廣品牌知名度，更能夠實際吸引用戶。

　　延伸至線下的實體社群行銷也不少見，例如香草航空曾推出與香草小姐合照的活動，只要在活動期間與香草小姐合照並上傳至活動網站，就有機會獲得免費機票。

第 06 章 機場服務介紹

第一節 機場旅客服務概論
第二節 出境服務
第三節 入境服務
第四節 轉機服務

教學目標

1. 瞭解機場旅客服務的主要內容。
2. 機場服務發展趨勢與服務創新。
3. 出境、入境、轉機服務及設施。

課前導讀

對於機場來講，服務旅客最主要的地方就是航站大廈，其提供旅客辦理報到及候機之場所，其中有關出境、入境、轉機相關規定及服務設施，對讀者將來出國旅行有很大幫助。

機場是航空運輸的基礎設施，其服務對象為航空公司、旅客、駐場單位、貨運單位等。主要功能是為航空運輸企業（航空公司）及旅客提供各種配套服務和飛行保障，其服務品質的好壞不僅影響到機場自身的發展，也影響所在地區的對外形象。

所謂地勤服務，在廣義上包括機場、航空公司及其代理企業為旅客、貨主提供的各種服務，以及空中交通管制、航機加油公司、飛機維修企業等向航空公司提供的服務。

在狹義上是指航空公司、機場等相關機構向旅客提供的各種服務，例如：機樓詢問、電話詢問、航班資訊發布、廣播、接聽旅客投訴電話、登機服務、行李服務、聯檢與安檢服務、引導服務、候機室服務等。

第一節　機場旅客服務概論

一、機場概述

機場是指提供飛機起飛、降落、停放、維修和實施飛行保障活動的場所。機場分為軍用機場和民用機場。

搭飛機的地方，一般人叫做「機場」，而在學術上的專有名詞叫「航空站」，指具備供航空器載卸客貨之設施與裝備，及用於航空器起降活動之區域。航空站旅客服務區按功能可劃分為出境旅客服務區和入境旅客服務區兩大區域。

民用航空機場又分為國內及國際機場：

1. **國內機場**：只供國內城市與城市間飛航的機場稱「國內機場」，如嘉義、臺南、花蓮、臺東、馬公、金門等機場。一般而言，「國內機場」面積比較小，跑道比較短，使用的機型也較小。

2. **國際機場**：指經主管官署在國境內指定為國際空運之入境及出境機場，以辦理有關海關、入出境證照、檢疫及類似程序等手續者，如桃園、高雄、松山、臺中機場。

二、機場旅客服務概述

對於機場來講，服務旅客最主要的地方就是航站大廈，其提供旅客辦理報到及候機之建築物，通常設有航空公司報到櫃檯、辦公室、貴賓室、餐廳、商店、保險櫃檯、安檢櫃檯、候機室等設施，國際線另設有海關、入出境、檢疫等通關檢查單位。

機場旅客服務的主要內容有下列：

1. **登機與候機服務**：登機服務主要為旅客辦理搭機、行李託運等手續，確認機票有效與否，換取登機證；旅客登機時，查驗登機證、核實登機人數。候機服務主要為候機旅客提供良好的休息、娛樂、購物環境（圖6-1），並維持候機環境的整潔、有序；提供登機資訊，引導旅客登機（圖6-2）。

圖6-1　入境旅客服務

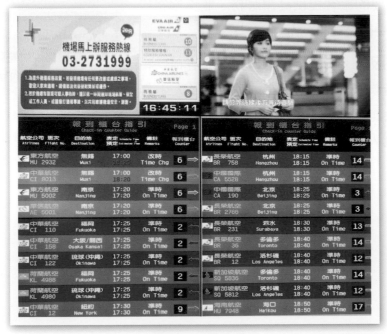

圖6-2　班機資訊

2. **旅客轉機、過境服務**：機場服務人員必須協助轉機旅客辦理轉機手續（圖6-3），安排好轉機時間的銜接工作，並為過境旅客提供休息和再次登機服務。

3. **聯檢與安檢服務**：聯檢與安檢服務為旅客辦理海關、入出境證照、動植物檢疫等通關檢查，按安檢規定對旅客及手提行李進行安全檢查。

4. **行李運輸服務**：行李運輸服務為旅客提供行李打包、行李託運服務。目前，許多機場採用的現代化的行李安全檢查系統可以迅速地分揀、運輸行李，在旅客下飛機到達大廳時，託運的行李也從行李轉盤中運送出來，旅客無須等候太長的時間，就可提領到自己的行李。

圖6-3　清楚標示轉機資訊

5. **重要旅客服務**：機場候機室設有貴賓接待室，供候機的貴客休息。貴賓室配有專門的服務人員，為重要的旅客提供具體服務，並為旅客代辦搭機等手續。

6. **特殊旅客服務**：一般機場都為特殊旅客提供相應的服務設施或特殊服務，如為殘障人士作無障礙設施和服務；為哺乳、無人陪伴兒童(UM)、老人、病患旅客及其他特殊旅客安排專項服務。

📍 **小知識**

機場、港口聯檢協調中心

　　由左列機場、港口有關單位各派代表一人聯合組成，辦理協調聯繫業務：
1. 機場、港口檢疫所。
2. 證照查驗站。
3. 海關。
4. 商品檢驗局或所屬單位。
5. 入出境管理局的機場、港口服務站。
6. 航空、港務警察局、所。
7. 機場，港口憲兵隊。

7. **商業服務**：機場商業服務包括餐飲、購物、休閒、娛樂、醫療、保險、旅遊諮詢、票務等許多服務內容（圖6-4）。

圖6-4　免稅商店

8. **資訊服務**：資訊服務主要是透過各種媒體和服務方式，向旅客傳遞航班、搭機等各種資訊，機場為旅客提供的各種資訊必須做到準確、有效、及時。

三、發展趨勢與服務創新

隨著經濟的持續發展，機場運作與管理，朝著科學化、多元化、國際化與人性化方向發展。

1. **向高科技發展**：隨著科學技術的發展，機場從基礎設施到旅客服務設施，朝著現代化、資訊化、自動化方向發展。像是高科技的通信導航設備的運用，不僅保障了飛行安全，而且進一步提高了工作效率；機場電腦自動化系統、安全維護系統、航班資訊顯示系統、行李自動分類系統、停機引導系統、自助報到系統與電子機票等新技術的運用，已進一步提升機場的服務水準和運轉能力，促進機場的快速發展。

2. **機場朝向「航空城」發展**：飛機起降是機場最重要的功能，伴隨著飛機的起落，機場彙集了巨大的人潮、資金和訊息。四通八達的機場高速公路及機場捷運等，可以方便地連接陸、海、空等各種交通。這種便利的運輸條件，使得機場周圍可

以成爲商貿交流中心、物流中心、工業園區。人們在這裡不僅可以搭乘飛機，還可以進行購物、辦公、住宿、開會、展銷、商貿等各種活動，從而形成一種新的城市經濟模式－「航空城」。例如，荷蘭阿姆斯特丹的史基浦機場除了具有航空運輸功能外，還成爲當地會議中心、展覽批發市場及物流中心，每天有 5.2萬人在此工作。

3. **經營管理模式日趨多樣化**：機場的快速發展，促使航空業者對機場運營管理模式作出改革，以推動機場由管理型向經營型轉變。前身爲1978年成立的交通部民用航空局中正國際航空站（2006年改稱桃園國際航空站），改制爲桃園國際機場股份有限公司（簡稱桃園機場公司），爲了尋求新的經營管理模式，以適應民航業的高速發展，希望由管理型機場邁向經營型機場，開創新的發展格局。

4. **服務創新，提升整體服務水準**： 從整個民航業發展趨勢來看，機場樞紐地位的競爭，主要在機場的綜合服務水準上。從「單一服務」、「多項服務」和「多元服務」三個階段。就本質上來講，機場的產品就是「服務」，一方面機場要爲航空公司提供確保飛行安全的專業性服務，另一方面要爲旅客在搭機全程中提供優質、舒適的服務，尤其對於機場企業來講，服務創新是無限的，近年來，國內外一些機場都十分重視服務過程、服務細節、服務創新，不斷豐富服務的內涵和外延：由淺入深，多層次的服務效率、服務流程、服務品牌等多元化服務延伸（圖6-5）。

圖6-5　外幣兌換

第二節 出境服務

　　出境旅客服務區也稱爲出境大廳，一般位於航空站二樓以上，分爲國際出發和國內出發兩個區域。由於旅客在出發大廳停留的時間較長（一般在一個小時以上），因而出境（登機）旅客服務區空間一般比較大，各種服務設施齊全，以滿足旅客候機、登機、下機、轉機的需要。

　　出境旅客服務區的主要設施包括登機櫃檯、證照查驗、安檢櫃檯、候機大廳、休閒娛樂設施、公用設施等。其主要出境服務項目如下：

一、出境手續

　　旅客應於航班起飛前 2 ～ 3 個小時，向所搭乘之航空公司櫃檯辦理報到手續。各航空公司會依航線訂位狀況及機型大小，決定開櫃時間，而關櫃時間大部分爲起飛前 40 分鐘，旅客如有不明瞭之處，須詢所搭乘航空公司爲準（註：各國不盡相同）。

（一）出境必備證件

1. **本國籍旅客**：護照、登機證（進大陸者出示臺灣居民來往大陸的通行證）（圖6-6～6-7）。

小知識

登機證

　　搭機前至航空公司櫃檯辦理報到後，櫃檯人員會給您一張印有航空公司名稱、班機代號、座位號碼之登機證，在證照查驗櫃檯及登機時，須連同身分證件出示給相關人員查驗後才可登機。

圖6-6　護照與登機證

2. **外籍旅客**：護照、登機證（大陸旅客出示大陸居民往來臺灣通行證）（圖6-8）。

圖6-7　臺灣居民來往
大陸通行證

圖6-8　大陸居民往來
臺灣通行證

（二）出境流程

01 辦理報到　　**02** 託運行李　　**03** 安全檢查　　**04** 證照查驗　　**05** 登機

　　旅客需持機票與護照至所要搭乘之航空公司報到櫃檯辦理報到手續，並辦理劃位及託運行李。完成報到手續後，領取各項證件、登機證及行李託運收據。

（三）出境報到方式

1. 機場櫃檯報到及劃位（圖6-9）

圖6-9　報到櫃檯

2. 自助報到機(Kiosk)（圖6-10）：臺灣桃園國際機場自助報到機的機臺放於兩處：
第一航廈1樓及第二航廈3樓。

圖6-10　kiosk

> 使用步驟：確認出境的航廈→護照放入 CUSS 機掃描資料，或輸入電子機票編號（或訂
> 位資訊），檢索所搭乘航班資訊→按照 CUSS 機上步驟操作，完成報到、列印登機證。

(1) 桃園國際機場第一航廈1樓出境2、3、6、8、10、11報到櫃檯前方。

適用的航空公司：

中華航空 (CI)　　　　國泰航空 (CX)　　　國泰港龍航空 (KA)　　全亞洲航空 (D7)

馬亞洲航空 (AK)　　菲亞洲航空 (Z2)　　泰亞洲航空 (FD)　　大韓航空 (KE)

(2) 桃園國際機場第二航廈3樓出境大廳入口左右兩側。

　　適用的航空公司：

中華航空(CI)　　　　長榮航空(BR)　　　華信航空(AE)　　　立榮航空(B7)

中國國際航空(CA)　　香港航空(HX)　　　聯合航空(UA)　　　土耳其航空(TK)

加拿大航空(AC)　　　全日空(NH)　　　中國南方航空(CZ)　　廈門航空(MF)

　　ANA　　　

3. 手機報到。

4. 網路報到。

5. 市區預辦登機：讓旅客「事先把行李託運」，預辦登機櫃檯。

　(1) 設立位置：桃園機場捷運A1臺北車站。

　(2) 開放時間：目前開放辦理託運行李的時間為06：00開始，到20：59為止，行李託運只限當日航班，且須在飛機起飛三小時前，完成行李託運。假使飛機是半夜12點整到隔天早上九點前起飛的人，就無法事先託運行李。

　(3) 適用航空公司：搭乘中華航空、長榮航空、華信航空、立榮航空、國泰航空、國泰港龍航空、Air Asia集團的全亞洲航空、馬亞洲航空、菲亞洲航空。

6. 機場自助行李託運機服務。

📍 小知識

行李自助託運機介紹

　　使用行李自助託運機也可以取得登機證，等於說報到+托運可以一次完成。取得登機證的情況下，單件行李3分鐘左右可以完成，非常快速又方便。

1. 行李自助託運位置
   (1) 桃園機場捷運臺北車站A1站：中華航空、華信航空、長榮航空、立榮航空、國泰航空、國泰港龍航空、全亞洲航空、菲亞洲航空、馬亞洲航空、泰亞洲航空。
   (2) 臺灣桃園機場
   　　第二航廈：3樓出境大廳10號、11號、16號、17號櫃檯。

2. 可使用對象：
   中華航空、長榮航空、華信航空、立榮航空，已完成報到手續之旅客。（不含共掛、聯營班機）

3. 使用方式：
   首先要先取得登機證，可利用「自助報到機」取得。亦可使用網路報到、手機報到取得的登機Code。

4. 自助託運服務步驟
   (1) 擺放行李。
   (2) 確認行李安全宣告。
   (3) 掃描登機證。
   (4) 確認航班資訊：行李的重量、目的地。
   (5) 取得行李貼紙：印出行李貼條，貼在行李上。
   (6) 等待閘門關閉：行李托運器就會關起閘門，送到行李檢查。
   (7) 領取行李收據。
   (8) 確認行李通過安全檢查X光機後再離開。

5. 注意事項：
   不可使用自助託運服務。
   (1) 攜帶寵物及需要特別協助、攜帶超大超長行李之旅客（超大超長行李：長寬高總和超過158公分或62英吋），或最長邊超過70公分（27英吋）之旅客。
   (2) 自助行李託運設備僅受理一般航空行李箱，不適用紙箱、雨傘、背包、嬰兒車、輪椅等物品。
   (3) 內含有易碎物品或須特別處理物品之行李。
   (4) 超過免費行李託運額度之行李。
   (5) 年齡12歲以下單獨旅行兒童。

二、行李攜帶規定

（一）託運行李

請於行李上綁上行李條，於報到櫃檯辦理報到手續及行李託運，並確定行李已通過 X 光機之檢查，方可離開櫃檯（託運行李收據請妥善保存，若行李遺失時，以此憑據向航空公司索賠）。

赴美旅客免費託運行李，按件計算，為避免行李搬運人員職業傷害及於某些機場報到時產生不便，建議個別託運行李不要超過 23 公斤（50 磅）。除往返美國外，往其他國家地區旅客，免費託運行李是按重量計算。各航空公司行李託運規定不同，詳細資訊請逕洽航空公司。

（二）隨身行李規定

旅客所攜帶之隨身行李尺寸：最大限制長 56 公分、寬 36 公分、高 23 公分。其他行李相關規定請洽所搭乘航空公司。

小知識

自助報到機臺(KIOSK)服務

旅客可使用自助報到機臺，更方便快捷地辦理登機報到手續。

提供自助報到櫃檯服務之航空公司包括：

中華航空公司(CI)，長榮航空公司(BR)，國泰航空公司(CX)

達美航空公司(DL)，聯合航空公司(UA)

荷蘭航空公司(KL)，港龍航空公司(KA)，全日空航空公司(NH)

夏威夷航空(HA)

登記時只須依照以下簡單步驟：

第一步：放入護照掃瞄資料或輸入電子機票編號，以檢索航班的資料。

第二步：選擇座位，列印登機證。

第三步：前往指定行李託運櫃檯登記寄存行李。

第四步：前往辦理出境手續。

三、出境申報

（一）貨幣限制

有關旅客出境每人攜帶之外幣、人民幣、新臺幣及黃金之規定如下。

分類	說明
黃金	旅客攜帶黃金入出境皆應向海關登記，黃金價值超過 2 萬美元，應先向經濟部國際貿易局申請輸出入許可證再至海關申報。
外幣	超過 1 萬美元或等值之其他外幣應報明海關登記。攜帶超額未申報者，超過部分應予沒入。
有價證券	攜出及攜入有價證券總面額達等值 1 萬美元者，應向海關申報。未依規定申報或申報不實者，科以相當於未申報或申報不實之有價證券價額之罰鍰。
新臺幣	新臺幣 10 萬元為限，如攜帶超過限額時，應在出境前先向中央銀行申請核准，持憑查驗放行；超額部分未經核准，不准攜出。
人民幣	人民幣 2 萬元為限，如超過限額時，雖向海關申報，仍僅能於限額內攜出；如申報不實者，其超過部分，依法沒入。

（二）進出口限制

分類	分類
非屬「限制輸出入貨品表」之物品	價值美金 20,000 元為限
超過限額或屬「限制輸出入貨品表」之物品	需繳驗輸出入許可證

四、安全檢查

　　安檢區設有多個安檢通道，主要設備有安檢服務檯、X 光機、金屬探測門及手持探測器，旅客本人及隨身行李都必須通過安全檢查。出境旅客於完成報到手續及託運行李後，請至出境登機入口辦理安全檢查手續，並請出示登機證、護照、出境登記表（本國籍旅客免填）。

（一）隨身行李攜帶規定

1. 旅客身上或隨身行李內所攜帶之液體、膠狀及噴霧類物品之容器，其體積不可超過100毫升，且所有容器裝於塑膠袋內時，塑膠袋應可完全密封（圖6-11）。

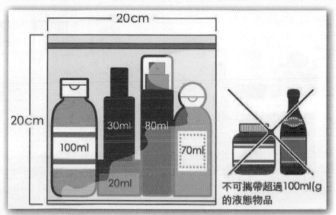

圖6-11　安檢時隨身物品容器限制規定

　　前項所述之塑膠袋每名旅客僅能攜帶1個，於通過安檢線時須自隨身行李中取出，並放置於置物籃內通過檢查人員目視及X光檢查儀檢查。

2. 嬰兒奶品／食品及藥物、糖尿病或其他醫療所需之液體、膠狀及噴霧類物品，應先向航空公司洽詢，並於通過安檢線時，向安全檢查人員申報，於獲得同意後，可不受前揭規定之限制。

3. 出境或過境（轉機）旅客在機場管制區或前段航程於航機內購買之液體、膠狀及噴霧類物品，可隨身攜帶上機，但需包裝於經籤封防止調包及顯示有效購買證明之塑膠袋內。

　　若不符合前述規定，相關物品僅能放置於託運行李內。

（二）出境安檢手提行李規定

1. 電動刮鬍刀可以攜帶登機，丟棄式刮鬍刀、摺疊式刮鬍刀等有刀片外露形式者，禁止攜帶登機（圖6-12）。

2. 刮鬍泡、防狼噴霧劑等容器容量超過 100ml 之液體、膠狀物品、噴霧狀物品禁止攜帶登機。

3. 針頭因有傷害性，禁止攜帶登機。

4. 行動電源、鋰電池限隨身攜帶2顆登機，接頭建議自行包裝絕緣。

5. 相機腳架、釣魚竿、衝浪版需託運。

6. 武士刀為違禁品，隨身攜帶經查獲將遭移送。

7. 針筒、拍立得底片無限制，可攜帶登機。

8. 身上有鋼釘、裝有心律調整器者可先向航空警察局執勤警員報備，免經金屬門安檢。

圖6-12　手提行李安全檢查

（三）注意事項（詳第 11 章第 5 節 危險物品簡介）

前述規定不同目的地及航空公司或另有規定。請預先向所搭乘的航空公司或旅行社了解有關限制。

1. 美國運輸安全署(TSA)有規定，飛美班機旅客僅可以攜帶1只打火機（非防風或藍焰）。

2. 飛往香港及於香港轉機之旅客請勿攜帶或託運電擊器、催淚瓦斯、子彈型之紀念品、彈簧刀及照明彈，以免觸犯當地法律。

五、證照查驗

（一）證照有效期限

當旅客通過安全檢查後辦理出境證照查驗，應出示下列證件：（圖 6-13）

· 本國籍旅客：護照、登機證。

· 外國籍旅客：護照、簽證、登機證。

提醒國人於出國前，應及早檢查護照效期是否 6 個月以上；如發現護照效期不足，請儘早至外交部領事事務局、外交部中部、南部、東部及雲嘉南四辦事處換發，以確保個人權益（註：護照所餘效期不足 1 年，或非屬晶片護照，皆可申請換發）。

圖6-13　證照查驗

（二）申請自動查驗通關服務

可申請自動查驗通關服務 (E-Gate)，加快通關速度（圖 6-14）。

圖6-14　自動查驗通關

1. **申請資格**

   (1) 年滿14歲、身高140公分以上

   (2) 在臺有戶籍國人／具在臺居留資格且有多次入出境許可證件之外來人口

2. **申請文件**

   (1) 護照

   (2) 身分證（或駕照、健保卡）／居留證

3. **申請地點**

   (1) 桃園機場：

   第一航廈

   ・出境大廳12號報到櫃檯旁移民署櫃檯（非管制區）：申辦時間為每日07:00至 22:00

   ・入境證照查驗區（管制區內）：申辦時間為每日10:00至23:00

   第二航廈

   ・出境大廳15號報到櫃檯前移民署櫃檯（非管制區）：申辦時間為每日07:00至 22:00

   ・入境證照查驗區（管制區內）：申辦時間為每日10:00至23:00

   (2) 中央聯合辦公大樓北棟1樓：於外交部領務局領取護照之後，可直接申辦自動 通關。

   (3) 移民署各服務站：臺北服務站、臺中第一服務站、嘉義服務站以及高雄第一服 務站。

   (4) 松山機場、高雄機場、臺中機場、金門水頭港

4. **入出國自動查驗通關系統使用及申請資訊（圖6-15）**

   （相關連結http://www.immigration.gov.tw/egate/index.html）

   ・ 外來人口申請自動查驗通關系統相關資訊。（相關連結http://www.immigration. gov.tw/egate/step.html#step02-1）

   ・ 外籍人士申請快速查驗通關服務(Speedy Immigration)

   ・ 外籍商務人士1年來臺3次，即享有快速查驗通關服務。

   ・ 經常來臺外籍人士快速查驗通關申請系統（相關連結https://oa1.immigration.gov. tw/nia_freq）

5. **等候登機**：通過證照查驗及隨身行李安全檢查後，旅客即可自由活動或前往免稅商店購物，但務必於起飛前40分鐘，進入候機室登機。

圖6-15　自動查驗通關申請手續

六、「有關臺灣成為美國免簽證計畫參與國」簡介

在臺灣設籍之中華民國國民，凡持新版晶片護照赴美從事90日以下之商務或觀光旅行，並事先上網申請「旅行授權電子系統(Electronic System for Travel Authorization, ESTA)」取得授權許可（處理費4美元，授權費10美元，合計14美元），且無其他特殊限制而無法適用者，即可免除預先申請美國B1/B2簽證而直接赴美。

赴美免簽證需事先申辦新版晶片護照：

1. 國人若擬前往美國者，須確認所持護照為晶片護照始適用免簽待遇，若非觀光或商務目的者，須及早向美國在臺協會申請與赴美目的相等的簽證，以免影響個人權益。

2. 自101 (2012)年11月1日起國人可適用免簽證(VWP, Visa Waiver Program)入境美國之要件為中華民國具有身分證統一編號之國民，持有效期之新版晶片護照，赴美目的為觀光或商務，停留在90天以內，且事先經由「旅行授權電子系統(ESTA)」授權許可者，始可適用。

3. 更多「美國免簽證計畫」相關資訊請參閱下列網站：
   · 外交部官網之「美國免簽專區」
   · 美國在臺協會臺北辦事處官網「免簽證計劃(VWP)」
   · 美國國務院領務局之「免簽證計畫(VWP)」簡介（圖6-16）

圖6-16　美國免簽證計畫vwp

圖6-17　移動式空橋

小知識

什麼叫空橋?

　　連接航站大廈與飛機艙門間的橋梁可移動及伸縮調整位置，供旅客上下飛機，常見於設備完善之機場（圖6-17）。

第三節　入境服務

入境旅客服務區主要有到達大廳以及與之相連接的其他設施。一般設在候機室一層。到達大廳也分為國際到達和國內到達兩部分。 由於旅客入境後在到達大廳停留的時間較短，因而入境服務區的服務設施相對於出境服務區來講就顯得比較簡單。入境旅客服務區的主要服務設施包括證照查驗、行李領取轉盤、海關行李檢查、手推車、旅館酒店旅遊服務諮詢、車票售票點、小商場、更衣室、公用電話等。

相關服務項目如下：

一、證照查驗

旅客下機後辦理入境證照查驗（圖6-18），請出示下列證件：

· 本國籍旅客證件：護照、入境登記表（在臺有戶籍者免填）。

· 外國籍旅客證件：護照、簽證、入境登記表、登機證存根。

圖6-18　證照查驗

小知識

歐盟電子旅行許可證(ETIAS)

1. 內容：歐盟電子旅行許可證的全名為歐盟旅遊資訊與授權系統(European Travel Information Authorization System, ETIAS)，並不是簽證，而是類似美國旅行授權電子系統(ESTA)，在入境申根區之前，必須要透過ETIAS得到電子旅行許可證之後才可以免簽入境。

2. 實施日期：2021年1月起，凡入境德國、西班牙、葡萄牙、奧地利、荷蘭、比利時、盧森堡、丹麥、芬蘭、瑞典、法國、斯洛伐克、斯洛維尼亞、波蘭、捷克、瑞士、匈牙利、希臘、義大利、馬爾他、愛沙尼亞、拉脫維亞、賽普勒斯、克羅埃西亞、立陶宛、冰島、挪威、列支敦斯登、羅馬尼亞、保加利亞等申根區（指履行1985年在盧森堡申根鎮簽署的《申根公約》的26個歐洲國家所組成的區域），皆需要申請ETIAS。但不包括英國與愛爾蘭。

3. 費用：ETIAS的申請費用為每件7歐元（約新臺幣250元）；若申請人未滿18歲，則無須負擔任何費用。

4. 有效期限：ETIAS旅行授權的有效期限是3年，或者是到護照到期日。換言之，如果護照到期了就需要重新申請ETIAS。最慢在出發前72小時進行申請。另外，遊客在取得簽證後，可在規定的180天期間內多次在歐洲各國旅遊，但停留時間不能超過90天。

（申根區是指履行1985年在盧森堡申根鎮簽署的《申根公約》的26個歐洲國家所組成的區域。）

二、自動查驗通關服務

申請自動查驗通關服務 (E-Gate)，可選擇 E-Gate 或人工查驗櫃檯通關，加快通關速度，申請資格及辦理方式同上節。

三、動植物檢疫

旅客禁止攜帶新鮮水果入境，如有攜帶動植物或其產品，應依照我國檢疫規定辦理，並向海關申報或向動植物防疫檢疫局申請檢疫，未依規定申報者，處新臺幣 3,000 元以上罰鍰。

四、入境申報

有關旅客入境每人攜帶之外幣、人民幣、新臺幣及黃金之規定，與出境規定相同。

五、海關行李檢查

旅客辦妥入境證照查驗後，應至行李檢查大廳，等候領取行李。旅客提取行李後，所攜行李如未超過免稅限額且無管制、禁止、限制進口物品者，可選擇「免申報檯」（即綠線檯）通關。否則即須由「應申報檯」（紅線檯）通關。

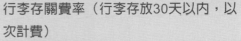

小知識

行李存關費率（行李存放30天以內，以次計費）

重量	價格
12公斤以內	新臺幣200元
12~22公斤	新臺幣250元
22~32公斤	新臺幣300元
32~42公斤	新臺幣400元
42公斤以上及貴重品	新臺幣500元

行李存關服務（24 小時），旅客若有不擬攜帶入境之行李，可暫存於存關行李櫃檯，出境時再提領。

圖6-19　海關通關

圖6-20　海關公告

圖6-21　紅線應申報檯

圖6-22　綠線免申報檯

六、接機

　　接機大廳都裝設液晶電視螢幕，讓接機人士看到班機資訊及抵臺親友進入大廳的情況。另有外籍勞工接機服務檯，仲介公司、雇主可透過申請委託該接機服務。

圖6-23　接機廳

圖6-24　班機到達資訊

第四節　轉機服務

一、轉機類別

1. 轉機：轉機也叫中轉（中間轉機，英文爲Transfer），指從啓程機場前往目的地機場，在中間某一點需下機轉乘不同班號或不同航空公司的飛機繼續旅行，中間點稱爲轉機點。中轉時航班最短銜接時間爲45分鐘。由於中轉聯運的票價比正常直飛低很多，但較浪費時間，仍受自費商務旅客的青睞。

2. 過境：過境又稱經停（經由暫停轉機，英文爲Transit），是指由同一個航空公司且同一個航班，從啓程站出發後因商業停留載客或中停加油，在到達第一個中停點後，有一段時間的停留、休息時間，接著續飛下一航點的航班，最終到達目的地，其中間之中停點即爲過境經停點。如臺北飛阿姆斯特丹(CI-065)的客人，在曼谷機場僅是過境。

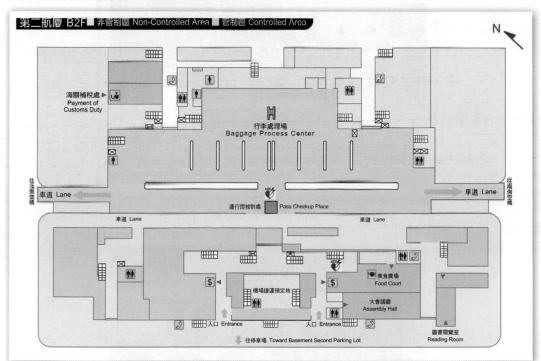

圖6-25　機場指南

二、轉機與過境最大的區別

轉機則為中途下機轉換航班,需要由下一航空公司代辦二次登機和辦理行李轉運等手續。過境是同一個航空公司,同一航班在中途降落,旅客下機待飛,不需要再辦理手續。

三、轉機手續

持有登機證的旅客,接受安全檢查後至出境樓層,並於航班預定離臺時間 30 分鐘前到達下一登機門。沒有登機證的旅客,到達下一航班所搭乘之航空公司的轉機櫃檯(圖 6-26)辦理手續後,持登機證接受安全檢查(圖 6-27)後至出境樓層。

圖6-26　轉機櫃檯

圖6-27　轉機檢查安全檢查

小知識

國際機場免稅店的贈品不要隨便拿（網路流傳）

　　各位注意啦！就算是免費的東西咱們也不能隨便拿，出門在外一定要小心再小心！下面這一篇是親身經驗，提醒大家小心國際機場免稅店那些所謂的「免費贈品」。

　　我有一個朋友在某國首都機場被抓起來了，抓捕理由是他在國際機場免稅店偷一包香煙。事情是這樣的，當時他買了巧克力和一條香煙，收銀員卻在他的袋子又放了一包香煙，他還以為這是免稅店送的免費贈品。那知，之後他就被逮捕了，罪名是涉嫌在店內盜竊，警方向他索要30,000銖的罰金才能釋放他。他當時在監獄裏關了兩晚，還付了500銖冷氣空調費用。有朋友來看他，每個探訪者另外又被收了200到300銖，最後花了11,000銖才被釋放。員警就當著他的面分了他交的錢。後來在法庭上，另外交了2,000銖的罰款後，他被驅逐出境了。

　　他的護照上也被蓋了「小偷」的字眼，他的親友曾要求大使館出面幫助，卻被告知他們也很無奈，無能為力。因為這種事每天都在機場上演，許多亞洲人深受其害。但哪怕是每天有無數的控告信件和電話，該國當局都沒有採取任何行動。和那個朋友一起被關的還有一個新加坡人和馬來西亞人。在被關押的第一晚上，新加坡人支付了60,000銖後被釋放。第二個晚上，馬來西亞人支付70,000銖後才被釋放。

　　還有在杜（迪）拜國際機場，也有人經歷過類似情況。他在免稅商店裏買東西，有個女孩在他的購物袋裏放了瓶香水，他甚至都不知道是什麼時候放的。就這樣，他涉嫌盜竊，在機場監獄裏被折騰了一整天。沒有食物，沒有水，經過一天的煎熬後，他交了500美元的罰款才被允許離開，這是他身上帶的所有美元現金。

　　這樣的詐騙手段，每天都在全世界各地的國際機場發生。這些人預先設計好一套行騙方案，並串通機場工作人員，不斷尋找下一個下手的目標。而免稅店員用這種詐騙方法主要是為了多拿點外快。有點難以置信吧？因為騙子們認為，匆匆過境的遊客往往這輩子都不會來第二次的！

　　所以，請務必注意，隨時收好購物收據，對於任何國際機場免稅店給的免費禮物，也務必小心，一定要請店員註明在收據上。安全起見，到一個不熟悉的地方，免費的東西還是不要隨便拿的好！

第 07 章　空勤服務

第一節 空勤服務程序與內容
第二節 旅客機上須知
第三節 空服員應考須知及題庫

教學目標

1. 明確機上服務內容與機上服務程序的關係。
2. 掌握機上服務的基本以及其延伸內容,建立機上服務的全面概念。
3. 掌握空服員考試準備內容。

課前導讀

　　機上服務內容與基本過程兩點,是體現機上服務特點的基本標誌,儘管機上服務同屬於服務範疇,但與其他服務有著明顯的差異。本章根據機上服務的特點,闡述了機上服務的程序與延伸內容,使讀者能建立機上服務工作的整體概念。另提供空服員報考準備程序及相關內容。

第一節　空勤服務程序與內容

　　空服員的職責主要在維護飛行安全，其次才是照料旅客，而一般大眾較常看見他們服務的一面，便會視他們為服務生，這樣的形象也一直在航空公司的廣告中出現。

　　忙忙碌碌的空服員在做什麼？其實，這不僅涉及空服員的責任，更關係到機上服務的內容，從發展趨勢來看，機上服務的內容正從簡單的專案服務邁向更深層的個性化服務，從形式化服務邁向體貼式的深層服務。

　　在客艙安全為基礎之下，為達到「滿足旅客需求與期望」的服務品質，依照空服員訓練及要求，建立各項服務作業標準程序。

一、基本程序與內容

　　依據航空公司空勤客艙組員作業程序，機上服務一般分為五個階段：（一）飛行前的預先準備階段；（二）飛行前的直接準備階段；（三）旅客登機至起飛前作業階段；（四）飛行中的飛行實施階段；（五）飛行後的檢討階段。

（一）預先準備階段

　　就是明確任務、瞭解航班的狀況，進行個人心理、儀態著裝與攜帶物品準備，這些都是完成旅客服務所必須的，也是服務規範所規定的內容。

1. **報到**：使客艙組員明確瞭解航班性質、航班號、航段、起飛時間、日期、報告機型、機號等相關資訊。

2. **查看航班性質**：辨別正班、加班、包機等航班性質。

3. **個人準備**：儀容、儀表、化妝、著裝等。

4. **心理與思想準備**：瞭解機場名稱、方位、離城距離、飛行時間、距離與高度；瞭解航線地理；熟悉緊急情況處理辦法，熟悉對重要旅客、特殊旅客的服務辦法，熟悉分工職責。

5. **物品準備**：包括業務資料、廣播詞、護照、員工證、空勤證（德國站）及進入美國合格證件、ShorePass（日本）等證件、客艙組員作業手冊以及個人備品等。

6. **任務簡報程序**：起飛前1小時50分鐘簽到後開會，任務分派，明確各項分工，複習各種情況的處理，掌握機型設備、服務設備的使用方法，特殊訊息提示。

7. **出行**：統一行裝前往機場，抵達機場辦理行李交運、檢查及證照查驗。

（二）旅客登機前準備階段

旅客登機前主要的工作，是為保證飛行安全以及為旅客服務所做的準備，以便迎接旅客登機。一般根據航班起飛時間，提前一個小時登機，開始進行下列工作。

1. **客艙安全檢查**：客艙組員依緊急裝備檢查表(Emergency Equipment Location/ Emergency Quick Reference Table)檢查責任區緊急裝備。包括廢棄物收容袋、耳溫槍、耳溫套、防疫口罩、CPR人工呼吸面罩、滅菌手套。

2. **視聽系統檢查**：確認影片或DVD標示與飛行機種相符，地面試播安全示範影片（圖7-1），內容需與機種相符。

圖7-1　安全示範影片

3. **客艙燈光／溫度操作**：客艙適當溫度為攝氏23～25度，或華氏73～77度。

4. **客艙裝備檢查**：燈號(Sign)、旅客座椅(PAX Seat)、組員座椅(Jump Seat/ Station)、儲放空間、組員休息區、客艙窗戶、遮陽板(Window/ Window Shade)、隔簾、隔板(Curtain/ Partition)、地毯(Carpet)、銀／螢幕(Screen/ Monitor)、通訊裝備(Telecommunication)、隨機裝備(Misc. Equipment)、枕頭、毛毯(Pillow/ Blanket)、艙門操作與客艙安全相關裝備（圖7-2～7-4）。

圖7-2　客艙設備

圖7-3　客艙中毛毯及耳機

圖7-4　客艙中行李架

5. **餐食與客艙服務設備檢查**：清點免稅品、檢查餐食數量、品質、廚房設備（圖 7-5）、供水系統、備品以及電源系統，垃圾筒備份的情況、餐車與用具箱是否 固定；娛樂設備的狀態；廁所、行李架、呼吸器、餐桌板、嬰兒搖籃、座椅、靠 背、閱讀燈、觀察窗等。

 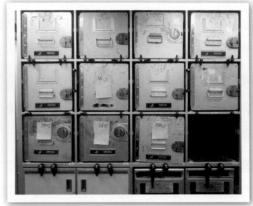

圖7-5　空中廚房

6. **空服用品檢查**：主要包括毛毯、耳機、安全須知、航機雜誌、報紙等機內讀物、 垃圾袋等。

7. **旅客登機前準備**：主要包括旅客登機前或過境時，組員應澈底清倉，檢查組員休 息區或上鎖，防止人員偷渡事件；處理可疑物品或無關人員；空服員儀態、儀表 準備；客艙燈光準備。

8. **如發現可疑物**，應即回報座艙長，並會同地勤處理。

9. **客艙缺失登錄**：客艙組員將缺失報告座艙長登錄後進行維修。

（三）旅客登機至滑行前作業階段

1. **禮儀服務**

(1) 迎賓：以飽滿的熱情，迎賓的禮儀，迎接每位旅客的登機。迎賓禮儀是空服員 直接服務旅客的第一步，給旅客留下的心理感受將影響其對公司服務的評價， 因此非常重要。

(2) 問候：用真誠、溫馨、甜美的語言送給旅客登機後的第一聲問候——「歡迎您 登機！」這一句簡單的問候，代表著機組成員對旅客真誠的歡迎。

2. **技術服務**：技術性服務就是協助旅客搭機相關的事務，以及協助旅客完成旅行過程中的專業性服務。主要包括：

(1) 引導服務：對走進客艙的旅客進行引導，使其能夠儘快找到自己的位置，安置好行李，儘快入座。機艙狹小、登機時間集中，會導致客艙內暫時的擁擠。因此，必須迅速對旅客進行疏導，否則容易引起混亂，延誤航班。

(2) 交代坐在緊急出口座位的責任：根據航空安全規定，飛機緊急迫降需要打開緊急出口時，一般都是由坐在緊急出口處的乘客打開。航空公司一般會把飛機緊急出口的座位安排給15歲以上60歲以下身強力壯且溝通能力較強的人。假如是國際航班，一定要具備可以用英語跟外國空服人員交流的能力，並且會在起飛之前交代許多注意事項（一般都是請旅客閱讀）。

① 在飛行和降落的過程中，如果發生意外，需要疏散乘客時，坐在緊急出口的人，應該協助空服員，打開緊急出口艙門，放置好逃生滑梯或氣墊，協助其他乘客逃生等。

② 在空服員打開緊急門之後，要幫助空服員攔住客艙湧來的旅客直到滑梯完全充氣，以免充氣不足。

③ 滑梯完全充氣後，需要一名援助者要先滑下飛機，指揮旅客撤離到飛機100米以外，其餘援助者需站在緊急門旁，幫助空服員指揮旅客有秩序地跳下滑梯。

④ 緊急情況下空服員也有可能受傷，如果空服員受傷不能開門，這時援助者就要負責打開緊急門，並在開門之前觀察機外情況，如果有煙、火、障礙物等任何一種情況，應急門就不能開啟。

(3) 機門關閉後的安全處理：確認所有攜帶式電子設備關閉，座艙長下達機艙門（緊急逃生出口）的開啟確認及回報。

圖7-6　緊急開啟告示

圖7-7　蓋板拉起

(4) 電子用品設定：於艙門關閉後，乘客應遵從客艙廣播，將行動電話、平板電腦、筆記型電腦等個人電子用品設定於飛航模式狀態或是將電源關閉；航機落地脫離跑道後，客艙組員將廣播告知乘客使用時機。

（四）滑行至起飛前作業階段

1. 逃生設備的介紹，如緊急著陸或迫降海洋時，逃生的方法、救生衣和氧氣罩的使用方法，以及管理。目前搭機安全示範有兩種方式：一是在播音員的引導下，由空服員透過示範動作和形體語言來完成；另一種方式是事先準備好安全示範影片，籍由多媒體進行播放。

2. 全程旅客安全帶檢查、行李箱關閉狀態、餐車的滑動控制。

3. 妥善處理有特殊要求的旅客，檢查洗手間是否有人使用，處理客艙緊急情況，做好應對緊急情況的準備。

 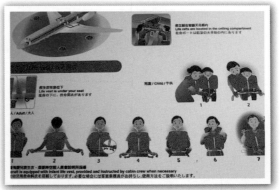

圖7-8　安全示範介紹

圖7-9　救生衣指示公告　　　　　圖7-10　機上安全示範影片

（五）飛行中的作業階段

1. 廣播與發放餐飲：飛機平穩飛行後，內場客艙組員進行廣播，外場客艙組員就要開始發放報紙、果汁、紙巾等。一般來說，短距離飛行只發放飲料與點心；飛行時間1.5小時以上的航班發放餐飲，程序包括：發餐前飲料，供應餐食，另再加飲料，收拾餐盤。航程長短不同，時間不同，提供的餐飲服務內容各不相同。另航程中提供毛毯、枕頭（圖7-11），甚至牙刷、刮鬍刀、拖鞋供旅客使用。

圖7-11　客艙中座枕頭

2. 發放紀念品、入境卡(E/D card)、海關申報單、健康聲明卡等，有時還要幫旅客填寫這些表格，並隨時注意旅客服務鈴(Call button)及清潔廁所等。

圖7-12　客艙中發放飲料與點心

圖7-13　客艙中早餐餐盒

圖7-14　入境登記表

📍 **小知識**

ED card

　　ED card是入出境管理表格。embarkation(E) card，embarkation是乘坐的意思，是出境卡；disembarkation(D)card，disembarkation是登陸的意思，是入境卡。

　　在進入每個國家時，幾乎都要填ED card和Customs declaration（海關申報單），在通過移民局入境檢查（immigration）時，連同護照查驗。

3. **巡航客艙**：注意觀察旅客有什麼需要，最好在他們提出需要之前主動尋問，如是否需要飲料；協助睡覺的旅客關掉閱讀燈和通風口，蓋上毛毯，遞上枕頭等，剛醒來未用餐的旅客主動尋問是否需要進餐，同時要隨時注意清除客艙裡的垃圾。

4. **飛行中的安全注意**：對飛行過程中的安全事項進行處理，清除各種事故隱患，保證全程飛行與旅客安全。包括：

   (1) 全程監控駕駛艙門、客艙、洗手間、緊急出口等。

   (2) 監視各種設備的故障異常情況。

   (3) 觀察旅客的情況，是否有違反飛行安全以及酒醉的旅客。

   (4) 觀察是否有劫機犯罪的可能性。

   (5) 隨時注意機長及副機長所給的指示。如果有航線改道(Route changes)、延遲(Delays)、壞天氣(Bad weather)、氣流(Turbulence)的狀況，都需要及時通知旅客們最新消息。

5. **救助服務**

   (1) 旅客安撫：對搭機過程出現恐慌、畏懼的旅客提供心理服務，像親人一樣關懷開導，了解狀況，並提供有益的幫助，使其平安到達目的地。

   (2) 機上醫務急救：對於乘機而出現不適的旅客，應說明緩解症狀的辦法或是提供藥物；對有傳染病的旅客，進行隔離或者特殊處理；對舊病復發或突發疾病的旅客，進行緊急救助。

   (3) 特殊幫助：對旅客登機後出現的非常情況或困難給予特殊幫助。如登機前事情的延續處理、物品丟失、下機後的延續問題等。

6. **娛樂服務**：為旅客提供報紙、雜誌、撲克牌或供應電影及各種視聽等娛樂性服務，以減少旅途疲勞，使旅客輕鬆愉快完成旅行。

小知識

實務案例

　　2015年5月4日，立榮航空(B7193)臺北飛重慶班機經濟艙，一位女士因前面桌板故障，熱咖啡倒在牛仔褲大腿上，空服員立即引導其至商務艙前廁所，取新的裙子供其更換，廣播機上旅客具醫師或護士身分者協助，其中一位旅客醫師出面協助檢視及處理，幸好只是微小傷，經擦藥後無大礙。同時，其褲子經空服員快速清除咖啡殘餘及吹乾後，請客人更換，並留其坐在商務艙，且贈其公司禮物，以作道歉之意。其他空服員至該女士原座位旁邊客人，詢問及記錄事發經過，留存在航行紀錄報告，處理中規中矩，訓練有素。

7. **諮詢服務**：回答旅客所關心的各種問題，如航線地理、旅行常識、航空知識（如所乘坐飛機的機型特點等）。

8. **旅客管理**：通過實施有效的旅客管理，保證整個航程旅客的人身與財產安全，使旅客感覺放心、順心、舒心、動心，路途無憂。包括非正常旅客的處理、需要特殊服務的旅客、傷殘旅客的處理等。

9. **緊急處置**：在緊急情況下，依照機長指揮，迅速採取處置措施，消除各種隱患。如緊急撤離、火災、客艙失壓、緊急求救、危險品處理、客艙排煙、緊急醫療狀況、引導旅客疏散等。

10. **機上販售商品**：主要是販賣免稅菸酒、珠寶飾品、化妝品等，目的是提供航線所經地區所特有的各種商品。

圖7-15　機上緊急撤離須知

圖7-16　機上免稅商品

（六）降落前的作業階段

1. **安全檢查**：飛機下降前，要進行安全檢查，提醒旅客繫好安全帶、豎直椅背、收起餐桌板、拉開遮陽板，檢查行李櫃是否扣好，走廊與緊急出口有無障礙等。

2. **著陸前的安全服務**：保障飛機安全著陸所採取的一系列安全措施，包括旅客、機上硬體設施狀況。

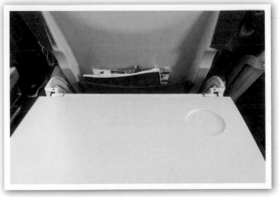
圖7-17　餐桌收起

（七）處理機上客訴

只要是有和客人接觸的工作，最難應對的就是處理客訴。其中常見處理客訴概念、分析客訴原因及處理基本流程如下：

1. **處理客訴概念**：大多數的工作者聽到客訴就害怕，因為旅客強勢的態度總是讓他們陷入恐慌。但其實，客人願意抱怨，表示他強烈的在乎、關心公司或產品，所以應該把客訴視為美意，幫助你察覺自家公司服務的優缺點，只要拿出正確的態度處理，使客人滿意，就有機會能為自家品牌或產品增加忠誠者，奧客變常客。

2. **分析客訴原因**：客訴原因分為不可控及可控兩種狀況。不可控狀況是指航班延誤、產品品質及機上環境之問題，此與空服人員或地勤人員沒有直接關係。可控狀況是指服務流程及服務品質之問題，則可藉由完整嚴謹的職前教育有效避免。
常見客訴5種原因：

   (1) 航班延誤：包括因為航班調度、機械、天候、訂位及拉行李等因素，而造成航班取消/嚴重誤點。

   (2) 產品品質：包括所有旅途中及機艙內提供的餐點、飲料、備品，耳機、毛毯、枕頭等。

   (3) 機上環境：包括座位太擠、小孩哭鬧、其他乘客聊天音量、洗手間沖水聲、飛機引擎聲、附近乘客怪味、動作粗魯、桌板清潔不佳等。

   (4) 服務流程：包括供餐及飲料等待時間、服務步驟、流程順暢度等。

   (5) 服務品質：包括服務用語、臉部表情、聲音表情、其他肢體語言、歧視性語氣等。

3. **處理基本流程**　※面試常問
   (1) 客戶抱怨時，閉嘴聆聽

   感同身受的傾聽而不是急著辯解，是處理旅客問題最好的開始，讓旅客有機會完整的表達想法和立場，除了利用這段時間讓他們情緒冷靜一些，我們也可以從中找到可以協助處理的線索。

   遇到客訴，服務人員的第一個反應通常是趕快把旅客打發掉，但卻忽略了大多數時候，旅客只是需要「被關注」。有時候旅客不是存心找你碴，而是一時之間無法有效的表達他們經歷到的事情與想法，而無法明確指出服務人員必須如何做才能讓他們感到滿意。

客人在抱怨時，他的心情一定是負面的。為了要建立與旅客之間的情感，先認真地把旅客的話聽完，無論客人是否有誤解，都不要插嘴，否則會讓對方感覺你在找藉口，適得其反。在確實理解客人的心聲之後才能開口，但不是急著為自己的任何行為作解釋，而是適時針對旅客的心情道歉。具體說出因為哪件事情讓旅客受到影響，當旅客的心情獲得理解時，原本的憤怒就在當下轉為平靜。

(2) 開口詢問，了解狀況

平撫了旅客的情緒之後，再來是深入了解他的需求。建議應視情況採用<u>開放式提問法</u>或<u>封閉式提問法</u>，了解旅客為何生氣。

適時給予有效回應，表達公司和同仁對該旅客的重視，英文裡有個說法叫put yourself in others shoes（設身處地為別人著想，換位思考），讓旅客知道我們和他站在同一陣線解決問題是很重要的。不要讓旅客無窮盡抱怨，最簡單的方式是在旅客抱怨到一個段落時，重複之前認真傾聽而記住的幾個關鍵詞彙，當旅客體認到你了解他們遭遇的困難，並試圖解決問題的誠意，進而製造信賴感。一旦信賴感建立，旅客有更高的機會可以理性地審視接下來提出的解決方案。

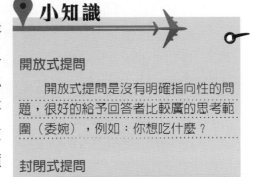

小知識

開放式提問

開放式提問是沒有明確指向性的問題，很好的給予回答者比較廣的思考範圍（委婉），例如：你想吃什麼？

封閉式提問

封閉式提問是有指向性的問題，讓回答者只能按照既定的方向思考回答（限定），例如：你要吃披薩或是漢堡？

(3) 針對問題，提出解決方法

在處理客戶抱怨的過程中，不要逾越權限、不輕易許諾，了解自己的可用資源。比起直接告訴旅客該怎麼做、可以怎麼做，不如給他多個選項選擇。給予旅客自由的選擇空間，能夠增加旅客的認同。

很多服務業強調標準作業流程(SOP:Standard Operation Procedure)，雖然制式回覆可以快速打發旅客，但沒有針對旅客的特殊問題提出相對應的解決方法，反而更容易因為「被忽略」的感受而遭到更嚴苛的第二輪抱怨。

(4) 謝謝旅客的批評指教

旅客會投訴其實是希望他們面臨的處境能夠被瞭解，也想告訴店家如何改善，下次才能有機會獲得更好的服務。旅客每一個寶貴意見，都能使店家的服務變得更好，所以必須感謝他們的批評指教。

勿輕易道歉，道歉不如感謝，儘管道歉是必要的，但有時會說得像賠罪，讓客人會有罪惡感或自以為是。給予客人最真誠的感謝，也能使客人有好的印象。

超過60%的機會，旅客提出的抱怨我們無法現場改善，在這個時候，緩和而明確的告知原因跟替代方案，並顯示出已經盡力解決問題是唯一的解套方法。

(5) 如無法處理，報告座艙長

當覺得自己的能力無法提出解決辦法時，不妨先請客人等會兒，晚點再回覆，然後向座艙長報告，或請較有經驗的前輩幫忙解決或是商量如何應對。回覆的時間不宜太久，一般在15分鐘內，超過這個時間容易使客人產生不信任感。因此，最好在15分鐘內回報處理的進度，以贏得旅客好感。

(6) 列入紀錄，回報公司部門：如覺得無法處理此客訴問題，應列入紀錄，呈交後，由相關部門作後續處理。

（八）落地後的作業階段

1. **到達後的全面服務**：做好旅客下機前的各項準備工作。座艙長下達機艙門（緊急逃生出口）的關閉確認及回報。確認Door Mode Selector置「Park」，門把關妥(by pressing down)顯示綠色「LOCKED」，才可打開艙門，確認客梯／空橋停穩。

2. **送別旅客**：飛機落地，各個客艙組員要站在定位，微笑迎送所有旅客，檢查客艙裡是否有旅客遺留的物品。

3. **旅客下機後的安全服務**：主要是清理客艙，檢查有無滯留旅客與遺留物品，發現問題要登記並及時上報。

（九）飛行後的檢討階段

即對航班飛行中的服務情況進行檢討，總結經驗，找出問題，將異常狀況登錄座艙長報告日誌。

圖7-18　飛機推車

📍 小知識

為何起飛及降落前，遮光板要打開？

第一，因為起飛及降落，在安全狀況考量，屬於最危險狀態，當時空服員皆坐著，因此要藉旅客眼睛觀察飛機發動機及窗外是否有異狀，及時反映、回報及處理，以確保安全。

再者，如果有事故發生，光源不起作用，至少你還有外部光線照進來。另外，你也能更輕鬆地看到外面的情況。目的是盡量和外部光線保持一致，這樣一旦乘客需要迅速逃到外面去的時候，眼睛就不需要調整內外的光線差了。

二、豐富機上服務內容

從世界各國航空公司的旅客服務內容的變革來看，機上服務的發展趨勢具有三個特點：

1. 重視旅客的價值，不斷透過服務內容的合理設計，更貼近旅客的心理需求。

2. 透過服務內容的豐富，讓旅客感到細緻入微，關懷備至的服務。

3. 機上服務內容的廣泛性。

總結起來。我們可以從以下幾個方面觀察未來機上服務內容變化的基本趨勢：

（一）重視旅客期望，突出旅客價值

旅客的需求期望是搭機消費固有的特性，在旅客搭機的同時，也就承認了旅客期望的價值，確認了機上服務中旅客的核心地位。

在重視旅客期望、突出旅客價值方面，如對頭等艙旅客的托運行李進行特殊包裝與領取時的便捷處理，大大地提升了旅客的價值，使旅客能真正體會到什麼是關懷與重視。

(二) 延伸價值，為旅客提供全方位的解決方案

延伸價值指的是在乘坐飛機前，飛行中和乘坐飛機後三個服務的過程裡，在主要服務範圍之外，對主服務價值產生深刻影響的、具有互補性的服務產品所帶來的價值。主要服務範圍在乘坐飛機前，飛行中和乘坐飛機後三個服務的過程裡，之外，對主服務價值產生深刻影響的、具有互補性的服務產品所帶來的價值。將服務的概念貫徹於為旅客服務的每一個細節裡，為旅客創造附加價值的機會存在於旅客與空服員的接觸中，抓住這樣的機會，不僅為旅客提供了服務，而且為旅客解決了問題，給旅客提供了全方位的解決方案。例如提供旅客回程班機訂位表格，協助機位訂位、免稅品送貨到家或會員卡資料修改等。

(三) 擴大價值，為旅客增加全新的體驗

各個航空公司機上服務的內容日趨同質化，機型、客艙設施等差別愈來愈小。目前機上服務正朝兩個方向發展：其一是簡約化服務，如廉價航空，以低價但機上所提供的服務皆需另外收費；另一是強化服務，吸引高階及公務旅客。隨著時間的推移，兩種模式在不同的企業發展中表現得愈來愈鮮明。

小知識

機上餐盤精緻的小餐盒

按照規定，不可以帶走，這類餐盒是要回收的，原因為：
1. 餐盒的再利用有利於環境保護。
2. 可以減少成本。

(四) 增加個性化服務專案

根據旅客多樣化與個性化特徵，不斷推出服務專案，豐富服務內容，滿足不同旅客的要求。特別是針對 VIP 旅客提供有針對性的服務，將是未來民航服務的基本要求。

(五) 落實細緻化服務

從每一個細節上的細緻服務是優質的保證，也是旅客對航空公司服務態度的檢驗。

小知識

一般航空公司所需要空服員的特質

1. 值得信賴及誠實
2. 熱忱及信心
3. 姿態及自信
4. 聆聽與溝通的技巧
5. 自動自發及活力
6. 應變與情緒管理

（六）創新特殊服務

尋求差異競爭優勝的基本途徑，也是滿足旅客個性需要，樹立公司服務品牌的法寶，特色服務一般以某一主題和某一目標旅客群體為物件展開，其目的是吸引旅客，透過特色服務塑造公司的品牌，提高航空公司的市場競爭能力。

（七）貼近人性的服務

受到關懷、尊重與重視是現代人的基本心理需求。當一個人受到充分的尊重與重視時，就會表現出主動與配合，會很快融入到這個集體中。

小知識

空服員最不能犯的10大禁忌

1. 遲到
2. 沒有同理心
3. 沒有禮貌
4. 妝容不完整
5. 坐姿、儀態不佳
6. 缺乏紀律
7. 學習態度不佳
8. 安全檢測未達滿分
9. 偷竊
10. 不倫戀

第二節　旅客機上須知

若旅客在機艙內之行為舉止有危害飛機、人員、財物安全、妨礙組員執行勤務不遵守組員的指示或其行為會引起其他旅客之抗議，航空公司可採取必要的措施，以阻止其行為之繼續，包括對該旅客之禁制措施，內容如下：

1. 旅客不得在機上使用手提收音機、個人無線電收發報機、手機、CD唱盤、電子遊樂器、各類遙控發射器包括遙控玩具及對講機。另在起飛或降落時，旅客除了助聽器和心律調整器之外，不得在未獲航空公司許可之下使用任何其他的電子產品，如錄放影機、電子遊樂器、電腦及周邊設備、計算機、FM接收器、TV接收器或電子刮鬍刀[1]。

2. 依民用航空法第119-2條規定：於航空器上有下列情事之一者，**處新臺幣一萬元以上五萬元以下罰鍰**：

   (1) 不遵守機長為維護航空器上秩序及安全之指示。

   (2) 使用含酒精飲料或藥物，致危害航空器上秩序。

   (3) 於航空器廁所內吸菸。

   (4) 擅自阻絕偵菸器或無故操作其他安全裝置。

📍 小知識

搭機惡鄰20種白目行徑令人抓狂

美國有線電視新聞網(CNN)特別整理出以下20種：

1. 踢椅背	11. 宣示座位扶手主權 楚河漢界不可越
2. 座位後傾太大	12. 旁若無人 大聲喧嘩
3. 占據廁所太久	13. 帶味道刺鼻食物上機
4. 光腳趴趴走	14. 講手機聲音太
5. 剪指甲	15. 起身離座就給白眼
6. 後排乘客爭先恐後搶下機	16. 嬰兒哭聲大作
7. 巨型手提行李	17. 登機順序未到急排隊
8. 打電玩音效全開	18. 強迫性抖腳不停
9. 咳嗽，吸鼻子，傳播病菌	19. 霸占座位上方行李空間
10. 拿東西霸占無人座位	20. 挑電影猶豫不決

1. 資料來源：中華航空公司運送條款。

3. 懷孕

(1) 航空公司接受懷孕未滿32週或距離預產期8週以上身體健康之孕婦，視同一般旅客搭乘。

(2) 懷孕超過32週，且將於4至8週內即將分娩之孕婦如欲搭乘班機，旅客應填寫免責同意書外，並需備妥離啓程日7天內婦產科醫師簽署之適航申請書。

(3) 航空公司原則上不受理4週內即將分娩之孕婦搭機。

(4) 基於安全考量，航空公司不受理生產後未滿14天之產婦登機。

(5) 以上日期皆以搭機日期計算。某些國家對孕婦入境有特別規定，建議出發前先洽詢入境國之當地辦事處相關事宜。

第三節　空服員應考須知及題庫

一、概論

　　空服員就是一般人口中的空中小姐或空中少爺，是為機上旅客提供安全與服務的人員。空服員主要的工作為在機上對旅客提供服務如飲料、餐點、旅行常識與簡單的醫務協助。如遇緊急事故必須迫降海上或陸地，空服員應根據平日訓練程式，在機長指導下，協助旅客迅速安全撤離飛機。

　　空服員「親切、美麗、優雅、專業」的形象及「薪資水準好」、「工作兼旅遊」、「可享有免費機票」等福利，是每位女性夢想的工作。每次空服員的招募考試，現場總是萬頭鑽動，但要成為一名稱職的空服員，要具備一些特質，例如「高 EQ 與耐心」、「危機應變能力」及「各種外語能力」。

　　空服員的職責主要在維護飛行安全，其次才是照料乘客，空服員是第一線接觸乘客的人員，所以一舉一動都代表著該航空公司，形象非常的重要。

二、報考資格

1. 要求之相關學歷及經歷等證明。

2. 國內學歷：畢業證書及成績單等。

3. 國外學歷：持國外畢業證書者，須經由駐外機構認證。

4. 大陸學歷：需備有教育部相當學歷證明、畢業證書及學期成績單。

5. 具備以下任一項英檢成績：多益或等同多益的英文檢定（TOEIC達600分以上 / IELTS 4.5以上 / TOEFL iBT達64分以上/ TOEFL ITP達480分以上/ BULATS達45分以上），分數標準不一定，但越高越好。

6. 雙眼裸視及矯正後視力達標準，並合乎航空公司規定之體格標準。

7. 赤足踮腳雙手舉高觸摸到標準高度以上（約210公分）者（女性約160公分以上，男性約170以上）。

8. 依照航空公司規定，繳交各項證明文件及網路報名手續。

9. 男性需役畢或免役。

三、先前準備

1. 心理準備：喜歡充滿變化的生活，個性獨立，上班時間不定，相處同事不定，面對客人不定，熱情活潑，喜歡照顧別人。

2. 身體準備：不抽菸，身體健康，不怕時差，不會暈機。

3. 考前準備

   (1) 消除身上的疤痕、痣、刺青（很忌諱）。

   (2) 語言能力：中文、英語、臺語及其他外語能力。其他外語能力包括日語、韓語、德語、法語、拉丁語、印尼語、泰語、越南語等，皆可選擇學習，早做準備。

   (3) 履歷自傳資料：注意你的報名照片（美麗大方，白底為佳），自傳包括家庭成員、工作經驗（面試會問）等。

   (4) 外表打理：修整牙齒使其潔白、健康和美麗及臉部適當醫美。

   (5) 個人特質資料，音樂及表演才藝有加分作用。

   (6) 中英文自傳撰寫。

   (7) 提升英語能力：英文能力、多益成績、英文筆試、英文作文、英語面試技巧，英語小組討論技巧等。

   (8) 妝容、髮型、儀態、笑容及服裝挑選的學習及準備。

   (9) 充實航空相關知識、關心航空相關新聞。

   (10)面試技巧加強：面試時的應對進退，外在表現，肢體表達。

   (11)招考資料：提前一年蒐集各航空公司發布的招考資料。

   (12)護理專業或持有急救（初級救護技術員(EMT-1)）等證照，會有加分效果。（初級救護技術員(EMT-1)，社團法人中華緊急救護技術員協會開課）

   (13)強化全球地理及地名知識。

   (14)緊急救護知識的充實。

四、瞭解各航空公司考試方式及方向

1. 將喜好的航空公司排序，針對不同航空公司的文化喜好去準備，考古題練習及模擬面試。

2. 如果可以找到該航空公司現職空服員，教導頭髮造型及妝容，適當的服飾，如找不到這樣的人員，則上網觀察該公司立牌看板人員服裝儀容。讓考官看到你，就覺得與本公司空服員氣息一致，有加分作用。

五、考試項目及甄選流程

1. 報名資料審核及初步體檢。

2. 初試流程：摸高與書面資料審核、中英文短文朗讀、臺步儀態（沿白線走S型臺步）、中文答題、筆試、面試、心算、服務專業職能評量等。

3. 複試流程：再次中文面試、外語口試、團體討論等。
   第一關　資料審核
   第二關　與公司立牌拍照，工作性向適職測驗
   第三關　自我介紹、中英文面試
   第四關　體能檢驗與綜合評估

4. 詳細體檢。（自費體檢）

5. 錄取。

6. 受訓。

應考流程圖

中/英文履歷表和自傳　→　服裝儀容儀態篩選　→　中英文短文廣播詞　→　中英文面談綜合評估　→　體檢

六、應試準備參考資料

（一）報名資料準備

中英文履歷 Resume ／自傳／自我介紹撰寫，履歷及自傳的寫作是通過第一階段海選之鑰。

（二）筆試

1. 寫作：中、英文。

2. 閱讀測驗。

3. 文法測驗。

4. 文意選填。

5. 性向測驗、心理測驗、智力(IQ)測驗或算數。

（三）面試要點

具備服務概念、團隊意識、自信表達。走在路上，遇到人都要打招呼：「早安～」、「您好～」，配上親切的微笑，展現空服員般的親和力。

1. **面試著裝**：請穿職業裝面試，空服員的工作要求制服。來參加空服員面試，最好的面試服裝也是制服，窄裙，高跟鞋，與該公司現行空服員一致的頭髮造型及妝容，適當的服飾。穿牛仔褲、短褲、時裝裙或者短裙的面試者，給面試官的印象自然非常不好。

   女性：

   衣著：膝上3～5公分窄裙裝（不宜過緊）、素色襯衫與外套之合身套裝。

   髮型：頭髮黑色、髮型梳包頭，不可遮住眉毛、耳朵，露出額頭佳。

   妝容：端莊大方、彩妝以輕薄透、腮紅、口紅。

   配件：素雅手提包、素面中跟包頭皮鞋、穿著膚色透明絲襪。

   男性：

   衣著：襯衫、藍深色西裝。

   髮型：標準男生髮型。

   皮鞋：深色鞋襪、擦亮皮鞋。

   配件：淡雅領帶。

2. **蒐集公司相關資訊**：瞭解航空公司背景、最新動態與展望，尤其要特別注意時事與社交媒體相關訊息。

3. **回答問題**：回答問題時直接回答且加入個人經驗更能打動考官，若不懂題目一定要問，最忌答非所問；如果當下發現有看不懂的英文字，要禮貌的詢問考官後再回答，切忌一些缺乏自信的小動作。

4. **注意個人素質**：注意面試千萬不要帶親友團來。注意自身素質，也就是一個人目光短淺與深遠，自我控制能力的弱與強，待人接物能力高與低等問題。

5. **甜美大方**：空服員是一份要負責接待客人的職業，冷傲型的空服員是各大航空公司都不歡迎的。另外航空公司也不喜歡多事及多嘴的空服員，希望空服員能夠語音、語調適中，落落大方。

6. **堅持不懈**：面試是一個不斷經驗累積和提高的過程，很少有空服員一次面試就可以被錄取，只要持之以恆，知識豐富了，終能發現其奧秘之後被錄取。

七、面試問題選集

　　除了增強外在表現外，在面試的時候應對進退更是錄取與否的關鍵！相關的面試肢體表達，針對不同的航空公司的文化喜好準備，還有模擬面試與考古題練習，熟悉正式面試的程式。念廣播詞時，口齒清晰，面帶微笑，文稿不要擋住臉。自己寫出以下回答的答案，不要硬背他人答案，免得很多人回答的都是一樣，造成落榜。

　　空服員的面試，會有哪些方面的問題？

1. 個人。

2. 公司。

3. 空服員相關問題。

4. 工作經驗。

5. 學校經驗。

6. 社會新聞。

7. 航空專業知識。

8. 勞基法84-1條說明，不簽不能錄取。

（一）問答題

1. 你為什麼報考本公司？

2. 你是否曾報考別家航空公司？

3. 請說出對本公司印象？

4. 你的人生座右銘是什麼？

5. 你是否加入工會？為什麼？

6. 你在學校有參加什麼社團？請簡單介紹。

7. 請做自我介紹。

8. 你為什麼想當一名空服員？

9. 你父母對你當空服員怎麼看？

10. 你從何時起想成為一名空服員？

11. 如果你被錄用，你會與我們共事多久？

12. 你的興趣是什麼？

13. 最推薦臺灣哪個景點給外國人？

14. 你在學校生活期間的特殊活動是什麼？

15. 學校生活給你印象最深的是什麼？

16. 你是否搭過本公司班機？說說你的感想

17. 你打算在這個職位工作多久？

18. 你對工作時間以外的超時工作怎麼看？

19. 請說一說本人的職業觀？

20. 如果看到有同仁在社群網站，例如 Facebook 上抱怨公司政策，你會怎麼做？

21. 你有什麼證照和特殊技能（如唱歌、跳舞及琴藝等）嗎？

22. 你認為自己的性格如何？

23. 你的優點和缺點是什麼？

24. 學生時代印象最深的是什麼事？

25. 你的大學成績如何？你最喜歡哪一門課？

26. 對你影響最深的人事物是甚麼？

27. 你上次哭是什麼時候？

28. 你畢業於哪一所學校？你所學的專業是什麼？

29. 你理想中的女性形象應該如何？

30. 你認為自己的能力中具有競爭力的是什麼？

31. 看到 HELLO KITTY 班機，你有什麼感想及感覺？

32. 大學時參加過什麼社團，談一下它的活動？

33. 說明過去就業公司的內容或案例。

34. 你擅長社交嗎？

35. 妳是獨生女，妳爸媽會讓妳飛嗎？

36. 做為社會的一員，你的夢想是什麼？

37. 你有個什麼樣的家庭？

38. 今天心情如何？

39. 你的興趣是什麼？你在休息日做什麼？

40. 如果乘客暈機你該如何處理？

41. 你如何保持健康？

42. 放棄別的航空公司而要和我們一起工作的理由是什麼？

43. 你是屬於保守型的，還是屬於自由奔放型的？

44. 迄今為止，什麼事情給你留下了最深刻的印象？

45. 你做過打工或兼職嗎？工作中印象深刻的事？

46. 你對女性吸菸問題如何看？

47. 看你的履歷，你是護士對嗎？聽說護士也是種爆肝行業，你對此的看法和接受度如何？

48. 妳有去空姐補習班補習過嗎？

49. 你上次大發脾氣是什麼時候？

50. 你主修英文？那還會什麼語言？

51. 你有這麼多專業證照，怎麼會想來考空服員？

52. 你能說服我們你能當空服員嗎？

53. 本公司的制服如何？

54. 你姊姊是空服，你為什麼也想考空服？

55. 你以前做過兼職嗎？

56. 如果你得到一份報紙，你最想從哪個版面開始閱讀起？

57. 你看過我們的電視廣告嗎？有什麼特殊印象？有什麼需要改進的？

58. 如果被客人指責，你會怎麼處理？如果是其他組員被客人指責，你會怎麼處理？

59. 你的夢想是什麼？

60. 你知道現在本公司董事長及總經理的姓名嗎？

61. 家人或親戚請你從國外幫忙帶黃金、名牌或家電回來，你怎麼解決？

62. 颱風天出勤你有什麼看法？

63. 前一個工作，讓你決意離職的動機是什麼？

64. 如果你有朋友在廣播圈工作，想請你私下接受他的節目採訪，你會怎樣做？

65. 本公司最近新開哪條航線？公司動態？得獎紀錄？新增 XXX 機型？

66. 提供地勤機器人 PEPPER 服務，你有什麼看法？

（二）專業及情境題

1. 請說航空公司有哪些特性？

2. 何謂廉價航空，其特點如何？

3. 請說一說你所知道的雞尾酒種類？

4. 如果孩子打擾乘客，你該如何去做？

5. 如果有乘客騷擾你怎麼辦？

6. 有老人摔倒了，你會怎麼做？

7. 你覺得你可以為我們公司貢獻什麼？

8. 本公司常搭旅客會員有哪幾種卡別？

9. 何謂 UM(Unaccompanied Minor)？

10. 空服員的特質是什麼？

11. 空服員的禁忌有哪些？

12. 目前我國有停靠國際線的機場有哪些？

13. 何謂獎勵會議旅遊 (MICE)？

14. 空服員的工作內容有哪些？

15. 請問你有搭乘過本公司的飛機嗎？你還有搭過哪幾家呢？去哪裡？請說出感想。

16. 看各種圖卡說內容及感想，或看圖說故事。

17.「免稅品的推銷示範」考題。

18. 臺語口語考題。

19. 唸中文、英語、臺語（或其他外語）廣播詞。

20. 餐點與飲料種類（中英文）。

21. 本公司參加哪一個航空聯盟？

（三）團體討論

1. 正反辯論。

2. 個人自由討論與發想。

3. 中英文團體討論或辯論（一定要發言不然無分數）。

4. 遊戲互動型面試。

5. 抽題目或圖片：看圖說故事。

（四）英文問題

1. Please introduce yourself briefly.

2. Can you work under the pressure?

3. What is your greatest strength?

4. What is your greatest weakness?

5. What have you done to correct your weaknesses?

6. Do you consider yourself a loyal employee?

7. What did you like about your last job?

8. What are your interests?

9. Have you ever been abroad?

10. What is the best part of being a flight attendant?

11. What are your future plans?

12. How does Facebook affect our life?

13. What have you learned from your previous jobs?

14. What is your dream/dream job?

15. Why do you like to be a flight attendant / ground staff?

16. Why do you want to work for our airline?

17. How much do you know about our company?

18. Can you tell us about your personality?

19. What are your strengths & weaknesses?

20. What would you do if passengers couldn't understand you?

21. Why have you held so many jobs?

22. What can you do for us that others can't?

23. Whom do you most admire?

24. Can you accept a job that requires weekend shifts?

25. Have you ever failed?

26. What is your biggest failure?

27. How do you handle failure?

28. When you are in charge, how do you motivate people?

29. Describe a time when you resolved a conflict.

30. How do you handle conflict?

31. What is the hardest thing you ever did in your current job?

32. How do you keep your weight? What sports do you like most?

33. Do you like to be a leader or a follower?

34. How does smart phone affect our life?

35. What do you think a good flight attendant should be?

36. What is your greatest weakness? What is your biggest achievement?

37. Who/What has influenced you the most in your life?

（五）機艙廣播詞（臺、中、英皆要練習）

1. 歡迎詞　Welcome

Good morning(afternoon)! Ladies and gentlemen, welcome aboard（航空公司）flight（航班號）from（出發地）to（目的地）. Our flight will take ____ hours and____minutes. In order to ensure the normal operation of aircraft navigation and communication systems, mobile phones, and other electronic devices throughout the flight and the laptop computers are not allowed to use during take-off and landing. We will take off immediately, please be seated, fasten your seat belt, and make sure your seat back is straight up, your tray table is closed and your carry-on items are securely stowed in the overhead bin or under the seat in front of you. This is a non-smoking flight, please do not smoke on board. We hope you enjoy the flight! Thank you!

各位旅客早（午）安，歡迎您乘坐（航空公司）航班（航班號）從（出發地）前往（目的地）。預計空中飛行時間是 ____ 小時 ____ 分。為了保障飛機導航及通訊系統的正常工作，在飛機起飛和下降過程中請不要使用手提式電腦，在整個航程中請不要使用手機、遙控玩具、電子遊戲機、雷射唱機和電音頻接收機等電子設備。飛機很快就要起飛了，現在空服員將進行安全檢查。請您坐好、並繫好安全帶，豎直椅背和小桌板。請您確認您的手提物品是否妥善安放在頭頂上方的行李櫃內或座椅下方，本次航班全程禁煙，在飛行途中請不要吸煙，祝您有趟愉快舒適的旅程，謝謝！

2. 班機起飛前：延遲　Delay

Ladies and gentles, due to

(1) the delay of connecting time　　(2) the delay of catering service

We'll be on the ground for 20 minutes. Thank you for your patience.

各位貴賓：由於

(1) 轉機延遲　　　　　　　　　　　(2) 餐勤作業延遲

我們再等 20 分鐘才能啟程，感謝您的耐心與配合。

3. 起飛後　After Take-off

Ladies and gentlemen, the Captain has turned off the Fasten Seat Belt sign, and you may now move around the cabin. However we always recommend to keep your seat belt fastened while you're seated. In a few moments, we will be serving you meal with tea, coffee and other soft drinks. Welcome to make your choice. Please put down the table in front of you. For the convenience of the passenger behind you, please return your seat back to the upright position during the meal service. Thank you!

各位貴賓您好，安全帶燈號已經熄滅，現在您可以離開座位、使用洗手間。在幾分鐘後，空服員將會提供餐飲服務，歡迎各位選用。需要用餐的旅客，請您將小桌板放下。為了方便其他旅客，在供餐期間，請您將座椅靠背調整到正常位置。謝謝！

4. 亂流　Turbulence

Ladies and gentlemen, the Captain has turned on the fasten seat belt sign. We are now crossing a zone of turbulence. Please return to your seats and keep your seat belts fastened. Thank you.

各位旅客請注意，我們正通過一段不穩定的氣流，請您回到座位上並繫好安全帶，謝謝。

5. 停止機上服務　Stop service

Due to turbulence, we're unable to provide beverage service. We apologize for your inconvenience. Thank you.

由於氣流不穩定，我們暫時無法提供飲料服務，不便之處，還請見諒！謝謝！

6. 安全帶繫好廣播　fasten seat belt

For your own safety, please remain seated and fasten your seat belt. Thank you.

為了各位的安全，請留在座位上，將安全帶繫好。謝謝！

7. 供餐服務　Catering service

Would you like anything to drink first? Anything to drink?

您想先喝點什麼呢？

8. 準備降落　Before Landing

Ladies and Gentlemen, This is Captain speaking. We expect to land at（目的地）in 40 minutes. The estimated time of arrival wil be hh mmAM/PM. The local time now is hh mmAM/PM and the ground temperature is degree Centigrade (Celsius) XX . Please fasten your seat belt. I would like to thank you for flying with us, I do hope you have enjoyed your flight, thank you.

各位旅客您好，這是來自機長的廣播，我們預計在 40 分鐘之後降落至（目的地）機場，預計抵達的時間為 hh 點 mm 分上午 / 下午，現在當地的時間是 hh 點 mm 分上午 / 下午，氣溫為攝氏 XX 度。請您繫好安全帶準備降落。非常謝謝您今天的搭乘，祝您有個愉快的一天。

9. 降落後　After Landing

Ladies and gentlemen, welcome to（目的地）Airport. For your safety and comfort, please remain seated with your seat belt fastened until the Captain turns off the Fasten Seat Belt sign. At this time, you may use your mobile phones if you wish. Please check around your seat for any personal belongings you may have brought on board with you and please use caution when opening the overhead bins, as heavy articles may have shifted around during the flight. On behalf of AAA airline and the entire crew, I'd like to thank you for joining us on this trip and looking forward to seeing you soon. Have a nice day!

各位旅客您好，歡迎抵達（目的地）機場，為了您的安全請您留在座位上並繫好安全帶直到安全帶燈號熄滅為止，現在您可以使用您的行動電話。當您開打開行李櫃時，請留意櫃中的行李滑落，離開機艙時請留意您的個人隨身物品，僅代表 AAA 航空及全體機組人員，感謝您的搭乘，希望很快能再為您服務，祝您有個愉快的一天，謝謝。

（六）臺語口語考題

1. 對不起，請問需要我幫你找座位嗎？你的座位在最後方，請走這個門過去。

2. 對不起，請將您的隨身物品，放在前方座位下，或是上方行李箱內。

3. 各位旅客，飛機即將起飛，請確認你的安全帶已經繫好了，謝謝。

4. 歡迎大家搭乘本公司航班，本班機預計抵達時間為 9：30，目的地天氣多雲 25 度。

5. 請各位旅客回到座位上，本班機將提供飲料與點心，謝謝！

6. 請問你訂素食餐嗎？

7. 有需要買免稅品嗎？將雜誌內購買單填寫好撕下再交給機上組員唷！

8. 請問你手機關機了嗎？

9. 有需要米果嗎？剩下 1 包米果。

10. 請問需要幫你微波嗎？

11. 請問要喝冰果汁還是熱咖啡呢？

12. 我幫你換一杯熱的咖啡好嗎？

13. 飛機即將經過一段氣流區，請回到座位上，並繫好安全帶。

14. 先生，不好意思我們即將結束販賣免稅商品，謝謝！

請上網練習

教育部國語臺語客語字典民間版（可線上直接發音）

https://www.moedict.tw/

（七）空服人員常用英文

1. 一般用語

票務　　Ticketing

票號　　Ticket Number

旅客訂座記錄　PNR (Passenger Name Record)

票價總額　Fare Basis

航空公司代號　Airline Code

票務代理　Ticket Agency

行程單　Itinerary

托運行李限制　Baggage Allowance

手提行李　Carry-on Bag

托運行李　Check-in Bag

機票改期　Date Change

升艙　　Upgrade

差價　　Fare difference

2. 起飛前　Before Take-Off

(1)　Morning. Welcome board!

　　早上好。歡迎登機！

(2)　May I introduce myself, I'm ___, the chief purser of this flight.

　　請允許自我介紹。我叫 ___，本次航班的座艙長。

(3)　Morning, sir. Welcome aboard. Business class or economy?

　　早上好，先生。歡迎登機。坐商務還是經濟艙？

(4)　Follow me, please. Your seat is in the middle of the cabin.

　　請跟我來，您的座位在客艙中部。

(5)　An aisle seat on the left side — Here you are.

　　是左邊靠走廊座位 — 這是您的座位。

(6)　I'm afraid you are in the wrong seat. 30A is just two rows behind on the other aisle.

　　恐怕您坐錯位子了，30A 正好在那邊走廊的後二排。

(7)　Excuse me for a second, I'll check.

　　請稍等一下，我查查看。

(8)　The plane is about to take off. Please don't walk about in the cabin.

　　飛機馬上要起飛了，請不要在客艙內走動。

(9)　You know the weather in Tokyo is not so good. It has been delayed.

　　你知道東京的天氣不太好，飛機延誤了。

(10)　China Airlines Flight CI-011 leaves at 0135 in the morning , flies nonstop back to Taipei.

　　中華航空公司 CI-011 航班，上午 1：35 起飛直飛到臺北。

(11)　Flight No.BR- 197, leaving Tokyo at 1400 back to Taipei.

　　BR-197 航班 14：00 離開東京到臺北。

(12)　You are flying economy class. Is that right?

　　您是坐經濟艙，對嗎？

3. 空中飛行服務　Air service

(1) Would you like anything to drink first?

您想先喝點什麼？

(2) Would you like to read these news papers or magazines?

您想看這些報紙或雜誌嗎？

(3) Thank you for waiting sir. Here your meal and coffee. anything more?

謝謝，讓您久等了。這是您的餐和咖啡，還要點什麼？

(4) Here is today's menu. What would you like to have?

這是今天的菜單，你想吃些什麼？

(5) How about the sweet?

甜食要不要？

(6) May I clear up your table now?

現在可以收拾您的桌子嗎？

(7) Are you going to do business study there or just for sightseeing?

你是去做生意還是只去旅遊？

(8) Our plane is bumping hard. Please keep your seat belt fastened.

我們的飛機顛簸得厲害，請繫好安全帶。

(9) The flight has been delayed because of bad weather.

由於天氣惡劣，航班已經延誤。

(10) We can't take off because the airport is closed due to poor visibility.

由於低能見度，機場關閉，我們不能起飛。

4. 緊急情況 Emergency situations

(1) Fasten your seat belts immediately. The plane will make an emergency landing because of the sudden breakdown of an engine.

馬上繫好安全帶。由於飛機發動機出現故障，將做緊急迫降。

(2) Don't panic!

不要驚慌！

(3)   Our captain has confidence to land safely.

All the crew members of this flight are well trained for this kind of situation.

So please obey instructions from us.

我們的機長完全有信心安全著陸。

我們所有的機組人員在這方面都受過良好的訓練，

請聽從我們的指揮。

(4)   Take out the life vest under your seat and put it on!

從座椅下拿出救生衣，穿上它！

(5)   Don't inflate the life vest in the cabin and as soon as you leave the aircraft, inflate it by pulling down the red tab.

請不要在客艙內將救生衣充氣！一離開飛機立即拉下紅沙拉環充氣。

(6)   Put the mask over your face!

戴上氧氣面罩！

(7)   Bend your head between your knees!

把你的頭彎下來放在兩個膝蓋之間！

(8)   Bend down and grab your ankles.

彎下身來，抓住腳踝。

(9)   Get the extinguisher!

拿滅火器來！

(10) Open seat belts. Leave everything behind and come this way!

解開安全帶，別拿行李，朝這邊走！

(11) This plane has eight emergency exits. Please locate the exit nearest to you.

本架飛機有八個安全門，請找到離你最近的那個門。

(12) Jump and slide down!

跳滑下來！

（八）情景對話一

A:Would you like some newspaper to read?

B:Yes, I will take the New York Daily News. When will dinner be served?

A:In about an hour or so.

B:Could you bring me a coke?

A:Certainly. Here you are.

B:Can I get another coke?

A:No problem. If there is anything I can get for you, then just call assistance.

A：您需要報紙嗎？

B：好的，我要紐約時報。晚餐什麼時候上？

A：大概一小時以後。

B：能幫我拿杯可樂嗎？

A：好的，給您。

B：我能再要一杯嗎？

A：沒問題。如果還需要幫助，叫我就可以了。

情景對話二

A:What's the time difference between Taipei and Boston?

B:Boston is 12 hours later than Taipei Time.

A:So we are losing a day when we arrive in Boston?

B:No. We are gaining a day.

A:Do you know when will we be landing?

B:In about 20 minutes.

A:What's the temperature is like in Boston?

B:It's about 30 F. Here you are. Please fill out this form before the plane lands.

A:What is this form for?

B:It's a Customs and Immigration form.You will use that in the airport before you can enter the country.

A：臺北和波士頓的時差是多少？

B：波士頓比臺北晚 12 小時。

A：所以我們到波士頓的時候，我們會少了一天的時間？

B：不，我們多了一天的時間。

A：你知道我們什麼時候降落嗎？

B：再過 20 分鐘。

A：波士頓溫度是多少？

B：30 華氏度。給您，請把這份表格在飛機落地之前填一下。

（九）其他注意事項

1. 走臺步時，要抬頭挺胸，面帶微笑。

2. 體能測驗是抬 7 公斤行李箱至置物櫃。

3. 大部分的問題來自你的自傳及履歷，所以要真且能回答延伸問題。

4. 中英文面試練習時，可先錄影或在鏡前觀察自己神情及儀態。

5. 準備好 1 分鐘的英文自我介紹，並能不背稿流利脫口而出。

6. 把考古題背得滾瓜爛熟，且能用自己的流利英文表達自己的想法。

第 08 章 航權與指標

第一節 空中航權
第二節 三個區域
第三節 全球飛行指標
第四節 跨區飛行
第五節 時間換算

教學目標

1. 瞭解空中航權。
2. 知道全球飛行指標。
3. 學會時間換算及計算飛行時間。

課前導讀

　　本章介紹九大航權,其中第一至第五航權係標準航權,其餘為衍生航權;另三大區域的概念是票務計算最基本的地理概念,而全球飛行指標代表旅客行走路線,對票價金額有決定性影響;計算飛行時間為考試必考內容。

第一節　空中航權

所謂「空中航權」(Freedoms of The Air)：指一國之民用航空器飛入或飛經他國的權利或自由，即准許通航的權利，也是國家的主權之一 (privileges or freedoms)，依 IATA 手冊指出，第一航權至第五航權是正式航權，其餘為非正式航權。

一、第一航權(First Freedom Right)

「第一航權」簡稱「通過權」，即飛越一國領空而到達另一國家。例如：A 國航空公司飛越 B 國領空至 C 國降落下卸客貨，謂 B 國提供 A 國航空公司第一航權。

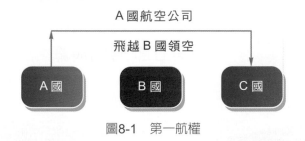

圖8-1　第一航權

二、第二航權(Second Freedom Right)

「第二航權」簡稱「技術降落權」，即降落至另一國家作技術性的短暫停留（如：加油、保養等）但不裝載或下卸客貨。例如：A 國航空公司飛至 B 國作技術性的短暫停留（加油、保養……）再飛至 C 國降落裝卸客貨，謂 B 國提供 A 國航空公司第二航權。

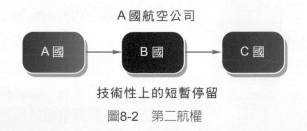

圖8-2　第二航權

三、第三航權(Third Freedom Right)

「第三航權」簡稱「下卸權」，即 A 國航空公司有權在 B 國下卸從 A 國載來的客貨（下卸客貨權），謂 B 國提供 A 國航空公司第三航權。

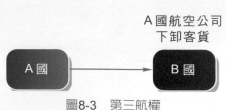

圖8-3　第三航權

四、第四航權(Fourth Freedom Right)

「第四航權」簡稱「裝載權」，即 A 國航空公司有權在 B 國裝載客貨返回 A 國（裝載客貨權），謂 B 國提供 A 國航空公司第四航權。

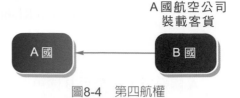

圖8-4　第四航權

五、第五航權(Fifth Freedom Right)

「第五航權」簡稱「航線延伸權」，又稱「完整航權」，即 A 國航空公司有權在 B 國下卸客貨及另裝載客貨飛往 C 國，回程將 C 國客貨載至 B 國下卸及另裝載客貨飛往 A 國，只要該飛行的啓程點或終點爲 A 國，謂 B 國提供 A 國航空公司第五航權。

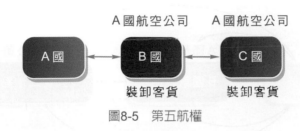

圖8-5　第五航權

六、第六航權(Sixth Freedom Right)

「第六航權」簡稱「轉運權」，即 A 國航空公司有權裝載客貨通過 A 國的關口，然後再去別國，此飛行在 A 國既非啓程點亦非最終目的地。例如：從 D 國裝載客貨經 A 國轉至 B 國下卸，謂 B 國提供 A 國航空公司第六航權。

圖8-6　第六航權

七、第七航權(Seventh Freedom Right)

第七航權簡稱「境外營運權」，即 A 國航空公司有權經營 A 國以外之其他兩國（C 國及 D 國）之間運送客貨，謂 C 國及 D 國提供 A 國航空公司第七航權。

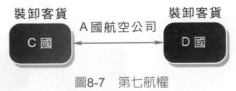

圖8-7　第七航權

八、第八航權(Eighth Freedom Right)

第八航權 (Eighth Freedom Right)，簡稱境外多點營運權，此有兩種案例：

案例一：

A 國航空公司飛至 B 國第一地點及第二地點，有權在 B 國國內的第一地點下卸客貨，再從第一地點裝載客貨回 A 國；及從第二地點下卸客貨，再從第二地點裝載客貨回 A 國，（但不可從 B 國第一地點新增裝載客貨至第二地點，也不可從 B 國第二地點新增裝載客貨至第一地點，即 A 航不可經營 B 國第一地點及第二地點客貨權）即 B 國提供 A 國航空公司第八航權。

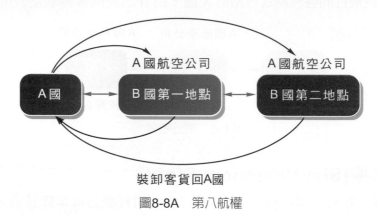

圖8-8A　第八航權

實例：華航前 CI-012 路線，TPE-ANC-NYC，華航不准載客貨往返 ANC 及 NYC

案例二：

「延續的境內營運權」：A 國航空公司飛至 B 國第一地點及第二地點，有權在 B 國國內的第一地點下卸客貨，再從第一地點裝載客貨回 A 國；及從第二地點下卸客貨，再從第二地點裝載客貨回 A 國，（也可以從 B 國第一地點新增裝載客貨至第二地點，也可以從 B 國第二地點新增裝載客貨至第一地點，即 A 航可經營 B 國第一地點及第二地點客貨權），即 B 國提供 A 國航空公司第八航權。

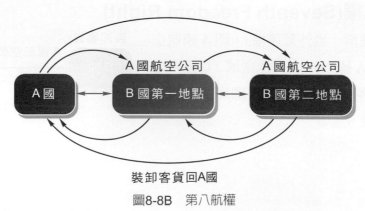

圖8-8B　第八航權

實例：美籍航空公司由紐約飛前往目的地法國尼斯，途中得在巴黎降落並搭載旅客。

九、第九航權(Ninth Freedom Right)

第九航權簡稱「境內營運權」，即 A 國航空公司有權在 B 國國內的任何兩地之間下卸及裝載客貨，此為 B 國委託經營或對 A 國特別授權；若對多國大幅開放，則屬於「開放天空」航權，謂 B 國提供 A 國航空公司第九航權。

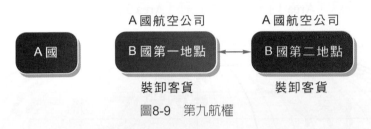

圖8-9　第九航權

表8-1　空中航權差異表

航權	簡稱	說　明
第一航權	通過權	飛越一國領空而到達另一國家
第二航權	技術降落權	技術性的短暫停留但不裝載或下卸客貨
第三航權	下卸權	在 B 國下卸從 A 國載來的客貨
第四航權	裝載權	在 B 國裝載客貨返回 A 國
第五航權	航線延伸權	有權來回程在 B 國上下卸客貨及飛往 C 國
第六航權	轉運權	從他國裝載客貨經本國轉至另一他國
第七航權	境外營運權	經營本國以外之其他兩國（C 國及 D 國）之間運送客貨
第八航權	境外多點營運權	・有權在 B 國國內的第一以及第二地點上下卸客貨回 A 國（但第一及第二地點之間不可） ・有權在 B 國國內的第一以及第二地點上下卸客貨回 A 國
第九航權	境內營運權	在 B 國國內的任何兩地之間下卸及裝載客貨

第二節　三個區域

　　國際航空運輸協會 (IATA) 為統一，便於管理制定計算票價起見，將全球劃分為「東半球」及「西半球」。

　1. **東半球**(EH, Eastern Hemisphere)，包括TC2和TC3。

　2. **西半球**(WH, Western Hemisphere)，包括TC1。

　　亦將全球劃分為「Area 1」、「Area 2」與「Area 3」等三大區域。

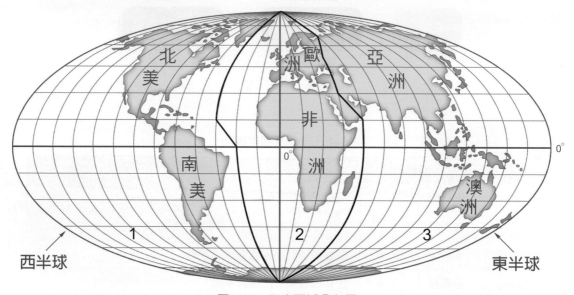

圖8-10　三大區域分布圖

一、第一大區域(Area 1，Traffic Conference 1)

　　第一大區域 (TC1, Traffic Conference 1) 即美洲區，西起白令海峽，包括阿拉斯加，北、中、南美洲，與太平洋中之夏威夷群島及大西洋中之格陵蘭嶼百慕達為止。含蓋北美洲 (North America)、中美洲 (Central America)、南美洲 (South America)、加勒比海島嶼 (Caribbean Islands)。

二、第二大區域(Area 2，Traffic Conference 2)

　　第二大區域 (TC2, Traffic Conference 2) 即歐非區，西起冰島，包括大西洋中的 Azores 群島、歐洲、非洲及中東全部，東至烏拉山脈及伊朗為止。含蓋歐洲 (Europe)、中東 (Middle East)、非洲 (Africa)。

三、第三大區域(Area 3，Traffic Conference 3)

第三大區域 (TC3, Traffic Conference 3) 即亞澳區，西起烏拉山脈、阿富汗、巴基斯坦，包括亞洲全部、澳大利亞、紐西蘭，太平洋中的關島及威克島、南太平洋中的美屬薩摩亞及法屬大溪地。含蓋東南亞 (South East Asia)、東北亞 (North East Asia)、亞洲次大陸 (South Asian Subcontinent)、大洋洲 (South West Pacific)。

將三大區域的劃分統整成表 8-2。

表8-2　三大區域

半球Hemisphere	區域Area	次區Sub Area
西半球 Western Hemisphere(WH)	第一大區域 Area 1(TC1)	北美洲 North America 中美洲 Central America 南美洲 South America 加勒比海島嶼 Caribbean Islands
東半球 Eastern Hemisphere(EH)	第二大區域 Area 2(TC2)	歐洲 Europe 非洲 Africa 中東 Middle East
	第三大區域 Area 3(TC3)	東南亞 South East Asia 東北亞 North East Asia 亞洲次大陸 South Asian Subcontinent 大洋洲 South West Pacific

註：臺灣及中國屬於東半球第三區。

第三節　全球飛行指標

「全球飛行指標」(GI, Global Indicator) 係指旅客在全球飛行或航程之路線代號（表 8-3）。分別說明如下：

表8-3　路線代號

路線	內容
PA 路線	PA 意指太平洋 (Via Pacific)，路線經由 TC3 和第 TC1 之間，即經北、中、南太平洋。
AT 路線	AT 意指經大西洋 (Via Atlantic)，路線經由 TC2 和第 TC1 之間。
AP 路線	AP 意指大西洋及太平洋 (Via Atlantic and Pacific)，路線經由大西洋及太平洋，在 TC1、TC2、TC3 之間。
TS 路線	TS 意指經西伯利亞 (Via Siberia)，路線經由 TC2 和第 TC3 之間，經西伯利亞路線，中間無任何的停留，經日本、韓國飛往歐洲。
PO 路線	PO 意指經北極 (Via Polar)，在 TC1 和第 TC3 之間，由亞洲至美國，經 TC1 但不觸及北緯 60 度以南之路線，中間僅可停留在美國一點，通常此點係指安克拉治 (Anchorage)，例如由臺北經安克拉治到紐約。
EH 路線	EH 意指經東半球 (Via Eastern Hemisphere)，路線在東半球內，亦即 TC2 和 TC3 之間，或單獨在 TC2，或單獨在 TC3。例如：由臺北飛日本，臺北飛東南亞，臺北經東南亞飛歐洲。
WH 路線	WH 意指經西半球 (Via Western Hemisphere)，路線全部在西半球，亦即在 TC1。
RU 路線	RU 意指經東北亞路線 (Between Russia and JP/KR)，飛越俄羅斯到東北亞（日本、韓國），在 TC2 和第 TC3 之間。例如：「莫斯科－首爾」或「莫斯科－東京」。
FE 路線	FE 意指經遠東路線 (Between Russia and TC3)，俄羅斯、烏克蘭不中停飛越俄羅斯到東南亞，在 TC2 和第 TC3 之間。例如：「莫斯科－曼谷」或「莫斯科－香港」。
PN 路線	PN 意指經北美 (Via North America)，南美至西南太平洋之間，但不經北中太平洋，在 TC1 和第 TC3 之間。
SA 路線	SA 意指經南大西洋 (South East Asia via Atlantic)，阿根廷、巴西、智利、巴拉圭、烏拉圭及東南亞之間，經大西洋及中、南非洲之點、印度洋島嶼或直飛，在 TC123 之間而非 AP 路線。

第四節　跨區飛行

　　為了使旅客票價計算合理及最惠價格，飛行經過區域應採「**接續運輸**」觀念，以下介紹跨區飛行路徑。

1. 第一、二區

　　航行第一區及第二區時，經由大西洋之票價路線計算。(JT1/2)

範例 1.　第一、二區票價計算

紐約至巴黎之票價，必須以AT路線計價，不可以其他路線計算，除非有特殊狀況。

2. 第一、二、三區

　　航行第一區及第三區時，經由第二區之票價路線計算。(JT1/2/3)

範例 2.　第一、二、三區票價計算

紐約至新加坡經由巴黎之票價，必須以AT加上EH路線計價。

3. 第二、三區

　　航行第二區及第三區時之票價路線計算。(JT2/3)

範例 3.　第二、三區票價計算

臺北至巴黎之票價，必須以EH路線計價，不可以其他路線計算，除非有特殊狀況。

4. 第一、三區

　　航行第一區及第三區時之票價路線計算。(JT1/3)

範例 4.　第一、三區票價計算

臺北至洛杉磯之票價，必須以PA路線計價，不可以其他路線計算，除非有特殊狀況。

第五節　時間換算

一、國際時間換算概論

由於航空公司航班時間表上的起飛和降落時間均是當地時間，而二個不同城市之時區可能不同，飛行時間就無法直接用到達時間減去起飛時間來表示，因此要計算實際飛行時間，就必須將所有時間先調整成「世界標準時間」(UTC, Universal Time Coordinated)，或稱「格林威治標準時間」(GMT, Greenwich Mean Time)，再加以換算成實際飛行時間（表 8-4）。

表8-4　亞洲各國時區表－GMT標準時間（同一日）（以英文名稱順序排列）

國家	時區	國家	時區	國家	時區
Afghanistan 阿富汗	GMT + 4.5	Jordan 約旦	GMT + 2	Philippines 菲律賓	GMT + 8
Azerbaijan 亞塞拜然	GMT + 4	Kazakhstan 哈薩克	GMT + 6	Qatar 卡達	GMT + 3
Bahrain 巴林	GMT + 3	Kuwait 科威特	GMT + 3	Saudi Arabia 沙烏地阿拉伯	GMT + 3
Bangladesh 孟加拉	GMT + 6	Korea (North) 北韓	GMT + 8.5	Singapore 新加坡	GMT + 8
Bhutan 不丹	GMT + 6	Korea(South) 南韓	GMT + 9	Sri Lanka 斯里蘭卡	GMT + 5.5
Brunei Darussalam 汶萊	GMT + 8	Kyrgyzstan 吉爾吉斯	GMT + 6	Syrian Arab Republic 敘利亞	GMT + 2
Cambodia 柬埔寨	GMT + 7	Lao 寮國	GMT + 7	Taiwan 臺灣	GMT + 8
China 中國	GMT + 8	Lebanon 黎巴嫩	GMT + 2	Tajikistan 塔吉克	GMT + 5
East Timor 東帝汶	GMT + 7	Macau 澳門	GMT + 8	Thailand 泰國	GMT + 7
Georgia 喬治亞	GMT + 4	Malaysia 馬來西亞	GMT + 8	Turkmenistan 土庫曼	GMT + 5
Hong Kong 香港	GMT + 8	Maldives 馬爾地夫	GMT + 5	United Arab Emirates 阿拉伯聯合大公國	GMT + 4
India 印度	GMT + 5.5	Mongolia 蒙古	GMT + 8	Uzbekistan 烏茲別克	GMT + 5
Indonesia 印尼	GMT + 7	Myanmar 緬甸	GMT + 6.5	Vietnam 越南	GMT + 7
Iran 伊朗	GMT + 3.5	Nepal 尼泊爾	GMT + 5.75	Yemen 葉門	GMT + 3
Iraq 伊拉克	GMT + 3	Oman 阿曼	GMT + 4		
Israel 以色列	GMT + 2	Pakistan 巴基斯坦	GMT + 5		
Japan 日本	GMT + 9	Palestinian Territory 巴勒斯坦	GMT + 2		

GMT(Greenwich Mean Time) 就是「格林威治標準時間」。1884 年採納了**格林威治子午線**為量度經度的本初子午線。此子午線亦用於釐定時區，以及原始時間或 GMT（格林威治標準時間）。

UTC(Universal Time Coordinated) 則是「世界標準時間」。1967 年國際天文學聯合會啟用。由於 UTC 直接與國際度量衡標準相聯繫，所以目前所有的國際通訊系統，像是衛星、航空、GPS 等等，全部都協議採用 UTC 時間。一般皆以「GMT」時間與「UTC」時間相同。

為了便於不同地區的交流，1884 年國際上按統一標準劃分時區，實行分區計時的辦法。按照這個劃分方法，地球上每 15° 作為一個時區，全球共分 24 個時區，每個時區中央經線的地方時即為該時區的標準時間時區，時區乘以 15 再加減 7.5 度即是其對應的經度範圍。

0 度線以東時區為東區，即是東經時間，0 度線以西時區為西區，即是西經時間，當倫敦（格林威治）為 0 時，其經度為（－ 7.5 度至＋ 7.5 度），向東每隔 15 經度，加一個小時為東經度數，向西每隔 15 經度，減一個小時為西經度數。**凡向西走，每過一個時區，就要把表撥慢 1 小時（比如 2 點撥到 1 點）；凡向東走，每過一個時區，就要把表撥快 1 小時（比如 1 點撥到 2 點）**。例如：臺灣約位於東經 120° 至東經 122° 之間，臺灣時區是東八區（UTC ＋ 8 或 GMT ＋ 8）。

國際換日線在地球另一邊、格林威治子午線的對面。碰到跨年、月時，要注意大月、小月、平年、閏年。實務上，各國都市時區的設定不一定以經度為準，有些是政治問題，因此同學仍以該國公告時區為準。

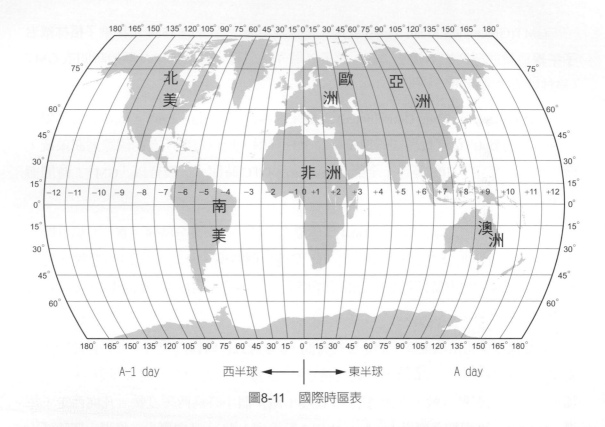

<table>
<tr><td>180° 165° 150° 135° 120° 105° 90° 75° 60° 45° 30° 15° 0° 15° 30° 45° 60° 75° 90° 105° 120° 135° 150° 165° 180°</td></tr>
</table>

A−1 day　　　　　西半球 ◀━━━┃━━━▶ 東半球　　　　　A day

圖8-11　國際時區表

二、國際時間換算

（一）地理區時的計算

　　區時的計算，分為定點時區的計算、定點不同區時標準時間換算及定點地理區時差的計算。

1. 定點時區的計算：如果要求某一經度的區時，首先要計算出該經度所在的時區。
　　假設計算M時區所跨的經度範圍，即：15°×M（時區數）±7.5°（15°×時區數為這個時區的中央經線的經度）。

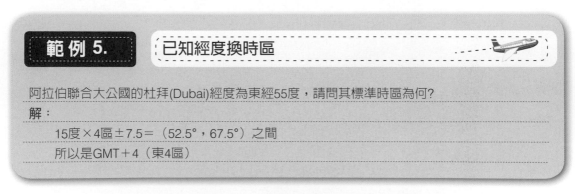

範例 5.　　**已知經度換時區**

阿拉伯聯合大公國的杜拜(Dubai)經度為東經55度，請問其標準時區為何？

解：

　　15度×4區±7.5＝（52.5°，67.5°）之間

　　所以是GMT＋4（東4區）

2. 定點不同區時之標準時間換算：區時的計算遵循「東加西減」的原則。已知甲地的時間，求乙地的時間，那麼乙地的時間＝甲地的時間±甲、乙兩地所在時區的區時差（乙地在甲地的東側用「＋」，乙地在甲地的西側用「－」）。

範例 6. 標準時間對照（正點計算）

臺北為GMT＋8，雅加達為GMT＋7，東京為GMT＋9，澳大利亞西部為GMT＋8，法蘭克福為GMT＋1，紐約為GMT-5，洛杉磯GMT-8（標準時間），當3月2日臺北早上10點時，其他時間為何？

解：

臺北為上午10點，回到GMT標準時間，GMT＝10－8＝2再依當地時差調整，

雅加達為3月2日上午9點（10－8＋7＝9）

東京為3月2日上午11點（10－8＋9＝11）

澳大利亞西部為3月2日上午10點（10－8＋8＝10）

法蘭克福為3月2日上午凌晨3點（10－8＋1＝3）

紐約為3月1日下午9點（10－8＋24－5＝21前一天）

洛杉磯為3月1日下午6點（10－8＋24－8＝18前一天）

範例 7. 標準時間對照（非正點計算）

臺北為GMT＋8，維也納為GMT＋2，紐約為夏令時間GMT-4，西雅圖夏令時間GMT-7，當10月18日臺北早上凌晨0點40分，其他時間為何？

解：

臺北為10月18日早上凌晨0點40分時，回到GMT標準時間，

GMT＝0：40－8：00＋24：00＝16：40（10月17日GMT時間）

再依另一地時差調整，

歐美夏令時間時區：

奧地利維也納（GMT＋2）為10月17日下午18：40（16：40＋2＝18：40）

紐約為（GMT-2）10月17日中午12點40分（10月17日16：40－4：00＝12：40）

西雅圖（GMT-7）為10月17日上午9點40分（10月17日16：40－7：00＝9：40）

臺灣與歐洲各時區的時差比較表（同一日）

臺灣時間 GMT＋8	1	2	3	4	5	6	7	8	9	10	11	12	13	14	15	16	17	18	19	20	21	22	23	24
西歐(WET) GMT＋0	17	18	19	20	21	22	23	24	1	2	3	4	5	6	7	8	9	10	11	12	13	14	15	16
中歐(CET) GMT＋1	18	19	20	21	22	23	24	1	2	3	4	5	6	7	8	9	10	11	12	13	14	15	16	17
東歐(EET) GMT＋2	19	20	21	22	23	24	1	2	3	4	5	6	7	8	9	10	11	12	13	14	15	16	17	18
莫斯科 GMT＋4	21	22	23	24	1	2	3	4	5	6	7	8	9	10	11	12	13	14	15	16	17	18	19	20
以下為夏令時間 < 歐盟已決定自2021年廢除 >																								
西歐(WET) 夏GMT＋1	18	19	20	21	22	23	24	1	2	3	4	5	6	7	8	9	10	11	12	13	14	15	16	17
中歐(CET) 夏GMT＋2	19	20	21	22	23	24	1	2	3	4	5	6	7	8	9	10	11	12	13	14	15	16	17	18
東歐(EET) 夏GMT＋3	20	21	22	23	24	1	2	3	4	5	6	7	8	9	10	11	12	13	14	15	16	17	18	19
莫斯科 Moscow 夏GMT＋3	20	21	22	23	24	1	2	3	4	5	6	7	8	9	10	11	12	13	14	15	16	17	18	19

臺灣與美國、加拿大各時區的時差比較表（美加為前一日）

臺灣時間 GMT＋8	1	2	3	4	5	6	7	8	9	10	11	12	13	14	15	16	17	18	19	20	21	22	23	24
太平洋(PST)GMT-8	9	10	11	12	13	14	15	16	17	18	19	20	21	22	23	24	1	2	3	4	5	6	7	8
山區(MST) GMT-7	10	11	12	13	14	15	16	17	18	19	20	21	22	23	24	1	2	3	4	5	6	7	8	9
中部(CST) GMT-6	11	12	13	14	15	16	17	18	19	20	21	22	23	24	1	2	3	4	5	6	7	8	9	10
東部(EST) GMT-5	12	13	14	15	16	17	18	19	20	21	22	23	24	1	2	3	4	5	6	7	8	9	10	11
以下為夏令時間																								
太平洋(PST)(夏)GMT-7	10	11	12	13	14	15	16	17	18	19	20	21	22	23	24	1	2	3	4	5	6	7	8	9
山區(MST)(夏)GMT-6	11	12	13	14	15	16	17	18	19	20	21	22	23	24	1	2	3	4	5	6	7	8	9	10
中部(CST)(夏)GMT-5	12	13	14	15	16	17	18	19	20	21	22	23	24	1	2	3	4	5	6	7	8	9	10	11
東部(EST)(夏)GMT-4	13	14	15	16	17	18	19	20	21	22	23	24	1	2	3	4	5	6	7	8	9	10	11	12

📍 小知識

3. 定點地理區時差的計算：計算兩地的區時差。

(1) 如果甲、乙兩地位於0度線（中時區）的同側，計算區時差用減法。

(2) 如東八區與東二區差6個區時，西九區與西二區差7個區時。

(3) 如果甲、乙兩地位於中時區的兩側，計算區時差用加法，如西六區與東六區差12個區時。

範例 8.　同時點兩地的時差

兩個時區標準時間（即時區數）相減就是時差，時區的數值大的日期時間早。例如臺北是東（半球）八區（GMT＋8），美國東部是西（半球）五區（GMT-5），求兩地時差？

解：

標準時間:兩地的時差是13（＝8＋5）小時，臺北比紐約要早13個小時；

如果是美國夏令時間:時差是12（＝8＋4）小時。

（二）飛行時間的計算

飛行時間的計算分為飛行時間加上時差計算（同一半球）、飛行時間加上時差計算（不同一半球）及跨日與時差的飛行時間計算。

1. **飛行時間加上時差計算（同一半球）**：由於全天採用24小時制，所以計算結果若大於24小時，要減去24小時，日期加一天，即為所求的時間;計算結果若為負值，要加24小時，日期減一天，即為所求的時間。碰到跨年、月時，要注意大月、小月、平年、閏年。

範例 9. 　飛行時間計算（同一東半球）

10月5日臺北／東京08：55/13：25，臺北（GMT＋8）→東京（GMT＋9），實際飛行多久？

解：

1. 由表面時間計算：13：25－08：55＝4：30（4小時30分）＜錯誤的計算＞

2. 正確換算

　臺北起飛時間08：55減8小時換成GMT是00：55，

　東京到達時間13：25減9小時換成GMT是04：25，

　04：25－00：55＝3：30，

　實際飛行時間是3小時又30分鐘。

範例 10. 　飛行時間計算（同一東半球）

10月6日東京／臺北16：25/18：55，東京（GMT＋9）→臺北（GMT＋8），實際飛行多久？

解：

1. 表面時間計算：18：55－16：25＝2：30（2小時30分）＜錯誤的計算＞

2. 正確換算

　東京起飛時間16：25減9小時換成GMT是07：25，

　臺北到達時間18：55減8小時換成GMT是10：55，

　10：55－07：25＝3：30，

　實際飛行時間是3小時又30分鐘

範例 11. 到達時刻計算（同一東半球）

4月15日臺北／奧克蘭22：00起飛，飛行時間11小時，臺北（GMT＋8）→奧克蘭（GMT＋13），請問到達奧克蘭時間為何？

解：

1. 起飛時間臺灣22：00，22－8＝14換成GMT是4月15日14：00

2. 飛行時間11小時，14＋11＝25換成GMT是4月15日25：00＝GMT是4月16日01：00

3. 到達時間換算01：00＋13：00＝14：00（GMT＋13）

   GMT4月16日01：00＝奧克蘭4月16日14：00（到達時刻）

範例 12. 飛行時間計算（同一東半球）

CI-061從臺北10月8日23：00起飛至法蘭克福10月9日06：50。臺北（GMT＋8）→法蘭克福（GMT＋1），實際飛行多久？

解：

1. 10月8日起飛時間23：00換成GMT是10月8日15：00（＝23－8）

2. 到達時間10月9日06：50換成GMT是10月9日05：50（＝06：50－1：00）

   10月9日的05：50＝10月8日的29：50

   29：50－15：00＝14：50

   實際飛行時間是14小時又50分鐘

2. 飛行時間加上時差計算（不同一半球）

範例 13. 飛行時間計算（不同一半球）

10月17日BR-026於臺北23：00起飛，到達西雅圖（SEA）為10月17日18：50（夏令時間）。臺北（GMT＋8）→西雅圖（GMT-7），實際飛行多久？

解：

起飛時間23：00換成GMT是10月17日15：00（＝23－8）

到達時間18：50換成GMT是10月17日25：50（18：50＋07：00）

25：50－15：00＝10：50

實際飛行時間是10小時又50分鐘

3. **跨日與時差的飛行時間計算**：地理時區計算方法爲「日界線」。日界線簡單地說就是「今天」和「昨天」的分界線。從本初子午線開始，如果向東到180°經度線，東180°經度線比本初子午線要早12小時；如果向西到10080°經度線，西180°經度線比本初子午線要晚12小時。如此，同是180°經度線，時間卻相差24小時。因此，國際上規定，把180°經度線作爲國際日期變更線，它既是一天的開始，又是一天的結束，即東十二區（東半球）和西十二區（西半球）時刻相同，日期相差一天，東十二區比西十二區早一天。**所以北美洲及南美洲的日期比臺灣少一日。**

範例 14. 　　飛行時間計算（不同一半球）　　

10月25日CI-019於紐約（NYC）15：00起飛，到達大阪（KIX）爲10月26日18：15；經過1小時35分鐘後，也就是10月26日19：50再起飛，於21：40抵達臺北。請問實際飛行時間多久？
10月25日仍是夏令時間，紐約爲（GMT-4）大阪爲（GMT＋9），臺北爲（GMT＋8）

解：
　　1. 紐約起飛時間15：00換成GMT是10月25日19：00（＝15＋4）
　　　　到達大阪時間18：15換成GMT是10月26日33：15（18：15－09：00＋24：00）
　　　　33：15－19：00＝14：15（實際飛行時間）
　　2. 大阪10月26日19：50再起飛換成GMT爲10：50（19：50－09：00）
　　　　到達臺北時間爲10月26日21：40換成GMT爲13：40（21：40－08：00）
　　　　13：40－10：50＝2：50（實際飛行時間）
　　3. 實際飛行時間是14：15＋2：50＝17小時又5分鐘

三、美國時區

1. 美國大陸地區採用的時區「自東向西」爲：

　(1) 東岸標準時區（EST：UTC-5小時、R區）

　(2) 中部標準時區（CST：UTC-6小時、S區）

　(3) 山嶽標準時區（MST：UTC-7小時、T區）

　(4) 太平洋標準時區（PST：UTC-8小時、U區）

2. 美國大陸地區以外地區採用的時區

　　(1) 阿拉斯加標準時區（AKST：UTC-9小時、V區）

　　(2) 夏威夷時區（HST：UTC-10小時、W區）

四、美加夏令時間

（一）美國和加拿大的夏令時間 (DST, Daylight Saving Time)

1. 以2013年美國、加拿大及墨西哥之夏令時間為例：

　　(1) 開始：3月10日上午2點。

　　(2) 結束：11月3日上午2點。

2. 美國和加拿大的夏令時間規則：2007～2015每年開始於3月的第二個星期日上午2
　　點鐘開始，結束於11月的第一個星期日，時間以02：00 GMT格林威治標準時間為
　　基準，時鐘才恢復到標準時間。

3. 美國實施夏令時間的地區，並不包含美國的夏威夷、薩摩亞、關島、波多里哥、
　　維京群島和亞利桑那州等地區。

4. 夏令時實施期間，將當地的時間撥快一個小時，也就是以當地的標準時間+1小
　　時，夏令時間結束就恢復到當地原來的標準時間。

　　(1) 美國人陸地區夏令時間採用的時區自東向西為：

　　　　①東岸夏令時區（EDT：UTC-4小時，R區）。

　　　　②中部夏令時區（CDT：UTC-5小時；S區）。

　　　　③山嶽夏令時區（MDT：UTC-6小時；T區）。

　　　　④太平洋夏令時區（PDT：UTC-7小時；U區）。

　　(2) 美國大陸地區以外地區採用的時區：

　　　　①阿拉斯加夏令時區（AKDT：UTC-8小時；V區）。

　　　　②夏威夷時區（HST：UTC-10小時；W區）「此區不調整」。

表8-3 世界標準時間表

描述	與GMT的偏移量	DST夏令時間	DST生效期間
太平洋國際換日線，東邊	+12:00		
紐西蘭標準時間	+12:00	+13	31Oct-05Mar
關島標準時間	+10:00		
澳大利亞墨爾本時間	+10:00	+11:00	31Oct-05Mar
中澳大利亞標準時間	+9:30	+10:30	31Oct-05Mar
南澳大利亞標準時間	+9:30	+10:30	31Oct-05Mar
日本標準時間，(USSR Zone 8)	+9:00		
韓國標準時間	+9:00		
模里西斯時間	+8:30		
澳大利亞西部標準時間	+8:00	+9:00	31Oct-05Mar
中國時間（北京時間）	+8:00		
爪哇時間	+7:00		
伊朗時間	+3:30		
巴格達時間	+3:00		
東歐，(USSR Zone 1)	+2:00	+3:00	每年三月分的最後一個周日 1:00（格林尼治時間）開始，至十月分最後一個周日 1:00
法國冬時制	+2:00		
以色列標準時間	+2:00		
中歐白晝時間	+2:00		
英國夏時制	+1:00		
中歐時間	+1:00	+2:00	
西歐時間	+0:00(24:00)	+1:00	

第二篇
航空初級票務

第 09 章 訂位系統與客運聯盟

第一節 訂位系統
第二節 銀行清帳計畫 (BSP)
第三節 航空聯盟
第四節 班號聯營

教學目標

1. 瞭解各種訂位系統。
2. 瞭解 BSP 內容。
3. 瞭解三大航空聯盟及班號聯營的好處。

課前導讀

　　本章介紹各主要訂位系統，其中主要在介紹 ABACUS 主要功能，因其為臺灣旅行社使用市占率最高之系統；另對銀行清帳計畫 (BSP) 稍加介紹；加入航空聯盟已成為擴大營收的重要計畫，我國華航及長榮皆已加入天合及星空聯盟，顯見其經營績效已獲他航認同；共掛班號亦是擴展業務之手段之一種。

第一節　訂位系統

一、電腦訂位系統(CRS, Computer Reservations Systems)

1970 年左右，當時美國航空公司與聯合航空公司，首先開始在其主力旅行社裝設各自之訂位電腦終端機設備，以供旅行社自行操作訂位，爲開啓「旅行社電腦訂位系統」(CRS) 濫觴。當時連線方式因只能與一家航空公司作連線系統作業，故被稱爲SINGLE-ACCESS；其他國家地區則仿傚此種方式而建立 MUTI-ACCESS。

CRS 除了航空訂位作業外也加入訂房、租車、訂火車票、訂團等各種非航空範圍業務，近年來全球 CRS 之非航空範圍的業務訂位量每年成長迅速，並提供相關旅遊資料庫的查詢功能。

1982 年左右，美國國內各航空公司所屬的 CRS（特別是 SABRE 與 APOLLO 系統），爲因應美國國內 CRS 市場飽和，及國際航線之需求，開始向國外市場發展。他國之航空公司爲節省支付 CRS 費用，紛紛共同合作成立新的 CRS（如 AMADEUS、GALILEO、FANTASIA、ABACUS），各 CRS 之間爲使系統使用率能達經濟規模，以節省經營 CRS 之成本，經由合併、聯盟、技術合作、股權互換等方式進行各種整合，而逐漸演變至今具有全球性合作的全球訂位系統 (Global Distribution System, GDS)。

透過 CRS 還可以直接取得全世界各地旅遊相關資訊，包括航空公司、旅館、租車公司的班表，機場的設施、轉機的時間、機場稅、簽證、護照、檢疫信用卡查詢、超重行李計費等資訊。CRS 系統已成爲旅遊從業人員所必備的工具，也是航空公司、飯店業者及租車業者的主要銷售通路。

二、全球主要CRS介紹

（一）ABACUS

表9-1　ABACUS

縮寫代號	1B
成立時間	1988 年
合夥人	BI/ BR/ CI/ CX/ GA/ KA/ MH/ MI/ PR/ SQ/ NH/ Sabre
主要市場	亞太地區、中國大陸、印度及澳洲（日本除外）
總公司	新加坡
系統中心	美國 TULSA

（二）AMADEUS

表9-2　AMADEUS

縮寫代號	1A
成立時間	1987 年成立，1995 年與美國之 CRS SYSTEM ONE 合併
合夥人	AF/ LH/ IB/ CO
主要市場	歐、美、亞太地區及澳洲
總公司	西班牙馬德里
系統中心	法國 Antipolis

（三）GALILEO

表9-3　GALILEO

縮寫代號	1G
成立時間	1987 年成立，1993 年與 COVIA 合併
合夥人	UA/ BA/ KL/ SR/ AZ/ US/ 01ympic/ AC/ Aer Lin/ Austrian/ Tap port
主要市場	Galileo- 英國、瑞士、荷蘭、義大利
總公司	芝加哥
系統中心	丹佛

（四）E-TERM（中國航信 TravelSky）

表9-4　E-TERM

縮寫代號	1E
成立時間	2000 年 10 月成立
合夥人	中國民航資訊網路股份有限公司 (TravelSky Technology Limited)（中國航信）
主要市場	中國
總公司	北京
系統中心	北京

（五）AXESS

表9-5　AXESS

縮寫代號	1J
成立時間	1992CRS 公司正式成立
合夥人	JL 百分之百持股
主要市場	日本
總公司	東京
系統中心	東京

（六）GETS

表9-6　GETS

縮寫代號	1X
成立時間	1989 年由 17 家航空公司共同成立，使用 SITA 之 Gabriel Reservation System
合夥人	目前全世界有 46 家航空公司加入股東，分布於亞洲、南美、非洲、及東歐
主要市場	分布於亞洲、南美、及非洲、及東歐共約 50 個國家
總公司	公司登記在盧森堡，總部設於亞特蘭大
系統中心	亞特蘭大

（七）INFINI

表9-7　INFINI

縮寫代號	1G
成立時間	1990 年
合夥人	NH/ Abacus
主要市場	日本
總公司	東京
系統中心	東京

（八）SABRE

表9-8　SABRE

縮寫代號	1W，目前使用AA
成立時間	1978 年
合夥人	AA 百分之百持股
主要市場	北美、歐洲、亞洲共約 50 個國家
總公司	DFW
系統中心	TUL 於 1998 年與 Abaous 簽署合作聯盟合約

三、臺灣地區CRS概況

民國 79 年國內引進第一家 CRS「ABACUS」，其後陸續有其他 CRS 引進，像 AMADEUS、GALILEO、AXESS 三家也陸續進入臺灣市場。每家 CRS 均有其市場的占有率，目前旅行業所使用之系統以 ABACUS 為最高，故在此僅以其系統為例說明。

（一）ABACUS 簡介

ABACUS 成立於 1988 年，總公司設立於新加坡，目前各地的行銷公司分別處於澳洲、汶萊、香港、印度、南韓、馬來西亞、菲律賓、新加坡、臺灣及越南等 20 個市場。

ABACUS 是由中華航空、國泰航空、長榮航空、馬來西亞航空、菲律賓航空、皇家汶萊航空、新加坡航空、港龍航空、全日空航空、勝安航空、印尼航空及美國全球訂位系統 Sabre 投資成立的全球旅遊資訊服務系統公司。

（二）ABACUS 主要功能

1. **全球班機資訊的查詢及訂位**：ABACUS以公平的立場，顯示全世界超過500家航空公司的時刻表及可售機位顯示，其中還包含亞洲各主要航空公司最後一個機位的顯示。每個訂位均須含有以下「訂位五大要素」才算完整：

   P：Phone Field（電話）。

   R：Received From（簽收）。

   I：Itinerary（行程）。

   N：Name Field（姓名）。

   T：Ticketing Field（開票期限）。

何謂中性機票

　　所謂中性票：即Airline Code空白，可任意填入那一家航空公司3碼數字代碼（見第10章），當旅行社填入Airline Code後，即必須將此機票之內容及金額，向此航空公司報帳，並遵守此航空公司開票規則及售價。

2. **票價查詢及自動開票功能**：ABACUS提供全球超過九千萬個正確精準的票價，同時給予保證，只要是由系統自動計算出來的票價，ABACUS都負責到底。

3. **中性機票及銀行清帳計畫(BSP)**：利用標準格式之「中性票」，開出各航空公司機票，用戶無須再庫存多家航空公司之機票。ABACUS目前在許多國家已提供銀行清帳計畫之開票系統，節省用戶往返航空公司開票的時間。

4. **旅館訂位**：ABACUS的HOTEL WHIZ是一種強而有力的銷售工具，旅行社從業人員可以在ABACUS PC上直接且立即的訂房，除了HOTEL WHIZ外，ABACUS亦發展一套旅館批售系統HotelSmart，可以減少旅遊同業間互相以電話或傳真去訂房所浪費的時間與金錢。

5. **租車**：ABACUS系統有60多家租車連鎖公司，提供全球超過16,500個營業地點及各種汽車款式資料，還可查詢最便宜的價錢。

6. **客戶檔案**：ABACUS客戶檔案系統，可幫用戶儲存長期客戶個別資料，如旅客喜好的航空公司，旅館、汽車款式、機上座位及旅客的地址、電話號碼及信用卡等資料，訂位時，可以迅速將旅客的資料複製成訂位記錄，節省精力和時間。

7. **資料查詢系統**：ABACUS資料查詢系統，可提供旅遊事業的相關資訊，例如：ABACUS的每日新聞，系統指令的更新、旅遊資訊及各航空公司的消息等；此外，旅遊業者本身的產品及價格，亦可經由ABACUS龐大的資料庫傳達給每一個ABACUS的用戶。

8. **旅遊資訊及其他功能**：ABACUS提供完整的旅遊相關資訊，包括簽證、護照、檢疫等資訊皆可一目瞭然。此外信用卡查詢、超重行李計費等，皆有助於旅行從業人員對旅客提供更完善的服務。

9. **指令功能查詢**：FOX功能是提供ABACUS用戶一個簡便快速的指引說明，所有系統及指令上的更新都能放在FOX上供旅行社用戶查詢，而ASSET(Agent Self-Paced Systems Training)更提供用戶可以自行學習各項系統功能的工具。

第二節　銀行清帳計畫 (BSP)

「銀行清帳計畫」（BSP，The Billing & Settlement Plan； 舊名 Bank Settlement Plan，亦簡稱爲 BSP），**係國際航空運輸協會 (IATA) 針對旅行社之航空票務作業、銷售結報、劃撥轉帳作業及票務管理等提出前瞻性規劃、制定供航空公司及旅行社採用之統一作業模式。**

TC3 地區實施 BSP 的國家最早爲日本（1971 年），目前臺灣地區約有 40 多家 BSP 航空公司及 298 家 BSP 旅行社。

利用標準格式之中性票，開出各航空公司機票，用戶無須再庫存多家航空公司之機票。ABACUS 目前在許多國家已提供銀行清帳計畫之開票系統，節省用戶往返航空公司開票的時間。自 2008 年 6 月 1 日起，IATA 的 BSP 旅行社已不再開立紙本機票，全部改爲電子機票。[1]

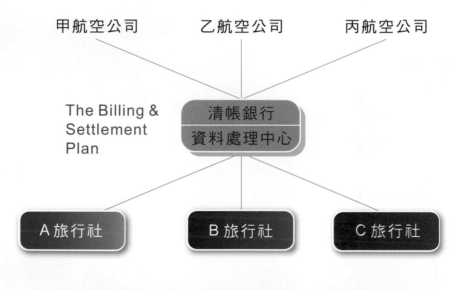

圖9-1　BSP往來關係圖

1　資料來源：IATA 中華民國地區銀行清帳計畫 BSP 作業簡介。

第三節 航空聯盟

由於航權與市場的限制，航空公司為增加全面競爭能力、拓展飛航網路，常透過與同業間之策略聯盟與合作，在部分航線上以「聯營聯運」或「共同維修訓練」等方式經營，以合作代替競爭，提高整體服務品質及旅客行程之完整性與方便性；同時亦可達到經營資源共享及規模經濟的利益而降低成本，進而使航空運輸更加便捷。

一、五大航空聯盟

「星空聯盟」、「天合聯盟」和「寰宇一家」為原全球三大航空聯盟，後來新增「價值聯盟」及「優行聯盟」，目前為止，成員公司已占全球航空業 80% 的營業市占率（表9-8）。

（一）星空聯盟 (Star Alliance)

星空聯盟 (Star Alliance) 成立於 1997 年，是國際性的航空聯盟，初期由加拿大航空、德國漢莎航空、北歐航空、泰國國際航空、美國聯合航空等五家結盟，藉由共用軟硬體資源與航線網等方式，強化聯盟各成員競爭力。目前星空聯盟成員數已發展到28 個之多，為迄今歷史最悠久、規模最大的航空公司聯盟。

（二）天合聯盟 (SkyTeam Alliance)

天合聯盟 (SkyTeam Alliance) 成立於 2000 年，由 19 家國際航空公司形成服務網，目前為全球第二大航空聯盟。

（三）寰宇一家 (Oneworld Alliance)

寰宇一家 (Oneworld Alliance) 成立於 1998 年，由全球 14 家具有代表性的航空公司組成。

（四）價值聯盟 (Value Alliance)

價值聯盟 (Value Alliance) 成立於 2016 年，由 8 家亞太地區的指標性低成本航空(LCC) 組成，包括了酷航、酷鳥航空、皇雀航空、欣豐虎航、澳洲虎航、香草航空、宿霧太平洋航空以及濟州航空，共同串聯起亞洲與澳洲間的廣大飛行網路。

價值聯盟的飛行網絡涵蓋了全球三分之一、超過 160 個航點，旅客將可在全新的訂票平臺 ABB(Air Black Box) 上查詢、選擇與訂購各家航空最優惠的機票，並能自由搭配航程；服務包含了座位選擇、餐食加購、行李限額加購及其他機上服務等。

（五）優行聯盟 (U-FLY Alliance)

優行聯盟 (U-FLY Alliance) 於 2016 年 1 月 18 日成立的低成本 (LCC) 航空聯盟，航點主要遍布大中華地區、東亞及東南亞。成員包括香港快運航空（香港）、祥鵬航空（中國）、烏魯木齊航空（中國）、西部航空（中國）、易斯達航空（韓國）。聯盟成員互相合作建立飛行網絡及航班接駁，以提升個別成員的競爭力。

表9-8　五大航空聯盟成員[2]

星空聯盟 (Star Alliance）	Aegean Airlines(A3) 愛琴海航空 Air Canada(AC) 加拿大航空 Air China(CA) 中國國際航空 Air India(AI) 印度航空 Air New Zealand(NZ) 紐西蘭航空 All Nippon Airways(NH) 全日本空輸 Asiana Airlines(OZ) 韓亞航空 Austrian Airlines(OS) 奧地利航空 Aerovías del Continente Americano S.A(AV) 哥倫比亞航空－中美洲航空 Brussels Airlines(SN) 布魯塞爾航空 Copa Airlines(CM) 巴拿馬航空 Croatia Airlines(OU) 克羅埃西亞航空 EVA Airways(BR) 長榮航空 Egypt Air(MS) 埃及航空 Ethiopian Airline(ET) 埃塞俄比亞航空 LOT Polish Airlines(LO) 波蘭航空 Lufthansa(LH) 漢莎航空 Scandinavian Airlines(SK) 北歐航空 Shenzhen Airlines(ZH) 深圳航空 Singapore Airlines(SQ) 新加坡航空 South African Airways(SA) 南非航空 Swiss International Airlines(LX) 瑞士國際航空 TAP Portugal(TP) 葡萄牙航空 Thai Airways(TG) 泰國國際航空 Turkish Airlines(TK) 土耳其航空 United Airlines(UA) 聯合航空

續下頁

2　資料來源：Star Alliance, Sky team, One world 官方網站。

天合聯盟 (Sky Team)	Air Europa(UX) 歐羅巴航空 Aeroflot Russian Airlines(SU) 俄羅斯航空 Aeromexico (AM) 墨西哥國際航空 Aerolíneas Argentinas (AR) 阿根廷航空 Air France(AF) 法國航空 Alitalia (AZ) 義大利航空 China Airlines(CI) 中華航空 China Eastern Airlines (MU) 中國東方航空 CSA Czech Airlines(OK) 捷克航空 Delta Air Lines(DL) 達美航空 Garuda Indonesia(GA) 加魯達印尼航空 KLM Royal Dutch Airlines(KL) 荷蘭皇家航空 Korean Air(KE) 大韓航空 Kenya Airways(KQ) 肯亞航空 TAROM(RO) 羅馬尼亞航空 Vietnam Airlines(VN) 越南航空 Middle East Airlines(ME) 中東航空 Saudia(SA) 沙烏地阿拉伯航空 Xiamen Air(MF) 廈門航空
寰宇一家 (Oneworld Alliance)	Air Berlin(AB) 柏林航空 American Airlines(AA) 美國航空 British Airways(BA) 英國航空 Cathay Pacific(CX) 國泰航空 Finnair(AY) 芬蘭航空 Iberia Airlines(IB) 西班牙國家航空 Japan Airlines(JL) 日本航空 LAN Airlines(LA) 智利國家航空 Malaysia Airlines(MH) 馬來西亞航空 Qantas Airways (QF) 澳洲航空 Qatar(QR) 卡達航空 Royal Jordanian(RJ) 皇家約旦航空 SriLankan Airlines (UL) 斯里蘭卡航空 S7 Airlines(S7)S7 航空
價值聯盟 (Value Alliance)	Cebu Pacific Air (5J) 宿霧太平洋航空 Jeju Air (7C) 濟州航空 Conti-Flug (DD) 飛鳥航空 NokScoo (XW) 酷鳥航空 SCOOT (TZ) 酷航 Tiger Airways (TR) 欣豐虎航 Tigerair Australia (TT) 澳洲虎航 Vanilla Air (JW) 香草航空
優行聯盟 (U-FLY Alliance)	HK Express (UO) 香港快運航空 Lucky Air (8L) 祥鵬航空 Urumqi Air (UQ) 烏魯木齊航空 West Air (PN) 中國西部航空 Eastar Jet (ZE) 易斯達航空

二、加入航空聯盟的效益

(一) 加入航空聯盟對航空公司的效益

1. Code-share 聯營合作。

2. 成本分攤，共同採購。

3. 資源共享並降低成本，如互為地勤代理、貴賓室或共用班號。

4. 分帳協議，聯盟收益管理及結算協同產品。

5. 小航空公司協助大航空公司招攬旅客。

6. 多元且廣泛的合作，如聯合行銷優化產品、酬賓哩程(FFP)。

7. 品牌效益，增加知名度。

8. 開發市場提高收入。

9. 增加異業結盟機會。

10. 學習他航優點。

11. 擴大規模與價值，提升競爭力。

(二) 加入航空聯盟對客戶的效益

加入航空聯盟使客戶可以享有的好處：

1. **聯運機票購票優惠及確保機位**：航空聯盟內成員，在某些路線訂立雙方清帳互惠合約，以鞏固及增加客源，開立聯運機票(interline ticket)時，降低票價及後段優先推薦聯盟成員，雙方互利，且在旺季期間，優先將保留位放給聯盟成員轉機客戶，如此對客人增加優惠及保障。
所謂聯運機票即除本身航空公司航段外，亦含蓋他航航段之機票。

小知識

聯運機票：全程機票航段中，除開票之航空公司外亦含蓋其他航空公司航段之機票。

2. **行李直掛**：行李直掛牽涉到地勤運務和該國法令的問題。而且要看機票轉機和目的地的不同。一般轉機行李皆可直掛，但聯盟成員的行李艙櫃會優先卸下，方便客戶提早領取。

3. **貴賓室**：接納聯盟成員持有某些等級會員卡之客人至貴賓室，或是發給貴賓室使用券。

4. **累積哩程**：同一個聯盟的航空公司，互惠累積哩程。

5. **共用班號**：同一個航線上（A到B之間），如果共同有兩家會員飛行的時候，利用共用班號，讓航班的密集度增加，消費者可以有更多選擇，這也是聯盟的好處之一。例如：韓航、華航及法航皆為天合聯盟成員，從韓國首爾經臺北到阿姆斯特丹轉機到巴黎的班機，透過一張機票，顧客搭乘三家不同公司的航班，可享有完全不同氣氛的服務。

6. **環球機票**：目前幾乎沒有一家航空公司的服務可以完美的含蓋全球各大洲。有了新的會員加入之後，航空公司的聯盟在環球機票及路線上就可以多補足一部分的缺口，方便開票及降低票價，對客人有利。

7. **班表查閱**：航空聯盟成員之班機時刻表，皆會登載對方轉接班機時刻，有利於客人選擇。

第四節　班號聯營

一、共掛班號

「共掛班號」或「代碼共享」(Code share) 是指航空公司之間簽訂合約，可以在對方的班機上掛自己的班號。

以 C 航空公司和 G 航空公司共掛班號為例，雖是同一架航機但卻有兩家航空公司的班號。C 航空公司派出飛機和組員，大部分的客位是由 C 負責銷售，G 則向 C 購入一定數量的客位，納入自己公司的銷售網內，藉此 G 可以增加航班和擴大占有率，而 C 也因此得益。

範 例 1.　共掛班號

華航 CI761/GA9981由桃園飛雅加達，由中華航空派出航機、組員，地勤由於也是華航代理，該機的客位統制權也在中華航空手上，另一切的行李超重收益亦全歸中華航空，萬一遇上班機延誤或取消，一切的安排和支出也由中華航空負責。

共掛班號之航空公司，其機票售價可能不同，同一架飛機、同一艙等但票價不同，此與各航空公司的成本有關。共掛班號可能兩家或三家以上一起合作。

共掛班號可由兩家對飛，互相共掛班號，或其中一家航空公司單邊派出飛機和組員，另一家支付購買機位費用，但也有因某些國家航空公司機隊及行銷較弱，故約定由飛行的航空公司付出類似佣金之機位，供其行銷收入。

二、共掛班機的主要原因

（一）不影響班機調度下維持既有航線（市場）

譬如 A 航空公司與 B 航空公司在「臺北－溫哥華」共掛班號，可以解決 A 航空公司因開拓其他市場導致飛機不夠，又能維持在臺灣既有的市場。

（二）可減少／避免虧損

A 航空公司和 B 航空公司在「高雄－曼谷」共掛班機，可以解決因彼此競價，造成價格過低引發的連連虧損，透過共掛班機幫助兩家航空公司互相把飛機載滿以減少虧損金額。

當航空公司發現某特定市場具有發展潛力，礙於客源不足無法直飛，則可採取與其他航空公司一起共掛班機。例如：B 航空公司與 A 航空公司在美國多條航線上共掛班機，透過共掛班機起碼可使 B 航長期耕耘該特定市場。

(三) 提升競爭力

在日本 A 航空公司享有國內龍頭寶座，但在國際線的班次只有 J 航的 15 ～ 20%，所以透過與其他航空公司共掛班機，A 航可增加自己在國際線的競爭力。

(四) 旅客有更多選擇

以 A 航和 K 航為例，A 航每日飛「東京 (Tokyo Narita) －首爾 (Seoul)」線只有一班，無法吸引旅客（選擇性太少），而 K 航每日有五班，透過共掛班機 A 航可為旅客提供每日 6(1+5) 班次「東京－首爾」線。

三、聯營的利益

C 航是以亞洲為基地之越洋國際航空公司，D 航是美國國內航線密集之航空公司，兩家航空公司採聯營模式帶來的利益說明如下：

(一) 降低彼此的飛航成本

以 C 航及 D 航聯營來看，對 D 航的好處是不用派自家飛機飛航，就可以利用與 C 航聯營共掛班號的航班，將旅客由美國某地載運到亞洲聯營的地點，同樣的，對 C 航的好處也是可將旅客載送到 D 航聯營的美洲航點。

(二) 提高載客率

兩家航空公司聯營，表示兩家航空公司一起售票給各別的客戶且一起搭乘這架航班，有利航班提升載客率。

(三) 提高收益率

D 航的美國國內線因聯營的關係，增加了原先搭 C 航到美國轉機的客人，C 航的跨太平洋航線及亞洲線，也因此增加了原先 D 航的客人，兩家航空公司賣到非自家航機飛航的聯營機票，也比原先沒有聯營的利潤要高。

(四) 降低聯營航點人事成本

D 航可以利用亞洲聯營的 C 航機場地勤，不用自己聘雇，C 航也不必在美國的聯營航點另外聘人。

（五）提升旅客的服務

對兩家航空公司的乘客而言，透過航空聯營，可以增加更多航點及航班服務，更加便利。

第 10 章 代號

第一節 城市及機場代號
第二節 航空公司英文 2 碼代號
第三節 航空公司英文 3 碼代號
第四節 航空公司數字 3 碼代號
第五節 貨幣代號
第六節 世界各國國名代號
第七節 機票稅費代號

🌐 教學目標

1. 瞭解城市及機場代號。
2. 瞭解航空公司各種代號。
3. 瞭解貨幣及稅費代號。

🌐 課前導讀

　　此章各種代號,在航空票務作業中是基礎卻很重要,但因種類及繁多,本書僅舉一些常見的資料,讓讀者瞭解。在實務作業中,各項代號也可經由電腦中查出。

第一節　城市及機場代號

航空票務入門第一要素就是瞭解及記憶城市及機場代號，所有旅客行程點皆以代號表示。

一、城市代號(CITY CODE)

國際航協用三個大寫英文字母來標示有定期班機飛航之城市代號。

表10-1　城市代號

序號	城市名稱			國家名稱	
	Code代號	全　文	中　文	英　文	中　文
1	WAS	WASHINGTON	華盛頓	USA	美國
2	NYC	NEW YORK	紐約		
3	PHL	PHILADELPHIA	費城		
4	SEA	SEATTLE	西雅圖		
5	PDX	PORTLAND	波特蘭		
6	MIA	MIAMI	邁阿密		
7	LAX	LOS ANGELES	洛杉磯		
8	SFO	SAN FRANCISCO	舊金山		
9	ATL	ATLANTA	亞特蘭大		
10	CVG	CINCINNATI	辛辛那堤		
11	DTT	DETROIT	底特律		
12	HOU	HOUSTON	休士頓		
13	LAS	LAS VEGAS	拉斯維加斯		
14	MSP	MINNEAPOLIS	明尼阿波里斯		
15	SLC	SALT LAKE CITY	鹽湖城		
16	SAN	SAN DIEGO	聖地牙哥		
17	TPA	TAMPA	坦帕		
18	MCO	ORIANDO	奧蘭多		
19	CMH	COLUMBUS	哥倫布		
20	HNL	HONOLULU	檀香山		

續下頁

承上頁

序號	城市名稱			國家名稱	
	Code代號	全　文	中　文	英　文	中　文
21	ANC	ANCHORAGE	安克拉治	USA	美國
22	BOS	BOSTON	波士頓		
23	CHI	CHICAGO	芝加哥		
29	ATH	ATHENS	雅典	GREECE	希臘
30	HEL	HELSINKI	赫爾辛基	FINLAND	芬蘭
31	STO	STOCKHOLM	斯德哥爾摩	SWEDEN	瑞典
32	OSL	OSLO	奧斯陸	NORWAY	挪威
33	CPH	COPENHAGEN	哥本哈根	DENMARK	丹麥
34	BER	BERLIN	柏林	GERMANY	德國
35	FRA	FRANKFURT	法蘭克福		
36	MUC	MUNICH	慕尼黑		
37	VIE	VIENNA	維也納	AUSTRIA	奧地利
38	ZRH	ZURICH	蘇黎士	SWITZERLAND	瑞士
39	GVA	GENEVA	日內瓦		
40	AMS	AMSTERDAM	阿姆斯特丹	NETHERLAND	荷蘭
41	BRU	BRUSSELS	布魯塞爾	BELGIUM	比利時
42	PAR	PARIS	巴黎	FRANCE	法國
43	ROM	ROME	羅馬	ITALY	義大利
44	MIL	MILAN	米蘭		
45	MAD	MADRID	馬德里	SPAIN	西班牙
46	LON	LONDON	倫敦	UK	英國
47	CAI	CAIRO	開羅	EGYPT	埃及
48	JRS	JERUSALEM	耶路撒冷	ISRAEL	以色列
49	JNB	JOHANNESBURG	約翰尼斯堡	SOUTH AFRICA	南非
50	TPE	TAIPEI	臺北	ROC	中華民國
51	KHH	KAO HSIUNG	高雄		
52	TSA	TAIPEI SUNGSHAN APT	臺北（松山）		
53	RMQ	TAICHUNG	臺中		

第 10 章　代號

續下頁

序號	城市名稱			國家名稱	
	Code代號	全　文	中　文	英　文	中　文
54	SHA	SHANGHAI HONGQIAO	上海虹橋	CHINA	中國
55	PVG	SHANGHAI PUDONG	上海浦東		
56	PEK(BJS)	BEIJING	北京		
57	CSX	CHANGSHA	長沙		
58	CAN	GUANGZHOU	廣州		
59	CTU	CHENGDU	成都		
60	CKG	CHONGQING	重慶		
61	DLC	DALIAN	大連		
62	FOC	FUZHOU	福州		
63	TAO	QINGDAO	青島		
64	SYX	SANYA	三亞		
65	SHE	SHENYANG	瀋陽		
66	SZX	SHENZHEN	深圳		
67	CGO	ZHENGZHOU	鄭州		
68	WNZ	WENZHOU	溫州		
69	WUH	WUHAN	武漢		
70	WUX	WUXI	無錫		
71	XMN	XIAMEN	廈門		
72	XIY	XIAN	西安		
73	YNZ	YANCHENG	鹽城		
74	SEL	SEOUL	首爾	KOREA	韓國
75	TYO	TOKYO	東京	JAPAN	日本
76	OSA	OSAKA	大阪		
77	OKA	OKINAWA	沖繩		
78	SPK	SAPPORO	札幌		
79	MNL	MANILA	馬尼拉	PHILIPPINE	菲律賓
80	HAN	HANOI	河內	VIETNAM	越南
81	SGN	HO CHI MING	胡志明市		

續下頁

承上頁

序號	城市名稱			國家名稱	
	Code代號	全文	中文	英文	中文
82	BKK	BANGKOK	曼谷	THAILAND	泰國
83	CNX	CHIANG MAI	清邁		
84	HKT	PHUKET	普吉島		
85	SIN	SINGAPORE	新加坡	SINGAPORE	新加坡
86	KUL	KUALA LUMPUR	吉隆坡	MALAYSIA	馬來西亞
87	PEN	PENANG	檳城		
88	HKG	HONGKONG	香港	CHINA	中國
89	MFM	MACAU	澳門		
90	JKT	JAKARTA	雅加達	INDONESIA	印尼
91	DPS	DENPASAR	峇里島		
92	SUB	SURABAYA	泗水		
93	CBR	CANBERRA	坎培拉	AUSTRALIA	澳洲
94	SYD	SYDNEY	雪梨		
95	BNE	BRISBANE	布里斯本		
96	AKL	AUCKLAND	奧克蘭	NEW ZEALAND	紐西蘭
97	ROR	KOROR	帛琉	PALAU	帛琉
98	PNH	PHNOM PENH	金邊	CAMBODIA	柬埔寨
99	RGN	YANGON	仰光	MYANMAR	緬甸

第10章 代號

二、機場代號(AIRPORT CODE)

國際航協將每一個機場以三個大寫英文字母來表示機場代號。例如:

1. 臺北(TPE)機場有二座:臺北松山國內機場,代號為TSA;桃園國際機場,代號為TPE或TPE/CKS。

2. 東京(TYO)機場有二座:東京成田機場(Narita Airport),機場代號為NRT;東京羽田機場(Haneda Airport),機場代號為HND。

3. 倫敦(LON)機場有三座:希斯洛機場(Heathrow Airport),代號為LHR;蓋威克機場(Gatwick Airport),代號為LGW;路東機場(Luton Airport),代號為LTN。

4. 紐約(NYC)機場有三座：甘迺迪機場(Kennedy Airport)，代號為JFK（中華航空在此機場起落）；拉瓜地機場(La Guardia Airport)，代號為LGA；紐華克機場(Newark Airport)，代號為EWR（長榮航空原在此機場起落，2011年10月31日起改降落JFK）。

表10-2　機場代號

機場代號	機場英文名稱	機場所在地	國家
TPE	TAIPEI-TAOYUAN	桃園	中華民國
TXG	TAICHUNG	臺中	中華民國
CGK	JAKARTA	雅加達	印尼
LHR	HEATHROW	倫敦	英國
HKG	HONG KONG	香港	中國
HAN	HANOI	河内	越南
PKX	BEIJING-DAXING	北京	中國

第二節 航空公司英文 2 碼代號

「IATA 航空公司代號」(ADC, Airline Designator Code) 是國際航空運輸協會 (IATA) 為全球各航空公司指定的兩個字母的代號,它是由兩個字母組成。

ADC 兩個字母的代號用於預約、時刻表、票務、徵稅、航空提單、公開發布的日程表和航空公司間的無線電通訊,同時也用於航線申請及空中導航呼叫使用。

表10-3　航空公司英文2碼代號

代號	航空公司	國家
AC	加拿大航空 (Air Canada)	加拿大
AE	華信航空 (Mandarin Airlines)	中華民國
AZ	義大利航空 (Alitalia)	義大利
B7	立榮航空 (UNI Airways)	中華民國
BR	長榮航空 (EVA Airways)	中華民國
CA	中國國際航空 (Air China)	中國
CI	中華航空 (China Airlines)	中華民國
CP	加拿大航空 (Canadian Airlines)	加拿大
CX	國泰航空 (Cathay Pacific Airways)	香港
CZ	中國南方航空 (China Southern Airlines)	中國
JL	日本航空 (Japan Airlines)	日本
FE	遠東航空 (Far Eastern Air Transport)	中華民國
FM	上海航空 (Shanghai Airlines)	中國
KE	大韓航空 (Korean Air)	南韓
MF	廈門航空 (Xiamen Airlines)	中國
MH	馬來西亞航空 (Malaysia Airlines)	馬來西亞
NH	全日空 (ANA, All Nippon Airways)	日本
NW	西北航空 (Northwest Airlines)	美國
NX	澳門航空 (Air Macau)	澳門
NZ	紐西蘭航空 (Air New Zealand)	紐西蘭
QF	澳洲航空 (Qantas Airways)	澳洲
SQ	新加坡航空 (Singapore Airlines)	新加坡
TG	泰國國際航空 (Thai Airways)	泰國
UA	聯合航空 (United Airlines)	美國
VN	越南航空 (Vietnam Airlines)	越南

第三節 航空公司英文 3 碼代號

航空公司英文 3 碼代號是國際民用航空組織 (ICAO) 為全球各航空公司指定的三個字母的代碼。這些代碼從 1987 年開始發布。

表10-4 航空公司英文3碼代號

代號	航空公司	國家
AAL	美國航空 (American Airlines)	美國
ACA	加拿大航空 (Canadian Airlines)	加拿大
AFR	法國航空 (Air France)	法國
BAW	英國航空 (British Airways)	英國
CAL	中華航空 (China Airlines)	中華民國
CPA	國泰航空 (Cathay Pacific Airways)	香港
CCA	中國國際航空 (Air China)	中國
EVA	長榮航空 (EVA Airways)	中華民國
JAL	日本航空 (Japan Airlines)	日本
KLM	荷蘭皇家航空 (KLM Royal Dutch Airlines)	荷蘭
SIA	新加坡航空 (Singapore Airlines)	新加坡
SJX	星宇航空 (STARLUX Airlines)	中華民國
UAL	聯合航空 (United Airlines)	美國

第四節　航空公司數字 3 碼代號

Airline Code Numbers(ACN) 或 IATA Prefix：每一家航空公司的數字代號（三碼）。在機票 Airlines code 空白處填入此 3 碼數字代號，以茲區別機票歸屬哪一家航空公司。

表10-5　航空公司數字3碼代號

代號	航空公司	國家
297	中華航空 (China Airlines)	中華民國
695	長榮航空 (EVA Airways)	中華民國
074	荷蘭皇家航空 (KLM Royal Dutch Airlines)	荷蘭
081	澳洲航空 (Qantas Airways)	澳洲
086	紐西蘭航空 (Air New Zealand)	紐西蘭
125	英國航空 (British Airways)	英國
131	日本航空 (Japan Airlines)	日本
160	國泰航空 (Cathay Pacific Airways)	香港
205	全日空航空 (All Nippon Airways)	日本
217	泰國航空 (Thai Airways)	泰國
232	馬來西亞航空 (Malaysia Airlines)	馬來西亞
618	新加坡航空 (Singapore Airlines)	新加坡
781	東方航空 (China Eastern Airlines)	中國
999	中國國際航空 (Air China)	中國

第五節　貨幣代號

機票屬國際通用，為暸解此機票之票價金額及支付之貨幣為何，以代號顯示在機票上。

表10-6　世界各國貨幣代號(Currency code)

地區	貨幣名稱	代號
臺灣	新臺幣元 (New Taiwan dollar)	TWD
中國	人民幣元 (Renminbi)	CNY
香港	港元 (Hong Kong dollar)	HKD
日本	日元 (Japanese yen)	JPY
韓國	韓元 (South Korean won)	KRW
英國	英鎊 (Pound sterling)	GBP
歐盟	歐元 (Euro)	EUR
加拿大	加拿大元 (Canadian dollar)	CAD
美國	美元 (United States dollar)	USD
澳洲	澳元 (Australian dollar)	AUD
紐西蘭	紐西蘭元 (New Zealand dollar)	NZD
泰國	泰銖 (Thai baht)	THB
馬來西亞	令吉 (Malaysian ringgit)	MYR
新加坡	新加坡元 (Singapore dollar)	SGD
汶萊	汶萊元 (Brunei dollar)	BND
印尼	印尼盾 (Indonesian rupiah)	IDR

第六節 世界各國國名代號

在機票開立及電報發送識別碼，以下述國名代號區別。

表10-7 世界各國國名代號(Country code)

代號	英文國名	中文國名
TW	Taiwan	臺灣
CA	Canada	加拿大
CN	China(People`s Rep)	中國
RU	Russian Federation	俄羅斯
US	United States of America	美國
ID	Indonesia	印尼
JP	Japan	日本
PH	Philippines	菲律賓

第七節　機票稅費代號

由於世界各國提供機場設備服務旅客，以往皆在機場直接向旅客收取現金，現已改為在機票開立時直接收取，並由載運之航空公司向機場當局繳納，因此在機票票價計算欄位中將此稅費代號列出。

表10-8　稅費代號(Ticket tax codes)

稅費代號	稅費種類	國家
TW	Int'l Airport Service Charge	中華民國
DE	Security Charge	德國
HK	Airport Passenger Departure Tax	香港
ID	Value Added Tax	印尼
JP	Consumption Tax	日本
PH	Int'l Travel Tax/Alien Head Tax	菲律賓
SG	Passenger Service Charge	新加坡
TS	Domestic Passenger Service Charge	泰國
US	Domestic Transportation Tax/Int'l Arrival Tax/Int'l Departure Tax	美國
XA	Animal and Plant Health Inspection Service (APHIS)Fee	美國
XF	Passenger Facilities Charge	美國
XT	Code used for combined taxes when there are more than three taxes.	若因稅類太多時將非主要其他稅加總
XY	Immigration and Naturalization Service Inspection Fee	美國
YR	War Risk Surcharge 兵險附加費	（非稅）
YQ	Fuel Surcharge 油料附加費	（非稅）

第 11 章　機票種類與使用

第一節　機票種類
第二節　機票使用
第三節　行李
第四節　國內線運送服務
第五節　危險物品簡介

教學目標

1. 瞭解機票類別及票價區分。
2. 機票使用期間及順序。
3. 手提及託運行李的大小及重量限制。

課前導讀

　　本章已進入票務介紹，機票票聯性質、機票類別、艙等類別及機票內容各個欄位說明，其內容非常重要且為外部考試常考，請同學詳細閱讀。

　　在機票使用及行李相關使用規定，與每位旅客之權益相關，應多加注意，考試亦常考相關內容。

第一節　機票種類

一、機票類別

　　目前全球皆已實施電子無實體機票，但仍有極少數使用傳統實體紙票，各種機票類別如下：

1. **手寫式機票(Manual Ticket)**：機票以手寫的方式開發，分為一張、二張或四張搭乘聯等格式。

2. **TAT電腦自動化機票(Transitional Automated Ticket)**：從自動開票機刷出的機票。

3. **ATB電腦自動化機票含登機證(Automated Ticket and Boarding Pass)**：該機票的厚度與信用卡相近，背面有一條磁帶，用以儲存旅客行程的相關資料，縱使遺失機票，亦不易被冒用。

4. **電子機票(Electronic Ticket, ET)**：電子機票是將機票資料儲存在航空公司電腦資料庫中，無需以紙張列印每一航程的機票聯，雖然不是無機票作業，卻合乎環保又可避免實體機票之遺失。旅客至機場只需出示電子機票收據或告知訂位代號即可辦理登機手續（詳細介紹，請見下一章）。

二、機票開出類型

　　航空公司為配票至各分支單位及防止偽造機票，將機票分為專用及中性機票，專用機票係由航空公司賦予特定號碼以資管制及區別；中性機票由 ARC 或 BSP 開出。

（一）航空公司專用機票 (Airlines Dedicated Tickets)

　　航空公司自用或特定代理商（旅行社）使用，有下列各式各樣機票格式（以華航 297 為例）。

表11-1　華航297客票

航空代碼 A/L Code	格式 Form	序列號碼 Serial Number	檢查碼 Check Digit
A. 自動化開票 Transitional Automated Ticket (TAT)（軟紙票）			
297	22xx	xxxxxx	x
297	2400-2459	xxxxxx	x
297	94xx	xxxxxx	x
B. 人工開票 Manual Ticket（軟紙票）			
297	42xx	xxxxxx	x
297	44xx	xxxxxx	x
C. 自動化開票含登機證（硬卡紙票）Automated Ticket/Boarding Pass (ATB2)			
297	21xx	xxxxxx	x
D. 電子機票 Electronic Ticket (E-Ticket)			
297	22xx	xxxxxx	
2. 雜項支出憑證（券）Miscellaneous Charge Order (MCO)			
297	4010	xxxxxx	x
3. 超重行李票 Excess Baggage Tickets			
297	4510、4520	xxxxxx	x
4. 包機票 Collective Ticket (Charter Ticket)			
297	4740	xxxxxx	x

（二）中性機票 (Neutral Tickets)

AirLines code 空白，由代理商 (Agent) 決定開立那家航空公司，即填入航空公司數字 3 碼代號。

1. **ARC機票**(Airline Reporting Corporation Ticket, ARC)：由美國ARC所屬代理商所開立。

2. **BSP機票**(Billing and Settlement Plan Ticket)：IATA BSP所屬代理商所開立。

3. **特定機構或代理商機票**(Tickets Provided by System Provider)：非ARC與BSP但經航空公司授權或訂約之特定機構或代理商所開立之機票。例如：英國及歐洲皆有專售學生票之旅行社（如STW旅行社），可自行印製機票。

三、票聯性質

在實體及無實體機票中，皆存在稽核聯、代理商聯、搭乘聯及旅客存根聯之分，差別只在無實體機票中稽核聯、代理商聯及搭乘聯存在電子檔中，旅客看不到。

（一）稽核聯 (Audit Coupon)

開完票後與報表一同交給會計單位，對航空公司報帳及送交航空公司留存。

（二）代理商聯 (Agent Coupon)

開完票後撕下，代理商公司留存。

（三）搭乘聯 (Flight Coupon)

客人搭乘時使用，From/To航段，必須附著旅客存根聯才為有效票。

（四）旅客存根聯 (Passenger Coupon)

旅客存查及收據使用，僅供報帳或存查用，不能搭乘。

小知識

票聯性質注意事項

1. 機票封面載有旅客運送條款，表示機票是航空公司與旅客之間的一種契約行為，是一份有價證券。
2. 每張搭乘聯確實按照機票上面所列出之起迄點搭乘。國際線機票若第一張搭乘聯未使用，而欲使用後續航段搭乘聯，航空公司將不接受該機票之使用。惟第一張搭乘聯使用後，其餘搭乘聯則可按旅客需要依順序使用或跳用，未使用部分只可辦理退票。
3. 電子機票無票聯只有收據。

四、機票依票價區分

（一）票價類別

1. **普通票價(Normal Fare)**：「普通票」指一般頭等艙(First Class)、商務艙(Business Class)及經濟艙(Economy Class)年票，票價高，但限制少。

2. **折扣票價(Discount Fare)**：「折扣票」指以普通票為打折的票，依身分的差異有不同的折扣，包括：嬰兒、兒童、老人、領隊、代理商優惠票。僅就兒童、嬰兒及同業折扣票說明如下：

   (1) 嬰兒(Infant)

   指2歲以下（以出發日為準）之孩童。訂位代號：NS(No Seat)。

   不占位者，可享票面1折優惠，但需由成人陪伴。免費託運行李10公斤／1件行李；另可攜帶一件可完全折疊之嬰兒推車。一般而言，嬰兒票價為全額票價的10%，但可能依不同航線或不同票種而有不同的折扣。若嬰兒欲占一個位子，則須支付兒童(Child)票價。

若嬰兒在續程已滿二歲時，依民航法規定，基於安全考量凡年滿二歲以上的乘客均需占位。故當嬰兒在續程已滿二歲時，則該航段需占位並支付兒童票票價。

(2) 兒童(Child)

年滿二歲以上且未滿十二歲以下的小孩可購買兒童票（以出發日為準），依據路徑、艙等或票價種類享有票面價75%、67%或50%之優惠。行李規定及限制與成人相同。

(3) 同業折扣票

同業折扣票有以下三種：

① ID折扣票：航空公司職員之員工本人及眷屬所申請，ID90（10%票價）、ID75（25%票價）、ID50（50%票價）。

② AD折扣票：旅行業代理商優惠機票，旅行社員工本人所申請，AD75（25%票價）、AD50（50%票價）。

③ CG折扣票：是旅行社領隊導遊折扣票。

3.**特別票價(Special Fare)**：「特別票」指有停留點、效期、行程、**轉讓**，或使用人身分上限制的票。包括：團體票(Group Fare)、旅遊票(Excursion Fare)、包機、學生票(Group Affinity Ticket)、遊覽票(Inclusive Tour Fare)、商務票等，票價除哩程、經由路線有所差別，亦因「有效期」的長短而有差異，不過特別票通常有限制條件，如可否退票、轉讓、指定出發及回程日期，可否中途停留，有無季節限制等，可依個人需求選擇。

小知識

SD學生票 (Group Affinity Ticket)

「SD學生票」票價通常較旅遊票價低，但需持有「國際學生證ISIC卡」或「GO25青年證」才能購買。SD學生票享有較高的行李托運公斤數，停留效期通常可長達半年或一年，英國STW公司其開立的學生票可使用於各航空公司。

一般可由機票上的「Fare Basis」及「Endorsement」兩欄位中，判定是普通票(Normal) 或特別票 (Special)。基本上，「Fare Basis」、「Endorsement」二欄上限制愈少，表示機票使用限制愈少，價錢也較高；反之，愈便宜的機票，其使用限制就愈多。

（二）期限類別

1. **普通一年期機票(Normal Fare)**：普通一年期機票主要分爲「頭等票」、「商務票」及「經濟票」三種，有效期爲一年。按票面價購入的普通一年期機票，可以要求背書轉換搭乘其他航空公司的航班。一般來說，普通一年期機票票價較高，但沒有太多限制，時間上較易掌握，若預計途中可能隨時改變路線、時間的話，以購買普通一年期機票較好，雖然票價較高，但物有所值，所節省的時間及其靈活可能比購買特價票更划算，且退票時較爲有利。

2. **旅遊機票(Excursion Fare)**：旅遊機票其票價一般比普通一年期機票便宜，但限制較多。例如：只售來回票而不能購買單程，不能更改目的地等，還要在機票有效期限內回程。如臺北到法蘭克福的旅遊機票爲90天內有效，即持票人必須在此限期內回程，否則機票失效。旅遊機票的限制依每一條航線而有不同限制，有些旅遊票亦有「預購日」或「最長使用日」的限制。例如：有限期爲3至90天的，即表示旅客在出發前3日就必須先購票或出發後最少須停留3天，而必須在90天內有效期內回程；購買此種機票時，應該詳細瞭解有效期限，以免機票因過期失效，回程要另行買票，招致損失。

3. **團體機票(Group Fare/Group Inclusive Tour(GV) Fare)**：團體機票是旅行社爲舉辦團體旅行之用。團體機票不能出售予個別旅遊人士，但實際上，某些航線上的特價機票是團體機票，爲透過指定的代理湊票所出售的。購買團體機票時應該注意其有效期及能否退回程票，因爲某些團體票在機票上註明不能退款，如因簽證或其他原因延誤，導致不能出發或回程，則損失很大，必須小心注意。

4. **包機機票(Charter Flight Fare)**：包機機票是旅行社向航空公司包下整架或部分飛機座位，以供旅客搭乘。這類機票的票價及營運限制，均由航空公司或旅行社自行訂定。

（三）艙等類別

機票依艙等類別可分爲「頭等艙」(First Class)、「商務艙」(Business Class)、「經濟艙」(Economy Class or Coach Class)。通常價格以頭等艙最高，其次商務艙，最低爲經濟艙。

當頭等艙、商務艙與經濟艙的旅客皆使用同一艙門上下飛機時，上下飛機的次序依艙等而分，如頭等艙的旅客是先上先下，商務艙的旅客次之，最後才輪到經濟艙的旅客。

圖11-1　飛機價格以頭等艙最高，其次商務艙，最低為經濟艙。

第二節　機票使用 [1]

一、機票是一種契約

（一）機票契約

機票是航空公司與機票上所載姓名的旅客之間的運送契約，航空公司只載運持有機票的旅客。

（二）機票要件

旅客除了使用電子機票之外，仍需提出有效之機票，且其機票包括「所搭班機之機票搭乘聯」、「其他未使用的機票搭乘聯」和「旅客存根聯」，否則航空公司不予搭載。

若使用電子機票，旅客需提出明確的身分證明，及儲存於航空公司電腦資料庫中的有效機票，否則航空公司不予搭載。

（三）機票遺失

機票遺失或毀損，開票航空公司得因旅客要求及有效證明，開立新機票以取代之，但酌收手續費。

（四）機票不可轉讓

機票不可轉讓予他人使用。若機票被無權搭乘的人使用或已獲退款，則航空公司對機票權利人不負責任。

二、有效期間

機票的效期為自啟程日起一年有效，若機票未曾使用，則以開票日起算，一年有效；但於開票日起到一年效期最後一天，才開始使用第一航段機票，則自啟程日起一年有效，可到第二年最後一天再使用最後航段；所以最長有效期間為兩年。

效期延長處理情形如下：

1. 旅客在機票有效期內不能搭機，係因航空公司：
   (1) 取消旅客訂妥機位的班機。
   (2) 不飛航班機時刻表上的停留點，此點或是為旅客的啟程點、終點，或是中間停留點。

1　資料來源：中華航空公司機票使用規定。

(3) 不能按班機時刻表飛行班機。

(4) 造成旅客錯失轉接班機。

(5) 改變艙級。

(6) 不能提供已確認的機位。

　　若遇以上情形，則旅客機票的效期可延期至與旅客所購機票上，同艙級的航空公司第一班有空位之班機。

2. 旅客在機票之有效期內訂位時，航空公司不能提供所需之機位，則旅客的機票可根據航空公司的規定延長效期。

3. 若旅客啓程之後在機票的有效期之內，因爲生病而不能旅行時，航空公司得延長機票效期至醫生證明其適於旅行的日期爲止。

4. 若旅客於旅途中死亡，陪伴旅客之親友之機票得排除其最短停留期限要求之規定，而延長效期。

三、票聯使用之順序

1. 航空公司只接受由啓程點依序搭乘班機之機票聯，或電子機票票聯。

2. 國際航線機票，若第一張搭乘聯或電子票聯未曾使用，即開始使用中間航點搭乘聯，航空公司將不接受其機票。

3. 若機票搭乘聯爲OPEN時，亦可根據票價相關的規定及欲搭乘班機的機位狀況接受搭機。

4. 順向行程：以啓程站順道行程至迴轉站，再返回啓程站。

第三節　行李

一、客艙行李[2]

適合攜帶登機的行李視爲客艙行李，包括「手提行李」、「個人物品」、「特殊物品」及「客艙占位行李」。

（一）手提行李限額

不論任何艙等，手提行李之體積包括輪子、把手及側袋，長 × 寬 × 高不可超過 56×36×23 公分（22×14×9 英吋），重量不可超過 7 公斤。

圖11-2　行李尺寸計算

對於超重或過大之手提行李，將改爲託運。如手提行李已超過免費託運行李之額度，將收取超重（件）行李費。每位旅客依搭乘艙等享有免費手提行李如表 5-2。

表11-2　免費手提行李

艙　等	可攜件數	手提行李限制及尺寸	重量限制（每件）
頭等艙	2件	第 1 件：一般手提行李（體積不可超過 56×36×23 公分，22×14×9 英吋）。 第 2 件：一般手提行李或航空西裝袋（折疊後之厚度不可超過 20 公分）	7kg
商務艙	2件	第 1 件：為一般手提行李（體積不可超過 56x36x23 公分，22x14x9 英吋） 第 2 件：為航空西裝袋（折疊後之厚度不可超過 20 公分）	7kg
經濟艙	1件	1 件：一般手提行李 56×36×23 公分（22×14×9 英吋）	7kg

2　資料來源：中華航空公司客艙行李規定。

（二）個人物品

除了上述手提行李外，每位旅客尚可免費攜帶 1 件下列個人物品登機：

1. 手提袋、錢包。

2. 大衣或毛毯。

3. 輕型相機或望遠鏡。

4. 適量之免稅品。

5. 傘具。

6. 手提電腦。

7. 嬰兒於航程中所需之奶瓶及食物等。

8. 航程中之閱讀物。

9. 於機上食用之食物等物品。

（三）特殊物品

旅客因特殊使用或照護目的，於客艙空間許可下可將下列物品放置於座椅上方置物櫃或衣帽間，如超出手提行李尺寸及重量限制，得視客艙空間接受或機邊託運。

1. 手杖/拐杖。

2. 助行設備。

3. 義肢。

4. 醫療器材或輔助用品。

5. 兒童安全座椅。

6. 嬰兒籃、兒車。

為了飛航安全之考量，所有銳利物品必須放入託運行李內（包括任何類型的剪刀、金屬製的指甲銼、剪刀、鑷子等）。如發現攜帶任何以上物品於客艙手提行李內，有可能延遲送達或由機場安檢人員予以沒收充公，不獲發還。航空公司將不會對此負任何責任。禁止隨身攜帶也不可放入手提或託運行李的物品：噴霧膠水、打火機或汽油易燃品。

（四）客艙占位行李

　　有時旅客可能需要攜帶不適合託運的大型／貴重／易碎物品。在這種情況下，可以為行李購買一張機票，如此便可以將其放置於艙壁或隔板前或後的座位上。旅客需自行攜帶客艙占位行李上機，並交付予客艙組員執行固定所需之作業程序。

　　訂位時務必告知航空公司客服人員有關客艙行李包裝後之尺寸，以利客服人員確認其尺寸符合該機型收受條件，並安排適當之座椅擺放客艙占位行李，此作業必須於班機起飛前 48 小時內完成。

　　為能辨識手提與客艙行李差異，航空公司地勤人員於報到時會將客艙占位行李掛上行李牌，並安排最先登機及最晚下機。如果客艙占位行李的尺寸或重量超過下表之限制，則必須以託運方式辦理。另外，航空公司保有拒絕承運之權利。

表11-3　客艙占位行李尺寸或重量表

種類	體積限制	重量限制
大件／貴重／易碎品	1. 經裝箱後，於 42×42×70cm 尺寸規範內，可將行李置於座位上，或將樂器（如提琴等）斜置於地板上。 2. 座位或地板尺寸規範請向航空公司查詢。	75 公斤

　　客艙占位行李之其他限制如下：

1. 必須妥善裝箱，而箱子不得為玻璃材質，以避免傷及其他乘客。

2. **每一座位僅可放置一件妥善包裝之客艙占位行李**。如因尺寸寬度超過一個座椅寬度時，旅客最多可購買2個座位（僅限經濟艙座椅）置放一件占位行李，但其重量仍不得超過75公斤。

3. 為避免該物品在飛行中移動，必須為其繫好座椅安全帶。

4. 不得接近或使用安全緊急通道或其他客艙通道。

5. 不能阻擋其他乘客的視線，必須保證其他乘客能看得到安全帶、禁止吸菸或出口標誌。

6. 不得含有危險物品。

7. 必須與持有者在同一個客艙內，並放置在其身旁。

8. 航行中不可更換客艙占位行李之座位。

二、託運行李

（一）託運行李注意事項

1. 使用合適、堅固的行李箱裝妥行李並確定在正常運載的時候不會破損或導致內容物受損。

2. 建議於行李箱外貼妥識別標籤或以英文書寫連絡電話住址之名牌，萬一行李遺失，將可協助航空公司尋回行李。

3. 切莫將易碎物品、易腐壞物品、貴重品及個人重要物品放置於託運行李內，以避免遺失、損壞或延遲送達等情事。

4. 單件託運行李不宜超過32公斤，以避免搬運工人職業傷害，尤其對於起飛及降落於澳洲、紐西蘭、南非、斯里蘭卡、阿拉伯聯合大公國及英國的旅客。這是根據當地職業安全法規而定。

5. 若旅客行程有延伸至他航營運之航點，或搭乘原公司與他航聯營之班機（由他航承載），免費託運行李限額可能有不同規定。

6. 航空公司接受行李託運之後，航空公司需負保管之責，每件行李並需開發行李核對標籤交旅客收執。

7. 託運行李將與旅客同班機運送，但經航空公司認定不能同班機運送時，航空公司將負責該託運行李於次班機有空位時運送。

（二）美國境內行李檢查

根據美國運輸安全管理局 (TSA) 的建議，為便於檢查，乘客所攜帶的行李不要加鎖。對於因為行李加鎖，而必須開鎖執行檢查造成行李箱損害，運輸安全管理局將不負責。如果美國運輸安全管理局檢查員在檢查過程中打開行李，將使用安全密封條將行李封好並貼上通告條碼，以告知行李已被檢查員打開檢查過。

有關美國當局以及運輸安全局的各種規定，請查詢美國 TSA 網站（僅有英文）。特別是旅客攜帶某些特殊行李可能涉及特殊安全規定時（如加壓氣瓶 compressed gas cylinders、彩彈設備 paintball equipment、浮潛設備 scuba equipment 等），除瞭解航空公司的規定外，在出發前先行瀏覽該網站的相關資訊，或直接向該機構詢問。

（三）計重制

1.適用區域：適用於美洲地區／美加屬地以外地區之旅遊行程。若旅客行程有延伸至他航營運之航點，或搭乘原公司與他航聯營之班機（由他航承載），免費託運行李限額可能有不同規定。

2.每人限額

表11-4　免費託運行李重量限額表

艙　等	成人及2歲以上之兒童	嬰兒（2歲以下）	晶鑽卡/翡翠卡/天合聯盟超級精英會員	金卡/天合聯盟精英會員
頭等艙	40 公斤	10 公斤 +1 部摺疊式的嬰兒車	額外 20 公斤	額外 10 公斤
商務艙	30 公斤			
經濟艙	20 公斤			

（四）計件制

1. 適用區域

(1) 適用於往/返美洲地區以及美加屬地之旅遊行程。（若旅客行程有延伸至他航營運之航點，或搭乘原公司與他航聯營之班機，免費託運行李限額可能有不同的規定。）

(2) 旅客所持機票行程（需列於同張機票）中含美洲地區時，其機票上任何兩點皆可適用行李計件制。

(3) 全程搭乘航空公司班機往/返加拿大者，機票行程內含第三區（亞洲地區、西南太平洋地區）時，若旅客停留第三區航段期間未超過兩個月，則仍適用行李計件制。若採用重量制度對本項旅客較有利時，亦可適用重量制度。

2. 每人限額

表11-5　免費託運行李件數限額表[3]

艙等	成人及2歲以上之兒童	晶鑽卡會員①	晶鑽卡會員②	金卡/翡翠卡會員	嬰兒（2歲以下）
頭等艙 商務艙	1. 每人限 2 件。 2. 規定每件長＋寬＋高總和在 158 公分（62 英吋）以內。 3. 每件重量 32 公斤（70 磅）以內。	額外 2 件	額外 1 件	額外 1 件	1. 每人限 1 件。 2. 長＋寬＋高總和 115 公分（45 英吋）。 3. 重量 10 公斤（22 磅）以內。 4. +1 部摺疊式嬰兒車
經濟艙	1. 每人限 2 件。 2. 規定每件長＋寬＋高總和在 158 公分（62 英吋）以內。 3. 兩件行李總和 273 公分（107 英吋）以內。 4. 每件重量 23 公斤（50 磅）以內。	額外 2 件	額外 1 件	額外 1 件	

註：旅客行程如需續接北美洲地區各航空公司時，其免費託運行李限額或有不同之規定，旅客應遵照該續程航空公司之行李規定辦理。

①搭乘華航或華信承載之航班。

②搭乘天合聯盟會員航空公司承載之航班。

三、行李退運

旅客在出發地要求退運行李，必須在行李裝機前提出。如旅客退票，已託運的行李也必須同時退運。以上退運，均應退還已收超重行李費。旅客在中停地點退運行李，該航班未使用航段的已收超重行李費不退。辦理超值申報的行李退運時，在始發地退還已交付的超值申報附加費，在中停地點不退已交付的超值申報附加費。

四、不得以行李託運之物品

旅客不得放置下列物品於其行李中：

1. 非屬行李之物品。

2. 所有可能危及飛機及機上旅客、工作人員及財物的物品，如國際民航組織(ICAO)、國際航空運輸協會(IATA)，以及航空公司規定（該項資料可向航空公司索取）所稱的危險物品。

3. 飛航地區各政府之法律、規定、命令所禁止載運之物品。

3　資料來源：華航網站

第 11 章　機票種類與使用

4. 因物品的重量、大小尺寸及性質如易碎品或易腐敗者，航空公司認為不適於載運之項目：

   (1) 除打獵和運動用的槍械及彈藥之外，都禁止攜帶。但上述槍械及彈藥以託運行李運送時仍需根據航空公司的規定處理。槍械必需取出彈藥，拉上保險栓及妥善的包裝。而彈藥的運送則需依據ICAO及IATA危險物品規則處理。

   (2) 旅客不得將下列物品放在託運行李中，如易碎或易腐敗的物品，金錢、珠寶、貴重金屬、銀器、可轉讓票據、證券或其他貴重物品、商業文件、護照和其他證件或樣品。

   (3) 武器如古董槍械、刀、劍及類似物品，根據航空公司的規定得以託運行李處理，但不得放置於客艙中。

   (4) 若航空公司同意承運限制載運之物品，不論是否為禁止以行李載運之物品，旅客仍需支付運費，且適用限額之責任賠償，並需遵守行李運送條款之規定。

五、拒絕載運權

1. 航空公司得拒載禁止以行李託運之物品。若承運以後始發現上述之物品得不再繼續承運。

2. 航空公司得拒載任何因物品之大小尺寸、形狀、重量或性質不符規定之行李。

3. 除與航空公司事先有安排外，航空公司得將超重行李移至下班飛機運送。

4. 託運行李應適當放置於行李箱或其他容器中，並確定適宜安全運送，否則航空公司得拒絕託運。

六、查驗權

　　基於安全理由，航空公司得要求旅客同意查驗其人身及行李，並且得在其不在場時檢查其行李，以確定旅客是否在其行李中放置所禁止載運之物品，或有未依據規定應事先向航空公司報備之武器彈藥。若旅客不同意此點，航空公司得拒載此位旅客或行李。

七、超重行李

旅客須依據航空公司的規定支付超重／件行李之運費。

1. 計重制收費依據：行李超重計價機制係以超過免費行李部分，以該航線單程經濟艙最高成人票價的1.5%，作爲每公斤超重計算基礎。

2. 計件制收費依據

    (1) 依航空公司公告最新費率表資訊爲主。

    (2) 超重行李費係依據機票啓程點之費率爲基礎。例如：旅客持洛杉磯出發來回臺北之機票，則第一件超重行李費來回程皆爲美金100元。

八、超值申報及費用

1. 旅客之託運行李每公斤價值超過美金20元時，得向航空公司申報價值。航空公司於接受此項申報時，將於以下第2點報值限額內收取適當費用。但隨身行李或其他財物，航空公司不接受申報價值。

2. 除事先特別安排外，航空公司不接受申報價值超過美金2,500元之行李。

3. 申報價值之行李須與他航聯運，而該航不辦理申報價值行李，則航空公司將拒絕此項託運行李之申報價值。

九、行李提取與放行

1. 旅客須於行李抵達終點或轉運點之後，儘快提取託運行李。

2. 唯持有託運行李核對標籤的旅客有權提領該項行李。若無行李核對標籤，但有託運行李票而且用其他方式可辨識行李者，亦可提領該項行李。

3. 若旅客聲明行李所有權，卻不能出示託運行李票，而且也不能根據行李核對標籤來確認行李，則航空公司只能在旅客提供相當的保證，免除航空公司在放行該項行李之後的任何損失、傷害或支出任何費用時，始可提領行李。

4. 持有行李票之人若無異議地接受託運行李，即是證明行李已根據運送條款完好的運達。

十、動物

1. 狗、貓、飼養的鳥類及其他寵物，若適當地放在籠內，並備有健康、接種證明書、入境許可和其他入境、過境國家所需的證件，旅客可事先徵得航空公司同意，並按其規定運送。

2. 若動物被當作行李運送時，則動物及其籠子和食物不得計入免費託運行李之重量/件數中，而需視為超重行李並由旅客支付超重行李費。

3. 視障、聽障或殘障旅客之導引犬及其籠子和食物，則可依據航空公司的規定免費運送，而不計入旅客的免費託運行李之限額內。

4. 旅客需自行負擔動物運送的責任，航空公司始予以載運。動物被拒絕入境或過境任何國家而導致之傷害、損失、生病或死亡，航空公司不負任何責任。

十一、賠償規定

1. 賠償限額

(1) 航空公司對於託運行李的賠償限額為每公斤美元20元，若是隨身行李則每位旅客最高賠償限額為美元400元。若行李的重量沒有登記在機票上的行李欄內，則其託運行李的重量依航空公司各艙等所規定的免費託運行李重量為準。若旅客依據規定辦理其託運行李的超值申報，則航空公司按申報價值負賠償責任。

(2) 依中華民國民用航空法第93條之1規定：託運貨物或登記行李毀損滅失之賠償責任航空器使用人或運送人，就其託運貨物或登記行李之毀損或減失所負之賠償責任，每公斤最高不得超過新臺幣一千元。但託運人託運貨物或行李之性質、價值，於託運前已經向運送人聲明並載明於貨物運送單或客票者，不在此限。

(3) 乘客隨身行李之賠償責任，按實際損害計算。但每一乘客最高不得超過新臺幣二萬元。

　　航空器使用人或運送人因故意或重大過失致前二項所定之損害者，不得主張賠償額之限制責任。

　　前三項規定，於航空貨運承攬業、航空站地勤業或航空貨物集散站經營業為賠償被請求人時，準用之。

2. 賠償免責

航空公司不賠償因旅客行李內放置之物品造成對旅客本身或其行李的損害。任何旅客因其財物導致其他旅客的傷害，或毀損其他旅客的財物或航空公司的財物，該旅客需賠償航空公司因而所遭致的損失及費用。

航空公司對於旅客放置於託運行李中之易碎品或易腐敗品，金錢、珠寶、貴重金屬、銀器、可轉讓票據、證券或其他貴重物品、商業文件、護照和其他證件或樣品之毀損不負賠償責任。

3. 索賠通知

行李託運人應於發現行李毀損後立刻向航空公司申訴，最遲應於收到行李後 7 日內（1 週）為之，若行李遲延送達，至遲亦不得超過旅客收到行李後 21 日內提出申訴，否則航空公司不受理索賠。提出申訴必須以書面並於上述期限內為之。

4. 請求權之消滅時效

若未於飛機抵達終點日起兩年內，或飛機應該抵達的日期或運送停止之日起兩年內提起訴訟，則損害賠償請求權消滅。

5. 華沙公約

對乘客、行李等賠償約定係根據華沙公約 (Warsaw Convention) 所訂定。

第四節　國內線運送服務

前面各節所述皆針對國際線機票使用及運送規定，本節補充說明國內線有關旅客運送服務及規定。

一、機票使用規定

（一）機票規定

機票自開票日起一年內有效，但機票上有特別規定者，依其約定。旅客于機票有效期限及有效期限屆滿後一年內，均得憑機票請求辦理退票還款，逾期未請求辦理退票還款，該機票作廢。

報經民航主管機關同意後，下列機票得訂定逾期作廢之退票限制：

1. 三日（含）以上法定連續假期航班之機票。

2. 應民航主管機關疏運旅客臨時加開班機之機票。

3. 其他經民航主管機關備查之優惠票，其價格未滿全額票價七折者。

（二）不可塗改

機票上旅客姓名欄一經填寫，不得塗改，但開票人誤繕時，應重新開立機票。

機票持用人非票載旅客者，不得登機或行使其他權利。

（三）退票規定

旅客辦理退票時，應至原售票單位辦理退票手續。原售票單位得酌收票面價（或實際售價）百分之十退票費用（退票費用最高不得超過票面價百分之十）。其他經民航主管機關備查之優惠票，於航班出發前辦理退票，原售票單位得酌收票面價百分之二十五退票費用（退票費用最高不得超過票面價百分之二十五）；於航班出發後辦理退票，原售票單位得酌收票面價百分之五十退票費用（退票費用最高不得超過票面價百分之五十）。

旅客于機票有限期限內，除機票上有特別規定依其約定者外，得依下列方式更改航班搭乘日期及班次：

1. 應至原售票單位或航空公司辦理改票手續。

2. 第一次更改航班搭乘日期或班次時免收費用，自第二次改票起，原售票單位或航空公司得于改票時酌收票面價百分之十改票費用（改票費用最高不得超過票面價百分之十）。

　前二項所稱原售票單位，指下列單位：

(1) 向網站購票者，系指透過該網站出售機票之航空公司或旅行社；

(2) 向航空公司購票者，系指實際出售機票航空公司總公司、分公司、辦事處；

(3) 向旅行社購票者，系指實際出售機票旅行社總公司、分公司。

　例外情形：

　表定航班取消時，旅客得要求辦理退、改票，原售票單位不得收取任何費用。

　前項表定航班之取消，如系可歸責於航空公司之事由，致旅客受有損害者，航空公司應負賠償責任。

（四）遺失機票

　旅客遺失機票時，應於機票有效期限內依規定向原售票單位辦理掛失。經航空公司查證該機票未使用時，旅客得請求另行開立或退費。但航空公司得酌收票面價百分之十為手續費（手續費最高不得超過票面價百分之十）。

（五）票價變動

　機票於有效期限內，航空公司調整全額客運票價並經民航主管機關備查者，航空公司與旅客雙方均同意照調整前後機票票面價之差額多退少補。

　前項全額客運票價系指國內航線經濟艙效期一年之無使用限制之票價。

（六）票價優待

　旅客有下列情形之一者得享有搭乘國內線票價優待：

1. 未滿二歲不占位之兒童享有票價免費優待。享免費優待之兒童應由成人陪伴，每位成人以陪伴一名不占位兒童為限。

2. 未滿十二歲之占位兒童享有全額客運票價七五折優待。

3. 年滿六十五歲以上本國人享有全額客運票價五折優待。

4. 本國籍身心障礙者及其必要陪伴者一人，享有全額客運票價五折優待。但應於購票及搭機時出示身心障礙證明。

5. 設籍離島地區居民依「民用航空法」、「離島建設條例」及「離島地區居民航空票價補貼辦法」享有優待票價。

前項優待僅能擇一，不能享有二重以上優待。

二、搭機報到手續

（一）搭機證件

旅客搭機時應攜帶政府機關核發貼有照片之身分證明檔，以備接受檢查核對。 未滿十四歲之兒童，未持有政府機關核發貼有照片之身分證明文件者，得以戶口名簿影本或健保卡（兒童手冊）等能證明身分之文件代替之。

（二）旅客報到

航空公司於班機表定起飛時間前六十分鐘開始受理旅客報到作業，旅客應于班機表定起飛時間前三十分鐘辦妥報到手續。

旅客未于前項時間內完成報到手續者，航空公司得取消其訂位。

（三）選位服務

旅客可於報到時要求選位，航空公司按「先到先選」之原則辦理；然有時基於飛機載重平衡及飛行安全之考慮，或許未能完全符合旅客的需求。

（四）緊急出口座位

航空公司安排緊急出口座位給旅客時，櫃檯服務人員亦會向旅客簡單說明安全門座位需知，必須符合下列選擇標準、並徵得旅客的同意，在緊急狀況下可協助航空公司所交託之工作。

登機後，客艙組員亦會向旅客簡報，若旅客有任何疑慮或無意願就座此類座位，可向航空公司服務人員提出，空服員將隨即幫旅客更換座位。

1. 選擇標準
   (1) 雙臂及雙腿有足夠體能、活動力及機動性。
   (2) 年齡大於 15 歲者。

(3) 無需在他人的協助下就能執行航空公司所賦予之協助事項者。

(4) 瞭解航空公司所提供書面（或圖示）有關緊急撤離之說明或組員口頭指令者。

(5) 沒有視力障礙，能順利執行航空公司所賦予之協助事項者。

(6) 沒有聽力障礙，能順利執行航空公司所賦予之協助事項者。

(7) 能適時地傳遞訊息給其他旅客者。

(8) 無需照顧幼童或其他隨行者。

(9) 不會因執行被賦予之協助事項而遭致傷害。

2. 在緊急狀況發生，而組員無法協助的情形下，就坐於緊急出口座位旅客在航機疏散時，須協助執行下列事項：

(1) 確認並就坐於緊急出口座位。

(2) 能辨識打開緊急出口之裝置、瞭解打開緊急出口之說明及開啟緊急出口。

(3) 遵守組員口頭指引、手勢，以協助機上旅客完成撤離準備。

(4) 確認逃生滑梯是否可正常使用，並協助旅客以逃生滑梯撤離。

(5) 評估、選擇一條安全逃生路徑盡速遠離飛機。

三、行李運送規定

（一）隨身行李

旅客隨身攜帶行李以不超過一件為原則，合計不超過七公斤，每件長寬高不得超過 56 公分 X 36 公分 X 23 公分，超過上述限制者，應改以託運方式運送。

（二）託運行李

經濟艙旅客之免費託運行李額度為十公斤，商務艙旅客之免費託運行李額度為二十公斤，超過時航空公司得另外收費。

託運行李包裝不完整於運送過程中有損壞之虞者，航空公司得拒絕載運該行李。

（三）禁止行李

下列物品禁止手提攜帶或託運上機：

1. 壓縮氣體（無論是否低溫、易燃或有毒）：如罐裝瓦斯、純氧、液態氮、潛水用氧氣瓶。

2. 爆炸性物質：各類槍械彈藥、煙火、爆竹、照明彈等。

3. 腐蝕性物質：如強酸、強鹼、水銀、濕電池等。

4. 易燃性物質：如汽柴油等燃料油、火柴、油漆、稀釋劑、點火器等。

5. 放射性物質。

6. 以安全目的設計的手提箱（內含鋰電池或煙火材料等危險物品）、錢箱等。

7. 氧化物質：如漂白劑（水、粉）、雙氧水等。

8. 毒性及傳染性物質：如殺蟲劑、除草劑、活性濾過性病毒等。

9. 其他危險物品：如磁化物（如磁鐵）及刺激性物品（如防身噴霧器）等及其他經
   民航主管機關公告影響飛航安全之物品。

（四）強制託運行李

　　下列物品如有攜帶必要，應以託運方式處理。

1. 刀劍棍棒類。

2. 髮膠、定型液、醫用含酒精之液態瓶裝物、防蚊液、酒類、非刺激性噴霧器及其
   他不影響飛航安全之物品。但經安檢人員同意者，得置於隨身行李隨身攜帶。

（五）特殊行李

　　為維護飛航安全，旅客不得攜帶或放置武器及危險物品於行李中，違者禁止登
機。但負有特殊任務必須攜帶武器之軍警人員，應依規定由所屬單位主管出具證明
檔，並由攜帶人自動請求查驗，經核符後將所攜帶武器交由航空公司服務人員處理。

（六）攜帶鋰電池搭機

　　由中華民國搭機之旅客，若攜帶鋰電池搭機，必須符合以下之條件：

1. 備用鋰電池必須個別保護避免短路，且不可放置於託運行李中。

2. 無須經航空公司同意之項目：個人使用之可攜式電子裝置（手錶、計算機、照相
   機等）。

3. 必須經航空公司同意之項目：備用鋰電池超過100瓦特-小時但不超過160瓦特小
   時，每人最多可於手提行李中攜帶兩個備用電池。

4. 下列物品內所含的鋰電池，必須符合聯合國「測試和標準手冊」第三部分，38.3節制每項測試要求，並經航空公司同意。

(1) 裝有鋰電池之輪椅或其他他電動行動輔助裝置。

(2) 具有保全裝置之設備。

(3) 可攜式電子醫療裝備。

四、一般服務規定

(一) 客艙禁用

旅客在客艙內，禁止使用任何干擾飛航安全之通訊器材及電子用品（如：行動電話、個人無線電收發報機、各類遙控器、CD 唱盤、調頻收音機等），並應遵守相關安全規定及與機上服務人員合作。

(二) 航班異動

班機時刻表所列之航班時間與航線不得任意變更。如有變更或增減航班時，航空公司應以顯著方式公告。

班機時刻表所定之起飛時間是旅客登機後，飛機艙門關閉之時間，而非班機實際起飛時間。

各航空公司之「班機異常處理機制」，應於各航空公司網站及航站售票櫃檯等顯著處所揭露。

五、賠償條款

(一) 損害賠償

旅客因航空公司之運送遲到而致損害者，航空公司應負賠償之責。但航空公司能證明其遲到系因天候變化、屬非可歸責於航空公司之機件故障、民航主管機關命令約束或其他必要情況者，除另有交易習慣者外，以旅客因遲到而增加支出之必要費用為限。航空公司於確定航空器無法依表定時間起飛，致遲延十五分鐘以上或變更航線、起降地點、取消該班機，致影響旅客權益者，應立即向旅客詳實說明原因及處理方式，並應斟酌旅客需要，適時免費提供下列服務：

1. 必要之通訊。

2. 必要之飲食或膳宿。

3. 必要之禦寒或醫藥急救之物品。

4. 必要之轉機或其他交通工具。

　　航空公司如受限於當地實際情況，無法提供前項服務時，應即向旅客詳實說明原因並提供合理妥善之照顧。

（二）運送糾紛

　　航空公司與旅客雙方發生運送糾紛無法立即解決時，雙方得申請航空站公務主管人員協助調處，並由雙方填寫民用航空旅客離機協議見證表，旅客不得延遲下機，以避免影響後續班機旅客之權益。

　　前項調處系依據「民用航空旅客與航空器運送人運送糾紛調處辦法」之相關規定辦理。

（三）死亡或傷害賠償

　　依中華民國「民用航空法」與「航空客貨損害賠償辦法」規定，航空公司就旅客于航空器中或於上下航空器時，因不可抗力或意外事故致死亡或傷害者，航空器使用人或運送人應負賠償之責。但因可歸責于旅客之故意或過失事由而發生者，得免除或減輕賠償。旅客能證明其受有更大損害得就其損害請求賠償外，航空公司對每一旅客應負之損害賠償金額，依下列標準辦理：

1. 死亡者：新臺幣三百萬元整。

2. 重傷者：新臺幣一百五十萬元整。（所稱重傷，依刑法第十條第四項規定。）

　　旅客非死亡或重傷者，其賠償金額依實際損害計算，但最高不得超過新臺幣一百五十萬元整。但第一項之法令，或其他法規關於前一項賠償金額之規定有變動時，依該規定之變動比例調整之。

　　旅客之死亡或傷害賠償額，有特別書面契約者，依其契約，無特別契約者，依前二項之賠償標準。

（四）行李損害賠償

旅客行李之損害，航空器使用人或運送人應負賠償之責。但因可歸責于旅客之故意或過失事由而發生者，得免除或減輕賠償。旅客能證明其受有更大損害得就其損害請求賠償外，航空公司對每一旅客行李應負之損害賠償金額，依下列標準辦理：

1. 隨身行李：按實際損害計算，但每一旅客最高不超過新臺幣二萬元整。

2. 託運行李：按實際損害計算，但每公斤最高不得超過新臺幣一千元整。

旅客行李損害之賠償額，有特別書面契約者，依其契約，無特別契約者，依前項之賠償標準。

（五）貴重報值行李

旅客如于託運行李中放入錢幣、珠寶、銀器、可轉讓之有價證券、公債、股票、貴重物品、樣品或商業文件等物品於運送途中遭遺失或毀損，航空公司僅能依上條第二項第二款負賠償責任。但航空公司有故意、重大過失，或接受旅客以報值行李方式辦理託運者，不在此限。

（六）易碎品

運送途中如因託運行李中之易碎、易腐等物品所致行李之全部或部分毀損，航空公司不負賠償責任。但旅客能證明航空公司有故意或過失者，不在此限。

（七）遺失行李

航空公司對運送之行李，僅負交付與持（行李）票人之責任，旅客應憑航空公司發給之行李票提領託運行李。

行李票如有遺失，除有急迫情形經旅客提出保證書及確實之證明，航空公司得同意旅客先行提領外，旅客應待二日後（不得逾七日）且無其他旅客提出異議，始可請求交付。對於被他人領走之任何行李，除航空公司能證明其有核對行李票外，應負賠償責任。但旅客必須于當日提出請求。

六、限制特殊旅客搭乘規定

航空公司基於飛航安全考慮，僅得依報經民航主管機關備查之規定，限制下列旅客之搭乘：

1. 身心障礙及傷病旅客。

2. 需特別照顧之孕婦及高齡者。

3. 同行嬰兒、獨行小孩。

4. 被押解之罪犯（含嫌疑犯）。

5. 酩酊者（含吸食麻藥、藥品所致者）。

6. 可能影響旅客、機組員及飛航之安全者。

第五節　危險物品簡介

一、危險物品之分類與標籤

（一）危險物品的定義

危險物品就是對**健康**、**安全**、**財產**與**環境**會造成危害的物質或物品；或是 IATA DGR(IATA Dangerous Goods Regulations) 中的危險物品分類表所列舉的物質或物品。

（二）國內相關法規

為使空運危險物品能安全地運送，並為使危險物品空運作業能符合國際規範，民航局訂定「危險物品空運管理辦法」，明定危險物品識別之相關規定，及非經有關國家豁免否則禁止空運之危險物品，於 97 年 2 月 25 日公布施行，並於 107 年 12 月 10 日修訂。

該項辦法依據「民用航空法 第四十三條第四項條文規定，並參考國際民用航空公約第十八號附約「危險物品空中安全運輸」、國際民航組織 (IACO)「危險物品航空安全運送技術規範」及國際航空運輸協會 (IATA)「危險物品處理規則」規定所擬。

貨主或託運人 (SHIPPER)、航空公司 (OPERATOR) 及航空相關業者之責任，請詳見「危險物品空運管理辦法」、國際民航組織 (IACO)「危險物品航空安全運送技術規範」及國際航空運輸協會 (IATA)「危險物品處理規則」。

（三）危險物品之保安（請參考 IATA DGR 1.6 章節）

處理危險物品相關作業人員，每 2 年必須接受保安訓練，並瞭解相關責任。

二、危險物品的分類

危險貨(物)品種類	危險分組	危險物品之性質	舉例
第一類「爆炸物」Class 1：Explosive	第 1.1 組	具有**巨量爆炸危害**的物質和物品。	火藥
	第 1.2 組	具有**射出危害**，但無巨量爆炸危害的物質和物品。	飛彈
	第 1.3 組	具有射出危害，以及輕微的爆破危害、或者輕微的射出危害，或者兩者皆俱，但無巨量爆炸危害的物質和物品。	燃燒彈
	第 1.4 組	不致引起重大危害的物質和物品。	爆竹
	第 1.5 組	具有巨量爆炸危害，但很不敏感的物質。	爆破用炸藥
	第 1.6 組	無巨量爆炸危害，且**極不敏感**的物品。	

續下頁

危險貨(物)品種類	危險分組	危險物品之性質	舉例
第二類「壓縮的、液化的或受壓溶解的氣體」 Class 2： Flammable gas 50℃時蒸氣壓大於300kPa 或20℃時在 101.3 kPa 標準壓力下完全是氣態物質	第 2.1 組	**易燃**氣體	UN1950 噴劑、乙炔
	第 2.2 組	非易燃、無毒性氣體（一般高壓罐）	UN1002 壓縮空氣
	第 2.3 組	**毒性**氣體	UN1062 溴甲烷
第三類「易燃液體」 Class 3： Flammable liquid	－	第三類危險品沒有更細的分組。 易燃液體指可燃蒸氣之閃火點溫度於閉杯測試 ≦ 60℃，或在開杯測試溫度時 ≦ 65.6℃時，放出易燃蒸氣的液體混合液體、固定的溶液或懸浮液。 本類易燃液體的包裝等級依其閃點與沸點來劃分。詳如 IATA DGR 3.3A 表： | 包裝等級	閃點（閉杯）	初始沸點 | |---|---|---| | I | － | ≦ 35℃ | | II | < 23℃ | > 35℃ | | III | ≧ 23℃ but ≦ 60℃ | | ※ 註：易燃液體的閃點是指，液體釋出的蒸氣與空氣形成一種會起火的混合物時的最低溫度。此性質可以用來衡量液體逸出包裝時，造成爆炸或起火的混合物的風險大小。 黏滯性易燃液體，如漆、琺瑯、顏料、黏著劑等，依據聯合國標準及測試手冊第三部分 32.3 章節之規定辦理。	UN1155 乙醚 I UN1294 甲苯 II UN1223 煤油 III UN1263 顏料
第四類「易燃固體、自燃物質、遇水釋放易燃氣體之物質」 Class 4： Flammable solid	第 4.1 組	在運輸條件下容易燃燒或摩擦可能引燃或助燃的固體；可能發生強烈放熱反應的自我反應物質；不充分稀釋可能發生爆炸的固態減敏爆炸品。 易燃固體、自我反應物質、去敏固體爆炸物。	UN1944 安全火柴
	第 4.2 組	在正常運輸條件下異於自發加熱或與空氣接觸即升溫，從而易於著火的物質。 起火物質、自燃物質。	UN1362 活性碳、白磷、黃磷
	第 4.3 組	與水相互作用易於變成自燃物質或放出危險數量的易燃氣體物質。 遇水釋出易燃氣體之物質，與水作用物質。	UN1418 鎂粉

續下頁

危險貨(物)品種類	危險分組	危險物品之性質	舉例
第五類「氧化物質及有機過氧化物」 Class 5：Oxidizing substances and Organic peroxides	第 5.1 組	氧化物質 本身未必燃燒，但通常因放出氧可能引起或促使其他物質燃燒的物質。這種物品可能含在一種物品內。	UN1498 硝酸鈉 漂白水
	第 5.2 組	有機過氧化物 一種有機物質，可看作過氧化氫的衍生物，有機過氧化物是熱不穩定物質，可能發生放熱自加速分解。	UN1301 有機過氧化物 B 型態
第六類「毒性物質及傳染性物質」 Class 6：Toxic & infections	第 6.1 組	毒性物質 這些物質在吞食、吸入或與皮膚接觸後可能造成死亡或嚴重受傷或損害人體健康。	UN1558 砷 砒霜、農藥
	第 6.2 組	傳染性物質 已知或有理由認為含有病源體的物質，病源體是指會使人或動物感染疾病的微生物（包括細菌、病毒、立克次式體、寄生蟲、真菌）及其他媒介物。	UN3291 醫療廢棄物；濾過性病毒，細菌
第七類「放射性物質」 Class 7：Radioactive material	－	放射性物質 指含有含有放射性核種，且放射性活度超過規定的標準值。	UN2979 鈾、鈽、鐳
第八類「腐蝕性物質」 Class 8：Corrosives	－	腐蝕性物質 經由化學作用，會對皮膚造成不可逆傷害、或在滲漏時會有顯著損壞或實質上損毀其他物質或運輸工具。 於 IATA DGR3.8.2 章節一般分類條款的會對皮膚腐蝕物質或混合物。腐蝕皮膚參照產品會對皮膚產生不可逆損傷，也就是說暴露於物質或混合物會發生於表皮和進入真皮可見壞死。 固體和液體於運輸中會變成液體，被判定不會對皮膚造成腐蝕，，仍必須根據 IATA DGR3.8.3.3.3 章節考慮物質對於金屬表面的潛在腐蝕性。	UN1830 硫酸（含酸超過51%）電池酸液、汞

包裝等級	暴露時間	觀察時間	作用
I	≦ 3 分鐘	≦ 60 分鐘	完好表面厚度完全損壞
II	> 3 分鐘 ≦ 60 分鐘	≦ 14 天	完好表面厚度完全損壞
III	> 60 分鐘 ≦ 4 小時	≦ 14 天	完好表面厚度完全損壞
III	-	-	在 55℃ 年鋁 / 鐵腐蝕率 > 6.25 毫米

續下頁

第 11 章　機票種類與使用

危險貨(物)品種類	危險分組	危險物品之性質	舉例
第九類「其他危險物質或貨（物）品」 Class 9: Miscellaneous dangerous goods	—	其他危險物質或貨（物）品 在空運過程中存在不屬於其他類別危險性的危險物質或物品。 如磁性磁鐵物質、環境危害物質、乾冰、航空管制的固體或液體、鋰電池、升溫物質、基因改造微生物 (GMMOs) 或基因改造生物 (GMOs)、雜項物質或物品（如消費產品、救生器材、引擎等）	UN3268 氣囊模組 UN3082 環境危害物質液體 UN3077 環境危害物質固體

危害物質分類		標貼圖式	說明
類別	組別		
第一類：爆炸物	1.1 類 有整體爆炸危險之物質或物品。 1.2 類 有拋射危險，但無整體爆炸危險之物質或物品。 1.3 類 會引起火災，並有輕微爆炸或拋射危險但無整體爆炸危險之物質或物品。		象徵符號：炸彈爆炸，黑色 背景：橙色 數字「1」置於底角
第一類：爆炸物	1.4 類 無重大危險之物質或物品。		背景：橙色 文字：黑色 數字「1」置於底角
	1.5 類 很不敏感，但有整體爆炸危險之物質或物品。		背景：橙色 文字：黑色 數字「1」置於底角
	1.6 類 極不敏感，且無整體爆炸危險之物質或物品。		背景：橙色 文字：黑色 數字「1」置於底角
第二類：氣體	2.1 類 易燃氣體		象徵符號：火焰，得為白色或黑色 背景：紅色 數字「2」置於底角 象徵符號與類號間註明 "易燃氣體"

續下頁

承上頁

危害物質分類		標貼圖式	說明
類別	組別		
第二類：氣體	2.2 類 非易燃，非毒性氣體		象徵符號：氣體鋼瓶，得為白色或黑色 背景：綠色 數字「2」置於底角 象徵符號與類號間註明"非易燃，非毒性氣體"
第二類：氣體	2.3 類 毒性氣體		象徵符號：骷髏與兩根交叉方腿骨，黑色 背景：白色 數字「2」置於底角 象徵符號與類號間註明"毒性氣體"
第三類：易燃液體	不分組		象徵符號：火焰，得為黑色或白色 背景：紅色 數字「3」置於底角 象徵符號與類號間註明"易燃液體"
第四類：易燃固體	4.1 類 易燃固體		象徵符號：火焰，黑色 背景：白底加七條紅帶 數字「4」置於底角 象徵符號與類號間註明"易燃固體"
自燃物質	4.2 類 自燃物質		象徵符號：火焰，黑色 背景：上半部為白色，下半部紅色 數字「4」置於底角 象徵符號與類號間註明"自燃物質"
遇水釋放易燃氣體之物質	4.3 類 遇水釋放易燃氣體之物質		象徵符號：火焰，得為白色或黑色 背景：藍色 數字「4」置於底角 象徵符號與類號間註明"禁水性物質"

續下頁

第

11

章 機票種類與使用

承上頁

危害物質分類		標貼圖式	說明
類別	組別		
第五類：氧化性物質	5.1 類 氧化性物質		象徵符號：圓圈上一團火焰，黑色 背景：黃色 數字「5.1」置於底角 象徵符號與類組號間註明"氧化性物質"
有機過氧化物	5.2 類 有機過氧化物		象徵符號：圓圈上一團火焰，白色 背景：上半部為紅色，下半部黃色 數字「5.2」置於底角 象徵符號與類組號號間註明"有機過氧化物"
第六類：毒性物質	6.1 類 毒性物質		象徵符號：骷髏與兩根交叉方腿骨，黑色 背景：白色 數字「6」置於底角 象徵符號與類號間註明"毒性物質"
	6.2 類 傳染性物質		象徵符號：三個新月狀組成環狀，黑色。 背景：白色。 類號：數字「6」置於底角。 象徵符號與類號間註明「Infectious Substance」
第七類：放射性物質	放射性物質 I、II、III 分組 可分裂物質		象徵符號：放射線標示。 背景：白色。 類號：數字「7」置於底角。 象徵符號與類號間註明"Radioactive"。
			象徵符號：放射線標示。 背景：上半部黃色，下半部白色，白邊。。 類號：數字「7」置於底角。 象徵符號與類號間註明「Radioactive」。

續下頁

216

危害物質分類		標貼圖式	說明
類別	組別		
			象徵 符號：放射線標示。 背景：上半部黃色，下半部白色，白邊。 類號：數字「7」置於底角。象徵符號與類號間註明「Radioactive」。
第八類： 腐蝕性物質	不分組		象徵符號：液體自兩個玻璃容器濺於手上與金屬上，黑色 背景：上半部為白色，下半部黑色白邊 數字「8」置於底角 象徵符號與類號間註明白色〝腐蝕性物質〞
第九類： 其他危險物	不分組		象徵符號：上半部七條黑色垂直線條 背景：白色 數字「9」置於底角
	鋰電池		象徵符號：上半部七條黑色垂直線條 背景：白色 數字「9」置於底角 下半部有電池火焰標示

三、旅客及組員可攜帶或託運上機之危險物品

項目	危險物品	位置		須經航空公司同意	限制
		託運行李	手提行李		
電池(Batteries)					
1	鋰電池（包括可攜式電子裝置）【Lithium batteries (including portable electronic devices)】	可（限制第 7 點所列者除外）	可	詳見限制第 3 點及第 4 點	1. 電池類型須符合聯合國「測試和標準手冊」第 3 部分，38.3 節 (UN Manual of Tests and Criteria, Part III, section 38.3) 之每項試驗要求； 2. 每個電池須符合下列規定： (1) 鋰金屬電池：鋰含量不得超過 2 公克。 (2) 鋰離子電池：瓦特小時功率不得超過 100 瓦特小時。 3. 每個鋰離子電池之功率大於 100 瓦特小時但不超過 160 瓦特小時者，須經航空公司同意。 4. 每個鋰含量大於 2 公克但不超過 8 公克且用於可攜式醫療電子設備之鋰金屬電池，須經航空公司同意。 5. 內含鋰電池之可攜式電子裝置建議以手提行李方式攜帶，若採託運行李方式運送時： (1) 必須採取措施防止該裝置意外啓動並保護該裝置不被損壞。 (2) 該裝置必須完全關機（不在睡眠或休眠模式）。 6. 能夠產生高熱以致於被驅動時將產生火焰之可攜式電子裝置，其所含之電池和產生熱源之組件必須藉由移除產生熱源之組件、電池或其他組件之方式來加以隔離。 7. 備用鋰電池，包括行動電源： (1) 必須以手提行李方式攜帶。 (2) 備用電池須個別保護避免短路（如放置原廠零售之包裝件中或隔離電極，如於外露/裸露電極上貼上絕緣膠帶或將電池個別放入塑膠袋或保護袋中）。 (3) 配備有鋰電池且電池超過以下規定之行李箱，必須以手提行李方式攜帶，除非鋰電池已從行李箱移除並依據限制第 7 點規定攜帶。 (4) 鋰金屬電池：鋰金屬含量 0.3 公克。 (5) 鋰離子電池：功率 2.7 瓦特小時。 (6) 符合限制第 3 點及第 4 點規定之備用鋰電池，每人攜帶數量不得超過 2 個。

續下頁

承上頁

項目	危險物品	位置		須經航空公司同意	限制
		託運行李	手提行李		
2	非溢漏式電池【Non-spillable batteries】	可	可	否	1. 必須符合特殊條款 A67 規範 (Special Provision A67)。 2. 每一個電池不得超過 12 伏特，亦不得超過 100 瓦特小時。 3. 每一個電池必須藉由有效絕緣裸露之電極，以保護其避免短路。 4. 每人不得攜帶超過 2 個備用電池。 5. 若設備內含電池，則設備必須保護以避免意外啟動，或每一個電池必須斷路及外露 / 裸露電極必須絕緣。
3	以電池為驅動方式之可攜式電子煙霧裝置 (如電子煙、電子雪茄、電子煙斗、個人霧化器、電子式尼古丁遞送系統)【Battery-powered portable electronic smoking devices(eg. e-cigarettes, e-cigs, e-cigars, e-pipes, personal vaporizers, electronic nicotine delivery systems)】	否	可	否	1. 若係以鋰電池為驅動方式，則每一鋰電池必須符合第 1 項限制之第 1、2 及 7 點規定。 2. 裝置及 / 或電池禁止在機上充電。 3. 必須採取避免加熱組件於機上被意外啟動之措施。
4	以電池為驅動方式之行動輔助裝置（例如輪椅）【Battery-powered mobility aids (e.g. wheelchairs)】	可	詳見限制第 4 點	是	1. 限身心障礙、健康或年齡因素而使行動受限或暫時行動不便（如腿骨骨折）的旅客使用。 2. 建議旅客洽所搭乘的航空公司預作安排，並提供行動輔助裝置所安裝電池類型及行動輔助裝置使用說明之資訊 (包括如何將電池絕緣之操作指引)。 3. 若為非溢漏式濕電池： (1) 每一個電池必須符合特殊條款 A67 規範。 (2) 每個人僅能攜帶 1 個備用電池。 4. 若為鋰離子電池 (1) 電池類型須符合聯合國「測試和標準手冊」第 3 部分，38.3 節 (UN Manual of Tests and Criteria, Part III, section 38.3) 之每項試驗要求。 (2) 當行動輔助裝置末有適當保護電池之設計時。 (3) 必須依照製造商之使用說明將電池自裝置移除。 (4) 電池不得超過 300 瓦特小時。

續下頁

第 **11** 章　機票種類與使用

項目	危險物品	位置		須經航空公司同意	限制
		託運行李	手提行李		
					(5) 被移除的電池必須要保護以防止短路（將電極絕緣，如將外露的電極以膠帶絕緣）。 (6) 取出之電池必須保護以避免損壞（如將每個電池放入保護袋中）。 (7) 取出之電池必須放置於客艙中。 (8) 最多僅能攜帶 1 個不超過 300 瓦特小時或 2 個單顆不超過 160 瓦特小時之備用電池；備用電池必須放置於客艙中。
火焰及燃料來源(Flames and fuel sources)					
5	香菸打火機、安全火柴 【Cigarette lighter】 【Small packet of safety matches】	不可	詳見限制第 2 點	否	1. 每人最多限帶 1 個香菸打火機或 1 盒安全火柴。 2. 必須以隨身方式攜帶上機。 3. 不可含有未被吸收之液體燃料（不含液化氣體）。 4. 以鋰電池驅動之香菸打火機，則每一個電池必須符合項目 1 之限制第 1、2 及 7 點與項目 3 之限制第 2、3 點規定。
6	酒精濃度超過 24%但小於等於 70%之飲料 【Alcoholic beverages containing more than 24 percent but not more than 70 percent alcohol by volume】	可	可	否	1. 必須為零售包裝。 2. 每人攜帶的總淨量不得超過 5 公升。 註：酒精濃度不超過 24%則攜帶不受限制。
7	內燃機或燃料電池引擎 【Internal combustion engines or fuel cell engines】	可	不可	否	必須採取措施以消除危險性。更多資訊，請參閱特殊條款 A70 規範。
8	含有燃料之燃料電池芯 【Fuel cells containing fuel】	不可	可	否	1. 燃料電池芯匣 (cartridges) 僅限裝易燃液體、腐蝕性物質、液化易燃氣體、遇水會有反應物質或金屬氫化物之氫氣。 2. 除非可允許安裝備用燃料電池芯匣，否則機上禁止對燃料電池芯進行燃料充填。 3. 任何燃料電池芯及燃料電池芯匣中之燃料量不得超過下列標準： (1) 液體：200 毫升。 (2) 固體：200 公克。 (3) 液化氣體：於非金屬燃料電池芯匣 120 毫升；於金屬之燃料電池芯及燃料電池芯匣 200 毫升。 (4) 金屬氫化物之燃料電池芯或氫氣燃料電池芯匣：水容量等於或少於 120 毫升。

續下頁

項目	危險物品	位置		須經航空公司同意	限制
		託運行李	手提行李		
	備用燃料電池芯匣【Spare fuel cell cartridges】	可	可	否	4. 每個燃料電池芯及燃料電池芯匣必須符合國際電工委員會 (IEC)62282-6-100 Ed. 1（含修訂 1/Amendment 1）之規範，每個燃料電池芯匣上應有製造商認證符合標準之標記，並標明匣中所含燃料之最大數量與類型。 5. 金屬氫化物之氫氣燃料電池芯匣必須符合特殊條款 A162 規範。 6. 每人最多可攜帶 2 個備用燃料電池芯匣。 7. 含有燃料之燃料電池芯僅允許以手提方式上機。 8. 裝置內之燃料電池芯與電池組間之交互作用，必須符合 IEC 62282-6-100 Ed. 1（含修訂 1/Amendment 1）之標準；僅供裝置中電池充電用途之燃料電池芯不允許上機。 9. 可攜式電子裝置於未使用狀態時，燃料電池芯必須是不為電池充電的型態，並應由製造商標示「APPROVED FOR CARRIAGE IN AIRCRAFT CABIN ONLY」之恆久性標記。 10. 除啟運國可要求其他語言之文字外，前述標記建議使用英文。
氣瓶及氣罐內之氣體(Gases in cylinders and cartridges)					
9	供醫療使用的氧氣瓶或氣瓶【Cylinders of oxygen or air required for medical use】	可	可	是	1. 每一個氣瓶毛重不能超過 5 公斤。 2. 裝有氣體之氣瓶、閥和調節器必須要保護好以避免損壞而導致內容物散發。 3. 建議事先安排。 4. 必須填寫機長通知書告知機長氧氣瓶(或氣瓶)數量與裝載於航空器內之位置。
10	供操作義肢用屬危險物品分類 2.2 類之氣罐【Cartridges of Division 2.2 worn for the operation of mechanical limbs】	可	可	否	如果有需要，也允許攜帶具有類似尺寸的備用氣罐，以確保在旅程期間提供足夠的供應。
11	內含於頭髮造型設備中之碳氫化合物氣體氣罐【Cartridge of hydrocarbon gas contained in hair Styling equipment】	可	可	否	1. 每人最多只能攜帶 1 個。 2. 安全蓋必須牢固裝置在加熱元件上。 3. 備用的氣體填充罐，禁止攜帶。

續下頁

第 11 章 機票種類與使用

項目	危險物品	位置		須經航空公司同意	限制
		託運行李	手提行李		
12	填充於可自行充氣膨脹之個人安全裝備（如救生夾克或背心）內之分類 2.2 類無次要危險性氣罐【Cartridges of Division 2.2 with no subsidiary hazard fitted into a self-inflating personal safety device such as a life-jacket or vest】	可	可	是	1. 每人最多限帶 1 個個人安全裝備。 2. 個人安全裝備必須妥適包裝以確保不會被意外啟動。 3. 僅限充氣使用。 4. 裝備最多可裝置 2 個氣罐。 5. 最多攜帶 2 個備用氣罐。
13	非個人安全裝備內所含分類 2.2 類無次要危險性氣罐【Cartridges of Division 2.2 with no subsidiary hazard for other than a self-inflating personal safety device】	可	可	是	1. 每人最多可帶 4 個氣罐。 2. 每個氣罐之水容量不得超過 50 毫升。 註：以二氧化碳而言，水容量 50 毫升的氣罐等同於 28 公克的氣罐 (cartridge)。
14	內含於雪崩救援背包之分類 2.2 類無次要危險性氣瓶或氣罐【Cartridges and cylinders of Division 2.2 with no subsidiary hazard contained in an avalanche rescue backpack】	可	可	是	1. 每人最多攜帶 1 個雪崩救援背包。 2. 救援背包必須妥適包裝以確保不會被意外啟動。 3. 可內裝含有淨重不超過 200 毫克屬危險物品分類 1.4S 類之煙火觸發裝置。 4. 其內含的氣囊必須配備有壓力釋放閥。
放射性物質(Radioactive material)					
15	植入人體的放射性同位素心律調整器或其他醫療裝置【Radioisotopic cardiac pacemakers or other medical devices】	不適用（詳見限制）	不適用（詳見限制）	否	因醫療所需植入於人體內或配掛於人體外部方可攜帶。
水銀(Mercury)					
16	內含水銀之小型醫療或診療用溫度計【Small medical or clinical thermometer which contains mercury】	可	否	否	1. 每人最多限帶 1 支。 2. 必須放置於保護盒內。
其他危險品(Other dangerous goods)					

續下頁

項目	危險物品	位置		須經航空公司同意	限制
		託運行李	手提行李		
17	非放射性物質之醫療用品（含噴劑）、梳妝用品（含噴劑）和分類 2.2 類危險物品且無次要危險性之噴劑【Non-radioactive medicinal articles(including aerosols), toiletry articles(including aerosols)and aerosols in Division 2.2 with no subsidiary hazard】	可	可	否	1. 單一物品不超過淨重 0.5 公斤或淨容量 0.5 公升。 2. 每人可攜帶淨總量不超過 2 公斤或 2 公升（如攜帶 4 個 500 毫升之壓縮噴罐）。 3. 噴劑壓力閥門須由蓋子或其他適合方式加以保護以防止意外洩漏。 4. 噴劑釋放之氣體不得對組員造成極度氣惱或不適，以免妨礙其正確履行職務。
18	乾冰【Dry ice】	可	可	是	1. 每個人最多可攜帶 2.5 公斤。 2. 用於非危險物品之生鮮食品。 3. 包裝必須可以散發乾冰所產生的二氧化碳氣體。 4. 以託運行李運送時，每個包裝必須標示： (1)「乾冰」或「固態二氧化碳」（「DRY ICE」或「CARBON DIOXIDE, SOLID」）。 (2) 乾冰的淨重或其淨重不超過 2.5 公斤之說明。
19	安全包裝且屬分類 1.4S 之彈藥（只限 UN0012 及 UN0014）【Securely packaged cartridges in Division 1.4S(UN0012 or UN0014 only)】	可	否	是	1. 每人僅能攜帶毛重 5 公斤以內。 2. 必須安全包裝。 3. 不得包括含爆裂性或燃燒性之彈藥。 4. 兩名以上旅客所攜帶之彈藥，不得合併為一個或數個包裝件。
20	滲透裝置【Permeation devices】	可	否	否	有關如何包裝校準空氣品質監控設備之滲透裝置，請參見特殊條款 A41 規範。
21	易燃性混合物中不具傳染性之樣本【Non-infectious specimens in flammable solutions】	可	可	否	有關包裝及標示，必須符合特殊條款 A180 規範。
22	冷凍液態氮【Refrigerated liquid nitrogen】	可	可	否	必須包裝於隔熱包裝內（例如真空瓶），此隔熱包裝之設計不得任壓力在容器內累積，且液態氮須完全由多孔物質吸附，以確保不會有任何冷凍液態氮釋出。更多資訊請參考特殊條款 A152 規範。

續下頁

第 11 章 機票種類與使用

項目	危險物品	位置		須經航空公司同意	限制
		託運行李	手提行李		
23	含於保全裝置（例如公文箱、現金箱、現金袋等）之危險物品【Dangerous goods incorporated in security-type equipment, such as attaché cases, cash boxes, cash bags, etc】	可	否	是	保全裝置必須配備能有效防止意外啓動之功能，且該裝置中所含有之危險物品必須符合特殊條款 A178 規範。
24	限禁止化學武器組織 (OPCW) 及政府機關人員可攜帶上機　含有放射性物質之設備（如化學式監測儀或快速警報及識別裝置監測儀）【Instruments containing radioactive material (i.e. chemical agent monitor(CAM)and/or rapid alarm and identification device monitor(RAID-M))】	可	可	是	1. 設備中所含之放射性物質不得超過國際民航組織危險物品航空安全運送技術規範放射性物質安全運送規則表 2-14 例外包裝之活性限制 (Table 2-14. Activity limits for excepted packages)。 2. 須包裝牢固。 3. 僅「禁止化學武器組織 (OPCW)」所屬人員因公務旅行可攜帶。
25	水銀氣壓計或溫度計【A mercurial barometer or mercurial thermometer】	否	可	是	1. 必須由政府氣象局或類似官方機構之代表攜帶。 2. 必須裝進堅固的外包裝中，且內含密封之內襯墊或以堅固防漏及防穿刺材料所製成之袋子，以防止水銀或水銀蒸氣的外洩。 3. 必須填寫機長通知書將氣壓計或溫度計告知機長。

(ICAO TI Part 8/ IATA DGR 2.3A)

備註：

1. 搭乘國際線航班之旅客，手提行李或隨身攜帶上機之液體、膠狀及噴霧類物品容器，不得超過 100 毫升，並須裝於 1 個不超過 1 公升(20×20 公分)大小且可重複密封之透明塑膠夾鍊袋內，所有容器裝於塑膠夾鍊袋內時，塑膠夾鍊袋須可完全密封，且每位旅客限帶一個透明塑膠夾鍊袋。另旅客攜帶旅行中所必要但未符合前述限量規定之嬰兒牛奶(食品)、藥物、糖尿病或其他醫療所須之液體、膠狀及噴霧類物品，須於機場安檢線向內政部警政署航空警察局安全檢查人員申報，並於獲得同意後，始得放於手提行李或隨身攜帶上機。

2. 本表中所述各項危險物品應選擇最適用之條目之限制，例如，電子菸必須符合「以電池為驅動方式之可攜式電子煙霧裝置」項目之限制，而非符合「鋰電池或非溢漏式電池」項目之限制。

3. 包含多種危險物品之項目必須符合所有限制條件，例如旅客及組員可攜帶或託運上機之危險物品表中之第 1 項和第 14 項之限制均適用於內含鋰電池和分類 2.2 類無次要危險性氣瓶或氣罐之雪崩救援背包。

4. 本規範所述特殊條款應詳見最新版國際民航組織之「危險物品航空安全運送技術規範 (Technical Instructions for the Safe Transport of Dangerous Goods by Air)」。

第 12 章　電子機票

第一節 電子機票 (ET)
第二節 機票組成內容
第三節 機票行程類別

教學目標

1. 認識電子機票及其欄位。
2. 機票之組成內容及各種搭機限制條件。
3. 機票行程類別。

課前導讀

　　本章已進入票務介紹，有關電子機票及機票內容各個欄位說明，其內容非常重要且為外部考試常考，請同學詳讀。

　　有關機票行程類別是航空票務入門最基礎觀念，各種票價計算常需判別。

第一節 電子機票(ET)

「電子機票」(ET, Electronic Ticket, E-ticket) 是另一種形式的機票，乘客在櫃檯、透過網站或電話訂購機票之後，訂位系統就會記下訂位紀錄，電子機票就是以電腦紀錄的方式存在。個人電子機票範例如下：以下標示號碼即第二節機票組成內容之欄位。

```
03-4268666 (Office Hours)
0933950220 (After Office Hours)

                        ABACUS ELECTRONIC TICKET
                        PASSENGER ITINERARY/RECEIPT
                              CUSTOMER COPY

Passenger：②           CHENG/CHANGRUEY        Ticket Number：①   2972272446579
DATE：㉗               31JUL12                Issuing Airline：   CHINA AIRLINES
Issuing Agent：㉗       G998ATZ                IATA Number：      34305014
Tour Code：⑭           P0EC                   Name Ref：
Abacus Booking Ref：    CRKAHI                 FOID：
Frequent Flyer No：㉘   CICT7010910            Customer Number：
```

				CITY/TERMINAL STOPOVER CITY	TIME	CLASS/ STATUS	FARE BASIS
DAY	DATE	FLIGHT					
TUE	07AUG ⑧	CI0791 ⑤⑥	DEP	TAIPEI TAOYUAN ③ TERMINAL 1	0825 ⑨	ECONOMY ⑦	YEE1M ⑪
④	07AUG		ARR	HANOI	1035	CONFIRMED ⑩	

CHINA AIRLINES REF：K2C6XN ⑯

NVA：07SEP12 ⑫
BAGGAGE：20K ⑬

FRI	10AUG	VN1123 ⑤⑥	DEP	HANOI ③	1130	ECONOMY	Y
	10AUG		ARR	HO CHI MINH TERMINAL 1	1330	CONFIRMED	

VIETNAM AIRLINES REF：CRKBRK

NVA：07AUG13
BAGGAGE：20K

MON	13AUG	CI0784 ⑤⑥	DEP	HO CHI MINH ③ TERMINAL 2	1745	ECONOMY	YEE1M
	13AUG		ARR	TAIPEI TAOYUAN ⑮ TERMINAL 1	2210	CONFIRMED	

圖12-1　個人電子機票

CHINA AIRLINES REF：K2C6XN

NVB：10AUG12
NVA：07SEP12
BAGGAGE：20K

Form of Payment：　CHECK⑳

Endorsement/Restriction：　NONENDO/NONRERTE㉑

Fare Calculation：　　⑯　TPE CI HAN320.37VN SGN430.00CI TPE320.37NUC1070.74END
　　　　　　　⑮　　　　ROE29.942
　　　　　　　　　　　　8**O/BVLD 04JUL-22AUG12 MAX 3D-1M RFND REISU CHARGE
　　　　　　　　　　　　APPLY
　　　　　　　　　　　　XT543
　　　　　　　　　　　　JC1358YQ

Fare：㉒　　　　　　　　TWD 32061
Taxes/fees/charges：㉓　　TWD 300TW, TWD 63AX, TWD 543JC, TWD 1358YQ
Total：㉔　　　　　　　TWD 34325

Positive identification required for airport check in Notice：
Transportation and other services provided by the carrier are subjected to conditions of contract and other important notices. Please ensure that you have received these notices, and if not, contact the travel agent or issuing carrier to obtain a copy prior to the commencement of your trip.
If the passenger journey involves an ultimate destination or stop in a country other than the country of departure, the Warsaw Convention may be applicable and this convention governs and on most case limits the liability of carriers for death or personal injury and in respect of loss of or damage to baggage.

IATA Ticket Notice：

http：//www.iatatravelcentre.com/e-ticket-notice/General/English/(Subject to change without prior notice)

圖12-1　個人電子機票（續）

團體電子機票範例如圖 12-2。

```
1.CHANG/YUTING MS(ADT)
2.CHEN/SHIHHAN MR(ADT)
3.CHENG/CHANGRUEY MR(ADT)
4.CHIANG/YIKUEI MR(ADT)
5.CHIANG/TZUCHIEN MR(ADT)
6.CHIEN/CHINGYUAN MR(ADT)
7.HSIAO/WEI MR(ADT)
8.HSIEH/YICHUN MS(ADT)
9.HUA/WENCHIN MR(ADT)
10.KUO/MEIKUEI MS(ADT)
11.LAI/WEIYU MR(ADT)
12.LEE/CHIAHSUAN MS(ADT)
13.LIANG/JUICHIH MS(ADT)
14.LIN/CHINGHSU MR(ADT)
15.LIN/HSINYI MS(ADT)
16.LIN/HUNGCHUN MR(ADT)
17.LIN/MIAOHUAN MS(ADT)
18.TAI/PAOKUEI MS(ADT)
19.TSENG/CHUNYUAN MR(ADT)
20. B7 106 G 26JUL 5 TPE DLC HK 19      1635 1920
21. B7 105 G 30JUL 2 DLC TPE HK 19      2020 2300
1.FA PAX 695-2430752698/ETBR/TWD2239/25JUL13/TPEBR0103/34390764/S20-21/P6
2.FA PAX 695-2430752699/ETBR/25JUL13/TPEBR0103/34390764/S20-21/P1
3.FA PAX 695-2430752700/ETBR/25JUL13/TPEBR0103/34390764/S20-21/P3
4.FA PAX 695-2430752701/ETBR/25JUL13/TPEBR0103/34390764/S20-21/P4
5.FA PAX 695-2430752702/ETBR/25JUL13/TPEBR0103/34390764/S20-21/P5
6.FA PAX 695-2430752703/ETBR/25JUL13/TPEBR0103/34390764/S20-21/P7
7.FA PAX 695-2430752704/ETBR/25JUL13/TPEBR0103/34390764/S20-21/P8
8.FA PAX 695-2430752705/ETBR/25JUL13/TPEBR0103/34390764/S20-21/P11
9.FA PAX 695-2430752706/ETBR/25JUL13/TPEBR0103/34390764/S20-21/P16
10.FA PAX 695-2430752707/ETBR/25JUL13/TPEBR0103/34390764/S20-21/P17
11.FA PAX 695-2430752720/ETBR/25JUL13/TPEBR0103/34390764/S20-21/P2
12.FA PAX 695-2430752721/ETBR/25JUL13/TPEBR0103/34390764/S20-21/P9
13.FA PAX 695-2430752722/ETBR/25JUL13/TPEBR0103/34390764/S20-21/P10
14.FA PAX 695-2430752723/ETBR/25JUL13/TPEBR0103/34390764/S20-21/P12
15.FA PAX 695-2430752724/ETBR/25JUL13/TPEBR0103/34390764/S20-21/P13
16.FA PAX 695-2430752725/ETBR/25JUL13/TPEBR0103/34390764/S20-21/P14
17.FA PAX 695-2430752726/ETBR/25JUL13/TPEBR0103/34390764/S20-21/P15
18.FA PAX 695-2430752727/ETBR/25JUL13/TPEBR0103/34390764/S20-21/P18
19.FA PAX 695-2430752728/ETBR/25JUL13/TPEBR0103/34390764/S20-21/P19
1.YANG/JAULIN MR(ADT)
2. B7 106 G 26JUL 5 TPE DLC HK 1       1635 1920
3. B7 105 D 30JUL 2 DLC TPE HK 1       020 2300
1.FA PAX 695-2430752820/ETBR/25JUL13/TPEBR0103/34390764/S2-3/P1
```

圖12-2　團體電子機票

電子機票將機票資料儲存在航空公司電腦資料庫中，無需以紙張列印每一航程的機票聯，合乎環保又可避免實體機票之遺失。旅客至機場只需出示電子機票收據，並告知訂位代號即可辦理登機手續。使用電子機票之優點如下：

1. 開票時，以電話或網路通知及信用卡付款後，電子機票的收據可用傳真或電子郵件自己列印取得。

2. 機票資料存放於電腦中，旅客沒有機票遺失或被竊的風險。

3. 機場辦理登機手續時，客人不會因忘帶機票而延誤。

4. 航空公司不會撕錯票聯。

5. 航空公司可節省相當的人力與機票印製、儲存成本。

6. 減少砍樹、機票傳遞運送耗費及報廢燃燒，有利環保。

7. 減少機票資料庫建立輸入作業成本及提升會計作業效率。

第二節　機票組成內容

電子機票每一個票號，限制最多 4 個航段（Sectors），第 5 個航段起，就需接續另一票號（Conjunction ticket）。機票組成內容包含機票號碼、旅客姓名、行程及各種限制注意事項，說明如下：

一、機票號碼(Ticket Number)

實體機票之「機票號碼」（簡稱：票號）皆為 14 碼（包含檢查號碼）；電子機票之票號為 13 碼（無檢查號碼）。

範例 1.　票號297 4427566591 3之內涵

1. 297：航空公司代號 (Airline Code)。
2. 4：區分機票來源與種類 (Type & Source of Ticket)。
3. 4：機票格式 (Coupon Number)。
4. 27566591：機票序號 (Serial Number)。
5. 3：檢查碼（不計入票號）(Check Digit)。

二、旅客姓名(Name of Passenger)

開票 (Issue Ticket) 時，所有英文字母皆須用大寫字體。不論是訂位或開票，一律 Last Name（又稱 Surname；family name）（姓）在前，First Name（名）在後，名字可用縮寫 (Initial)，再加上稱謂 MR、MRS、MS、ADT、CHD、INF……。

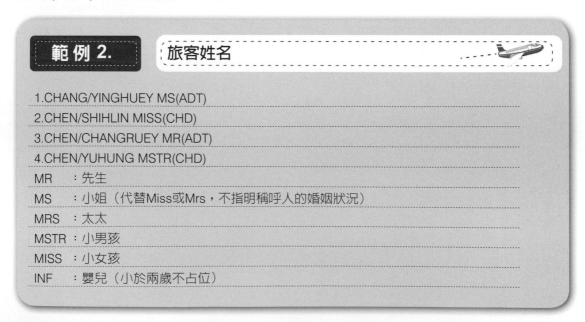

範例 2.　旅客姓名

1. CHANG/YINGHUEY MS(ADT)
2. CHEN/SHIHLIN MISS(CHD)
3. CHEN/CHANGRUEY MR(ADT)
4. CHEN/YUHUNG MSTR(CHD)

MR	：先生
MS	：小姐（代替Miss或Mrs，不指明稱呼人的婚姻狀況）
MRS	：太太
MSTR	：小男孩
MISS	：小女孩
INF	：嬰兒（小於兩歲不占位）

旅客英文全名須與護照、電腦訂位記錄上的英文拼字完全相同（可附加稱號），且一經開立即不可轉讓。

當開票後發現姓名拼法有誤時，航空公司之可能作法：

1. 誤差太大時，必須重開票。

2. 拼音上的小差距，若為一般手寫票或電腦軟票(TAT)，可修改後蓋章戳；若為電腦硬殼票(ATB)，則只能在姓名欄空白處加註Also Name再蓋章戳。訂位紀錄亦須同時更正。

3. 電子機票姓名有誤，必須換票(Reissue)。

三、**From / To行程欄**

按行程順序列出城市全名，若起降為特定機場時，可在 City Name 後加註 Airport Code。例：TOKYO NRT（東京成田）或 TOKYO HND（東京羽田）；若遇到世界上有多個同名的 City 時，開票時須在 City Code 之後加 City 之英文全名，行程欄若有「X」則表示不可停留，必須在 24 小時內轉機至下一個航點。

四、**× / ○轉機或停留**

（一）「×」表示轉機點 (Transfer point)

因行程安排之故，旅客若須於途中城市短暫停留以便接駁航班，以不超過 24 小時為限。打「×」之城市，不可為票價結構斷點，若旅客臨時欲更改為停留點時 (Stopover) 時，票價與規則皆須重新再檢視及計算。

1. 轉機尚代表以下意涵：

   (1) 轉機免簽證(TWOV，Transfer Without VISA)。

   (2) 不可入境（除非持有該地有效簽證）。

   (3) 前後段機位須訂妥完成。

   (4) 須持有下一停留點之有效簽證。

2. 旅客在轉機點(Connecting Points)轉機時分為：

    (1) **本航轉機(Online Transfer)**：旅客前後搭乘同一家航空公司飛機在途中轉機，但為不同班機號碼，此轉機方式稱為「On-line Connection」。

    (2) **他航轉機(Interline Transfer)**：旅客前後搭乘不同家航空公司飛機在途中轉機，此轉機方式稱為「Interline Connection」。

（二）「○」表示 Stopover point（停留點）

「○」可顯示或可不顯示，指旅客停留超過 24 小時的城市。但美國與加拿大的城市凡停留超過 8 小時，即視為停留。

> **小知識**
>
> STPC：轉機超過24小時或夜晚轉機，非自願轉機旅客之食宿由航空公司招待稱為STPC(Stopover Paid by Carriers)。停留點英文為：Stopover Point。轉機點英文為：Transfer Point。

五、航空公司代號(Carrier)

Carrier 表示搭乘航空公司代號（2 碼）。例如：
中華航空代號為 (CI)、長榮航空代號為 (BR)、國泰航空代號為 (CX)。

六、班機號碼(Flight Number)

Flight Number 顯示班機號碼，最少以 3 位數寫法表示，例如：005、012、832。一般航空公司會以個位、十位、百位或千位數來區別其不同區域之飛行航線。

範例 3.　　班機號碼

1. 該日第一班定期班機 TPE → OKA 是 CI 120
2. 該日第二班定期班機 TPE → OKA 是 CI 122

加班機是4位數班機號碼，例如，過年時，OKA 很熱門，航空公司再開加班機如下：

1. 該日第一班加班機 TPE → OKA是 CI 1120
2. 該日第二班加班機 TPE → OKA是 CI 2120

通常東行與北行之班機號碼為偶數，例如：TPE → OKA（琉球）是 CI 120，TPE → LAX 是 CI 006；西行與南行之班機號碼為單數，例如：OKA → TPE 是 CI 121，TPE → SIN 是 CI 751。

七、訂位艙等(Class)

航空公司的艙等一般分為以下三種：

1. **頭等艙(F)**：First Class或F. Class。

2. **商務艙(C)**：Business Class、Executive Class、Dynasty Class，或C. Class（其名稱會因航空公司而異）。

3. **經濟艙(Y)**：Economic Class或Y. Class。

同一個艙等中，航空公司會依照不同的旅客族群與市場需求，訂出不同的票種與票價，因而產生多樣的訂位艙等（RBD，Reservation Booking Designator，訂位代號）。

範例 4.　　**票價等級代號**

1. 頭等艙：全價票(F)、推廣票（買一送一，A）、升等票(U)、免費票(E)。
2. 商務艙：Airbus 340全價票(J)、全價票(C)、推廣票（買一送一，D）、升等票(I)、Airbus 340升等票(R)、免費票(O)。
3. 經濟艙：全價票(Y)、一年內有效票(B)、旅遊票(M)、旅遊票可搭配精緻旅遊(H)、特價票（不能累積哩程、限定航班日期，L/X）、免費票(S)、團體票（不能累積哩程，不能更改航班，V/W/G）、外站開立之回程票(K/N/Q/T/Z)。

圖12-3　商務艙等

圖12-4　經濟艙等

航空公司利用不同的艙等代號 (Class Code) 在電腦中自動控制機位的數量及排位優先順序，愈便宜的票價其訂位艙等的等級愈低，分配之機位數量也較少。

八、出發日期(Date)

日期以數字（兩位數）、月分以英文字母（大寫3碼）組成。例如：9月8日為08SEP。

九、起飛及到達時間(Time、Departure and Arrival)

為當地時間，以24小時制填寫。「A」即AM，「P」即PM，「N」即Noon，「M」即Midnight。例如：0715或715A；1200或12N；1920或720P；2400或12M。

十、電子機票狀態(Status)

有關電子機票狀態說明如下：

1. HK：機位確定(HOLDING CONFIRMED)。

2. HL：機位候補(HOLDING On Waiting List / On Request)。

3. KL：航空公司回覆機位候補完成。

4. PN：需等待航空公司回覆。

5. KK：航空公司回覆確認。

6. RR：已再確認(Reconfirmed)。

7. NS：嬰兒無座位(No Seat)。嬰兒出生滿14天以上才可搭機，並可訂搖籃，但有尺寸限制，一般規定嬰兒需小於6～8個月。

8. SA：空位搭乘之候補票(SUBLO，Subject to Load)，例如：AD/ID票。

9. OPEN：暫無訂位(No reservation)，即航段開放(blank)。

10. EXCH：已換票(exchange)。

11. VOID：已作廢。

12. RFND：已退票(refunded)。

13. USED：已使用。

14. CKIN：已辦理報到手續(check in)。

15. PRTD：已轉印為實體機票(printed)。

16. SUSP：暫停使用(suspend)。

十一、票價基礎欄(Fare Basis)

最多 6 碼,其中第一碼為強制性,其餘可依其適合之條件決定。

1. **第一碼(Prime Code)**:表示艙等(頭等艙、商務艙、經濟艙)。「頭等艙」依各航空公司自訂有P、F、A,「P」表示高級頭等艙、「F」表示頭等艙、「A」表示折扣頭等艙。「商務艙」依各航空公司自訂有J、C、D、I、T、Z等艙,其中J最貴。「經濟艙」依各航空公司自訂有W、S、Y、B、H、K、L、M、N、Q、V等艙,W最貴。

2. **第二碼(Seasonal Code)**:季節性識別碼。H、L等艙,H為旺季(票價最貴)、L為淡季(票價最便宜)、空白代表一般季節。

3. **第三碼(Week Code)**:週末、平日識別碼。「W」為週末、「X」為平日。

4. **第四碼(Day Code)**:日夜識別碼。「N」夜間、空白代表日間。

5. **第五碼(Fare and Passenger Type Code)**:票價及旅客識別碼。

6. **第六碼(Fare Level Identifier)**:票價等級識別碼。「1」為最高,「2」為次高,「3」為最低。

📍 小知識

票價及旅客識別碼相當多,列舉常用者如下:

AD:旅行社員工(Agent employee)	AP或AB:預購票(Advance Purchase)
AN:代理商不可退款票(Agent NonRefundable)	BB或BD:低廉折扣票(Budget Discounted)
BT:大宗包含旅遊票(Bulk Inclusive Tour)	CD:年長票(Senior Citizen)
CG:領隊票(Tour Guide)	CH:孩童票(Child)
DL:勞工票(Labor Discounted)	EE:旅遊票(Excursion)
EM:移居他國移民票(Emigrant)	EX:額外座位票(Extra)
GV:團體廉價票(Group Inclusive Tour)	ID:航空公司員工及眷屬折扣票(Imployee)
IN:嬰兒(Infant)	IP:限時購票(Instant Purchase)
IT:個別旅遊票(Inclusive Tour)	LS:倒數訂位票(Late Booking Fare)
OW:單程(One Way)	OX:單程旅遊票(One way excursion)
PX:套票(旅遊票)(Pex Fare)	RT:來回票(Round Trip)
RW:環球票(Round-the-world)	SC:船員票(Ships Crew)
SD:學生票(Student Fare)	SS:特廉票(Super Saver Fare)
SH:夫妻票(Spouse)	SX:特廉套票(Super Pex Fare)
SZ:擔架額外票(Stretcher)	UM:無伴幼童(Unaccompanied Minor)
UU:空位搭乘票(Standby Fare)	VU:訪美票(Visit USA)
ZZ:青年票(Youth Fare)	

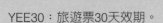

範例 5.　票價基礎欄

YEE30：旅遊票30天效期。

YHE90：旺季旅遊票90天效期。

YGV10：至少10人以上團體票。

Y/CH33：兒童票33% OFF。

YHGV25：至少25人以上旺季(H)團體票。

YLPX6M：淡季(L)6個月效期旅遊票。

YEE3M/CH33：旅遊票3個月效期，兒童，33% OFF。

YLEE21/AD75：淡季21天效期旅遊票，使用者為旅行同業優惠票75% OFF。

小知識

無伴幼童(UM)

所謂「無伴幼童」是符合以下任一條件之幼童：

1. 未滿 12 歲幼童，且無滿十八歲或以上的旅客同行或陪同，而獨自搭乘航班。

2. 不足 5 歲幼童，無滿十八歲旅客陪同搭乘相同艙等。

3. 未滿 12 歲幼童與滿十八歲同機成人旅客之啟程點或目的地不同。

　UM無人陪伴之幼童，為安全考量，航空公司會指派一位空中服務員陪伴全程照顧，因此家長須支付陪從服務費，該陪從服務費在出發3天前支付，航空公司以 MCO 開立。

　客人至機場櫃檯辦理報到時，運務人員會指派專人協助並陪同 UM 過安檢及海關送至機上，將 UM專用信封袋轉交陪從空服員。

　至目的地後，陪從空服員將此信封袋轉交給目的地運務員簽收。

　如續程有他航參與時， UM 家長要在啟程站先行與當地總代理(GSA)聯絡，查清是否接受及其他注意事項。

表12-1　華航無伴幼童(UM)收費表

無伴幼童年齡	可接受艙等	無伴幼童(UM)票價	陪從者 (ATTENDANT)收費
未滿 3 個月	無	無	無
3 個月至未滿 3 歲	經濟客艙	依照票價資料庫以成人票價的百分比計算。	加上收成人正常單程票價為 UM（陪從）服務費。
3 歲至未滿 5 歲	經濟客艙	依照票價資料庫以成人票價的百分比計算。	加上收成人正常單程票價為 UM（陪從）服務費。
5 歲至未滿 8 歲	經濟客艙	1.依照票價資料庫以成人票價的百分比計算。 2.華夏會員免費獎勵機票，可適用於 UM 旅行。	無
8 歲至未滿 12 歲	商務 / 經濟艙客艙	1.依照票價資料庫以成人票價的百分比計算。 2.華夏會員免費獎勵機票，可適用於 UM 旅行。	無

（詳細請洽各航空公司）　　資料來源：華航網站。

十二、生效期及失效期(Not Valid Before / Not Valid After)

（一）機票效期

1. NVB(Not Valid Before)：指Minimum Stay，在某日之前無效。

   (1) 如放在搭乘聯第一聯之後，則表示預購機票須在某日之後才生效。

   (2) 如放在搭乘聯最後一聯之後，則表示至少須停留天數。

2. NVA(Not Valid After)：指Maximum Stay，在某日之後無效，顯示整張機票的最長效期。

   一般「特別票」(Special Fare) 皆有 Min/Max 效期上的限制；「普通票」(Normal Fare) 則為一年效期（由出發日算起）。當為連續票 (Conjunction Tickets) 時，所有機票皆須列出最長效期。

   當機票票類規定不能隨意更改訂位，或更改訂位須支付額外費用時，訂位日期須在 NVB 及 NVA 欄上顯示的日期之間（即限定日期）。

十三、行李限制(Allow，Baggage Allowance)(PC or KG)

　　託運行李重量及大小等限制，請見第 11 章第 3 節。行李依運送形式分為以下兩種：

1. 隨身手提行李(Hand Baggage or Carry-on Baggage)。

2. 託運行李(Check-in Baggage)：交由航空公司託運的行李，可分為論件制(Piece Concept)及論重制(Weight Concept)。

十四、特殊票價的限制代號(Tour Code)

　　航空公司為區分團體代號或那一條路線，皆會加註特殊票價的限制代號 (Tour Code)。

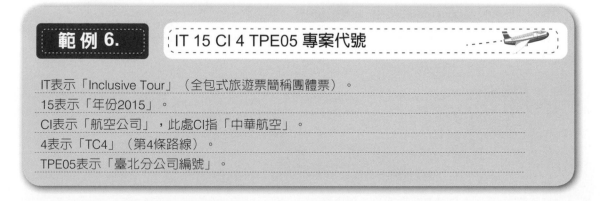

範例 6. | IT 15 CI 4 TPE05 專案代號

IT表示「Inclusive Tour」（全包式旅遊票簡稱團體票）。
15表示「年份2015」。
CI表示「航空公司」，此處CI指「中華航空」。
4表示「TC4」（第4條路線）。
TPE05表示「臺北分公司編號」。

十五、啟程站 / 終站(Origin/Destination)

顯示整個行程的啟程點及終點。

十六、訂位代號(Booking Code)

訂位代號又稱電腦代號。此代號登錄旅客英文姓名、行程、聯絡人資料及開票期限（未開機票者）或機票號碼（持有機票者）；在完成訂位手續時，由航空公司提供給旅客作為快速查詢其訂位資料的代碼。

「訂位代號」(PNR Code，Passenger Name Record) 又稱為 Booking Reference。一般由英文字母或數字所組成 6 位代碼的訂位紀錄，例如：K5M7MQ。

十七、連續票號(Conjunction Tickets)

當旅客之行程無法用一本票開完時，必須用連續的第二本、第三本……機票繼續開出，此時須填寫連續票號，且不可顛倒或跳號。（電子機票與實體票一樣，超過四個航段仍以 Conjunction Ticket number 列出）

十八、原始機票資料(Original Issue)

機票因行程變動而須換票，重新開立新機票稱為「Reissue Ticket」。

Reissue Ticket 時才須填寫原始機票資料。當機票因行程變動而須換票 (Reissue Ticket) 時，在新票上須註明原始機票之相關資料，例如：原票票號、開票地點、日期及開票 Agent 代號 (IATA Code)。

範例 7. Reissue Ticket時才須填寫原始機票資料

例如：6183683215628 TPE12OCT13 3430076。

表示：新票(New ticket)係由新加坡航空618機票換票而來。

十九、替換機票票源(Issued in Exchange for)

　　第二次 Reissue Ticket 時才須填寫替換機票票源。指當改票時，目前新機票的前身。若為第一次改票，則其替換機票即等於其原始機票。

二十、付款方式(Form Of Payment)

　　付款方式 (FOP) 代號，請見表 12-2。

表12-2　付款方式代號

代號	付款方式
CASH	現金支付
CHECK、CK	支票支付
CC	信用卡付款
CC/VI	VISA
CC/CA	MASTER CARD
CC/AX	AMERICAN EXPRESS
CC/JC	JAPAN CREDIT BUREAU
CC/DC	DINERS CLUB

二十一、轉讓／背書欄(Endorsements/Restrictions)

　　若機票有任何限制時，加註於此欄位，常見的限制有以下幾種：

1. 禁止背書轉讓（NON-ENDORSABLE 或 NONENDO）。

2. 禁止退票（NON-REFUNDABLE 或 NONRFND）。

3. 禁止更改行程（NON-REROUTABLE 或 NONRERTE）。

4. 禁止更改訂位（RES. MAY NOT BE CHANGED）。

5. 禁止搭乘的時間（EMBARGO PERIOD...）。

6. 退款僅限（REFUNDABLE ONLY TO...）。

第 **12** 章　電子機票

239

1. 免背書(Free Endorsement)

   航空公司在某些航線會與班次或規模相當之友航,訂立策略聯盟,雙方互免背書接受對方機票搭乘,例如:TPE-HKG各有五班,合計即有十班,班次密度增加,此可增加旅客搭機方便性及營運效益,所以旅客就會優先選擇此二家航空公司,形成類似寡占市場,並透過雙方清帳特別合約,訂定「免背書」之機票種類,免於惡性競爭。

2. 禁止搭乘(Embargo)

   若在機票EN BOX欄註明「SUB TO EMBARGO 22JAN-07FEB」就是subject to embargo from 22JAN to 07FEB(受限於1月22日至2月7日期間禁止搭乘),也就是此期間不能使用此機票。若經過補差價或經授權允許使用,則在機票註寫「WAIVER FROM EMBARGO 22JAN-07FEB」表示「取消禁止搭乘」。

3. 罰款(Penalty)

   「USD xxx PENALTY FOR CANCELLATION OR CHANGE……」:若欲取消機位或更改資料須付罰款xxx。

二十二、票價欄(Fare box)

票價欄一定是顯示啟程國金額。

二十三、稅金欄(Tax box)

行程經過許多國家或城市時,須加付當地政府規定的稅金。

二十四、總額欄(Total)

含稅的總金額。

二十五、票價計算欄(Fare calculation area)

例如:TYO NH TPE904.28/-KHH CI X/TPE NH TYO M926.55NUC1830.83END ROE 95.31241

東京搭乘全日空班機至臺北 904.28/高雄搭華航至臺北(不停留)轉全日空班機至東京 926.55。

二十六、票價構成段(Fare component)

啓程點至第一個票價結構斷點（迄點）或第二個票價結構區起點至第二個票價結構區斷點（迄點），以此類推，形成各個票價構成段。

二十七、開票日與開票地(Date and place of issue)

開票日與開票地點內容如下：航空公司名稱或旅行社名稱、開票日期、年份、開票地點、旅行社或航空公司的序號。

二十八、飛行常客代號(Frequent Flyer No)

即會員卡號碼，長榮航空有綠卡、銀卡、金卡及鑽石卡；華航有華夏卡、金卡、翡翠卡及晶鑽卡。

第三節　機票行程類別

機票行程可分為單向行程、來回行程、環狀行程、開口行程、環球行程、旁岔行程、附加行程及表面行程共八種。

（一）單向行程機票 (OW, One way trip)

「單向行程機票」(OW) 簡稱「單程機票」，指行程係以直線式愈走愈遠，啓程點與終點非同一點。

例如：TPE/HKG/SIN(Y Class) 單向行程愈走愈遠。

圖12-5

（二）來回行程機票 (RT, Round Trip)

「來回行程」機票 (RT) 簡稱「來回機票」，指啓程點與終點同一點，只有二個票價構成段，向外行程 (out bound) 與返回行程 (in bound) 之票價一樣。

例如：TPE-HKG-TPE 或 TPE-HKG-BKK-HKG-TPE。

圖12-6

（三）環狀行程機票 (CT, Circle Trip)

「環狀行程機票」(CT) 指啓程點與終點同一點，二個或二個以上票價構成段，向外行程 (out bound) 與返回行程 (in bound) 票價不一樣。

例如：TPE-HKG-BKK-SIN-KUL-TPE

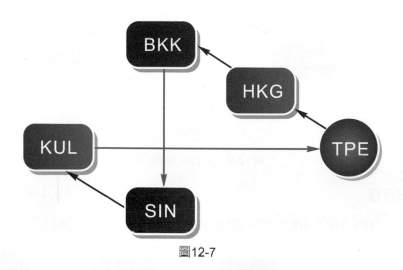

圖12-7

（四）開口行程機票 (OJ, Open Jaw trip)

「開口行程」機票 (OJ) 指啓程點與終點不同一點，向外行程 (out bound) 與返回行程 (in bound) 不一樣，可分爲以下三種類型：

1. 終點單開口行程

例如：TPE-HKG-BKK//SIN-HKG-TPE（單開口行程）。

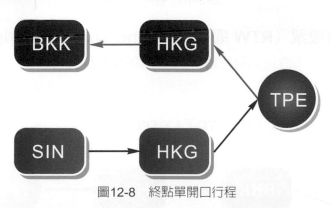

圖12-8　終點單開口行程

2. 啓程點單開口行程

例如：TPE-TYO-SEL-HKG （單開口行程）。

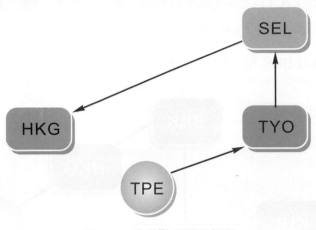

圖12-9　啓程點單開口行程

3. 雙開口行程

例如：TPE-HKG-BKK/SIN//KUL/HKG/KHH（雙開口行程）

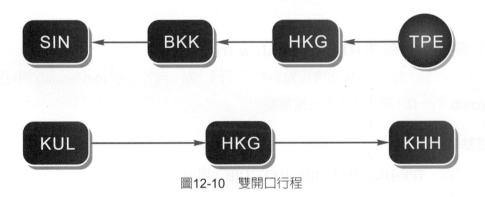

圖12-10　雙開口行程

（五）環球行程機票（RTW 或 RW, Round The World trip）

環球行程機票，指啓程點與終點同一點，以向西或向東環繞地球一周，跨越太平洋與大西洋僅能各一次。

例如：TPE-HKG-BKK-AMS-NYC-LAX-TPE。

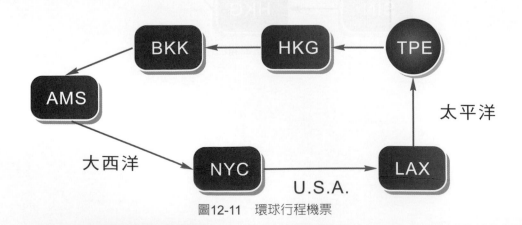

圖12-11　環球行程機票

（六）旁岔行程 (Side Trip)

「旁岔行程」(Side Trip) 是指旅客在中間某點做兩次（含兩次）以上的離開中間點之分支行程。

例如：SHA-CAN-HAN-BKK-HAN-CAN-JKT（上海 / 廣州 / 河內 / 曼谷 / 河內 / 廣州 / 雅加達），其中 CAN-HAN-BKK-HAN-CAN 即為旁岔行程。

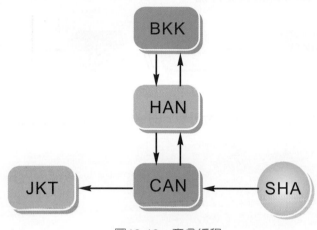

圖12-12　旁岔行程

（七）附加行程 (Add-On)

「附加行程票價」(Add-On trip fare) 是啓程點、目地點（或稱迴轉點）間因無直接票價，而以啓程點、目地點之門戶城市 (Gateway) 兩點間的直接票價，再附加某個金額（通常為國內線金額），成為啓程點、終點間之直接票價，該附加之金額即為附加票價，不得單獨販賣，亦不會出現在機票上。

例如：LAS/LAX/TYO/TPE/KHH/TPE/TYO/LAX/LAS（拉斯維加斯 / 洛杉磯 / 東京 / 臺北 / 高雄 / 臺北 / 東京 / 洛杉磯 / 拉斯維加斯），其中 LAS/LAX 及 LAX/LAS 為啓程點附加行程，TPE/KHH/TPE 為目地點附加行程，主要來回行程為 LAX/TYO/TPE。

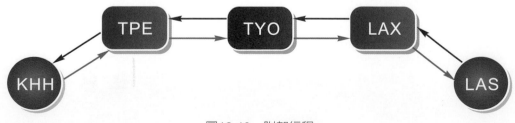

圖12-13　附加行程

（八）表面行程 (Surface)

在行程中間某一段未搭乘飛機，以其他交通工具代替，但此表面行程哩數仍列入全部總哩數計算。

例如：LAX/TYO/BJS//SHA/HKG/BKK（洛杉磯 / 東京 / 北京 // 上海 / 香港 / 曼谷）
中 BJS // SHA 即為表面行程

圖12-14　表面行程

（如表面行程不想列入全部總哩數計算，則票價必須斷開，分段計算）

第 13 章 票價基礎規則（一）

第一節 NUC 及 ROE
第二節 票價選擇準則
第三節 行程型態
第四節 機票開立及銷售指標
第五節 票價哩程系統
第六節 票價計算欄

🎯 教學目標

1. 瞭解機票票價計算單位。
2. 瞭解各種行程型態。
3. 瞭解票價哩程系統以及票價計算欄。

📖 課前導讀

本章從介紹 NUC 開始，讓讀者瞭解機票以何種方式計算票價，配合 ROE 公布作業，依照準則決定採用之票價基準及金額。

機票開立及銷售指標 (ISI, Issuance/Sale Indicators) 共有四種，考試常考。

機票哩程系統中，TPM 及 MPM 相關定義與瞭解，非常重要。

票價計算欄如何書寫，爾後各章將常出現，讀者要深入瞭解其架構與格式。

第一節　NUC 及 ROE

一、中性計價單位(NUC, Neutral Unit of Construction)

NUC 是計算票價的標準單位，以美元為基礎；小數點尾數只取二位，以後無條件捨去。為了便於統一和計算，國際航協引入中性計價單位（目前接近美元匯率）。

國際航空旅行運輸中，旅客票價及其相關費用一般是以運輸出發地國家的貨幣表示，但有些國家因為幣值波動過大（例如：印尼、韓國、菲律賓以及俄羅斯和東歐一些國家），則以美元或歐元作為出發地國家貨幣計算相關費用及表示其票價。

二、換算匯率（ROE 或 IROE，Iata Rate of Exchange）

由於匯率每天皆在變動，航空公司計算票價不可能每天更換，為全球一致及方便清帳作業，ICH（IATA 清算所）根據二月、五月、八月、十一月之該月 15 日的前五營業日，各國貨幣對美元 (USD) 平均收盤匯率價計算出各種貨幣之 ROE，取至小數點第五位數，一年公布 4 次，每次適用 3 個月。

表13-1　ROE適用月分

公布月分	適用月分
2 月	4-6 月
5 月	7-9 月
8 月	10-12 月
11 月	1-3 月

當這段期間某一貨幣變動 10% 時，此一貨幣與中性計價單位 (NUC) 之新 ROE 將再公布，並立即適用。

三、匯率換算方式

NUC 換算為「開票地貨幣」(LCF, Local Currency Fare)，請見式 13-1。

$$NUC \times ROE = LCF \qquad （式 13\text{-}1）$$

LCF 進位方式有以下兩種：

1. **無條件進入，代號「H」**：例如：IDR2,825,364(H100)

    → IDR2,826,000（印尼盾）

2. **四捨五入法，代號「N」**：例如：TWD25,364.35(N1)

    → TWD25,364（臺幣）

    各國之貨幣最小單位皆不同，進位之位數也會有所差異。

範例 1. | NUC換算LCF

NUC 為 1,144.02，臺幣 ROE 為29.51，請問LCF為多少？

ANS：1,144.02 X 29.51 = 33,760 （臺幣）

LCF 換算為 NUC，請見式 13-2。

$$LCF \div ROE = NUC \qquad （式 13-2）$$

範例 2. | LCF換算NUC

票價為臺幣 33,760，臺幣 ROE 為29.51，請問 NUC 為多少？

ANS：TWD 33,760 / 29.51= NUC1,142.02

第二節　票價選擇準則

一、票價選擇準則(Fare selection criteria)

決定一個航段的票價，首先要確定下列因素：

1. 費率類型：飛航的服務艙等，即為一般所謂的經濟艙、商務艙或是頭等艙之服務等級。

2. 全球飛行指標(GI)：計算運價不只根據艙位的艙等，還須根據旅客的旅行方向來判斷費率。

3. 行程：單向行程(one way)或是來回行程(return trip)，如果是單程的就要選擇OW NUC，如是來回行程就要選擇RT NUC。

4. 運送航空：決定主要的運送航空公司，以飛越國外、越洋、TPM（票點哩程）最大、越（三大）區域之航空公司為主運送公司。

二、決定主運送航空規則

當一個航段在同一艙等、同一 GI 的情形下卻有不同的費率，則須檢視在適用的規則下，決定主要的運送航空及採用最低的費率。如何決定主要的運送航空：

1. 選擇飛越太平洋(Trans Pacific)航段之運送航空公司。

2. 選擇飛越大西洋(Trans Atlantic)航段之運送航空公司。

3. 選擇第一個抵達美國/加拿大或是最後離開 Gateway 航段的運送航空公司。

4. 第一個國際航段的運送航空公司費率。

5. 有最高 TPM 的航段運送航空公司費率。

6. 第一個國際航段跨區(TC)的運送航空公司。

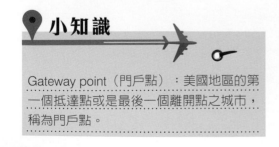

小知識

Gateway point（門戶點）：美國地區的第一個抵達點或是最後一個離開點之城市，稱為門戶點。

第三節　行程型態

一、行程種類(Types of Journey)

行程種類主要分成以下兩類：

1. 來回行程：主要條件為連續行程及來回同一地點。

例如：TPE/HKG/SIN/HKG/TPE(RT)或TPE/TYO/HNL/TPE(CT)。

2. 非來回行程：不符合上述條件。

例如：TPE/LAX(OW)、TPE/HKG//CAN/TPE(OJ)。

二、計價的型態

計算票價首先確認係何種行程，其次決定採用單向行程或 1/2 來回行程的票價，再查票價表或電腦，決定票價。

1. 來回行程：來回行程機票(RT, Round Trip)及環狀行程機票(CT, Circle Trip)，計算票價時採用1/2 Round Trip計算後加總。

2. 非來回行程

(1) 表面(Surface)航段係國內線之開口行程機票(OJ, Open Jaw trip)，計算票價時採用1/2 Round Trip計算後加總。

(2) 單向行程(OW, One Way)及表面(Surface)航段在不同國家之OJ，計算票價時使用單程票價(One Way)計算後加總。

表13-2　行程的型態

1. 來回行程		2. 非來回行程	
A. 連續行程		不符合左邊 A、B 二條件	
B. 啓程點與終點相同		不符合左邊 A、B 二條件	
例：TPE/HKG/BKK/TPE		例：TPE/HKG/KUL//SIN/TPE	
3. 來回票(RT)	4. 環狀行程(CT)	5. OJ	6. OW或OJ
使用 1/2RT 票價	使用 1/2 RT 票價	使用 1/2 RT 票價	使用單程票價
C. 僅 2 個國際票價結構（不含 side trip）	不符合左邊之 C、D 二條件	E. 僅 2 個國際票價結構	不符合左邊之 E、F 二條件
D.Inbound 及 Outbound 相同票價	Inbound 與 Outbound 票價不等	F. 表面 (Surface) 航段係國內線	開口在不同國家
例： TPE HKG　M SIN 572.01 TPE 572.01	例： SEL TYO 207.00 TPE 460.94 SEL 265.00	例： TPE FUK 416.28 // TYO KHH 576.39	例： TPE BKK 734.33 // HKG TPE 396.21

小知識

訂位

　　訂位就像打字，票務才是書的內容，熟悉票務規則，才能替自己及旅客爭取最大利益。

第四節　機票開立及銷售指標

機票開立及銷售指標 (ISI, Issuance/Sale Indicators) 共有四種，介紹如下：

1. SITI（Sale Inside且Ticket Inside）：SITI指銷售與開票在啓程地。例如：旅客在臺北付款，在臺北開票，購買一張臺北到洛杉磯之機票，即為SITI。

2. SITO（Sale Inside且Ticket Outside）：SITO指銷售在啓程地而開票在境外。例如：旅客在臺北付款，在東京開票，購買一張臺北到洛杉磯之機票，即為SITO。

3. SOTI（Sale Outside且Ticket Inside）：SOTI指銷售在境外而開票在啓程地。例如：旅客在香港付款，在臺北開票，購買一張臺北到洛杉磯之機票，即為SOTI。

4. SOTO（Sale Outside且Ticket Outside）：SOTO指銷售與開票都在境外，而啓程地在境內。例如：旅客在曼谷付款，在香港開票，購買一張臺北到洛杉磯之機票，即為SOTO。

表13-3　機票開立及銷售指標

ISI	銷售付款	開票	啓程地	目的地
SITI	臺北	臺北	臺北	洛杉磯
SITO	臺北	東京	臺北	洛杉磯
SOTI	香港	臺北	臺北	洛杉磯
SOTO	曼谷	香港	臺北	洛杉磯

備註：SITO、SOTI、SOTO 已因電子機票施行而日漸稀少。

第五節　票價哩程系統

一、哩程系統(Mileage System)

　　航空公司在旅客航程計算票價時，除必須依「航線圖」(Routing map) 飛行，將旅客停留的城市「票點哩程」數 (TPM，Ticket Point Mileage)，與「最大允許哩程」數 (MPM，Maximum Permitted Mileage) 作比較時，即應用哩程計算原則 (Mileage Principle) 及方法來計算機票，以及作為日後換票支付差額的依據，此種計算方法即稱為哩程系統 (Mileage System)。

　　票價構成段使用哩程系統決定票價者，在票價計算欄中以「M」放在金額之前。其計算基準主要包括以下幾種方法：

（一）票點哩程 (TPM, Ticket Point Mileage)

　　機票城市間兩點哩程距離 (TPM)，標明在旅客機票上「旅客停留或轉機的城市」（Ticket Point），同時亦是用來計算旅客旅行總哩程數的依據。

（二）最大允許哩程 (MPM, Maximum Permitted Mileage)

　　最大允許哩程 (MPM) 是由國際航空運輸協會 (IATA) 根據其第 11 項決議案 (Resolution 11) 所決定。二地間可以使用最大可飛行哩程數，同時在票價書上註明，表示旅客在這段行程中，可以在航程中使用的最大距離。如果旅客搭乘哩數沒有用完，航空公司不予保留，若旅客欲更改航程，則作為更改後因增加哩程數而是否需要補足差額的基準。

（三）超哩程附加費 (EMS, Excess Mileage Surcharge)

　　超哩程附加費 (EMS) 即超過最大可飛行哩程附加費。各航程每段加總之哩數總和 (Total TPM) 超過最大允許哩程 (MPM) 時，就必須按超出哩數的比例收取附加費 (surcharge)。

　　超哩程附加費收取比例自 5% 起計，以五個階段收取額外費用（5%、10%、15%、20% 及 25%），式 13-3。

$$EMS = 〔（\Sigma TPM \div MPM）\times 100\%〕 - 100\% > 0\% \qquad （式 13\text{-}3）$$

範例 3. 　**超哩程附加費**

以下之「超哩程附加費」應以提升至高票價 (HIF) 為被乘數，再乘百分比率為準。

1. 5M超哩程附加費

　說明：Σ TPM超出 MPM 比例 > 0%，≦ 5%，以構成段票價之5%計算。

2. 10M超哩程附加費

　說明：Σ TPM超出 MPM 比例 > 5%，≦ 10%，以構成段票價之10%計算。

3. 15M超哩程附加費

　說明：Σ TPM超出 MPM 比例 > 10%，≦ 15%，以構成段票價之15%計算。

4. 20M超哩程附加費

　說明：Σ TPM超出 MPM 比例 > 15%，≦ 20%，以構成段票價之20%計算。

5. 25M超哩程附加費

　說明：Σ TPM超出 MPM 比例 > 20%，≦ 25%，以構成段票價之25%計算。

6. Σ TPM超出MPM比例 > 25%以上，不得依上述規定附加票價，須斷開另組一個票價構成段。

二、非哩程系統(Non Mileage System)

（一）額外寬減哩數 (EMA, Extra Mileage Allowance)

　　在航空客運票價書 (PAT, Passenger Air Tariff) 中，列舉向 IATA 報備之額外寬減哩數之路線及航點，因頁數眾多無法在此詳列，額外寬減哩數表 (Extra Mileage Allowance Table) 中，具體指定航路 (Specified Routing)，可以扣減多少哩程，給予哩程優惠，旅客依此航程，可獲得較低之 TPM，就可能不會超出 MPM，或 EMS 哩數加價較少，所以此為非哩程系統 (Non-Mileage System) 之旅程路線。

　　EMA 之特定航路可查 PAT General Rules book（航空客運票價書總則篇），以下介紹 EMA 的類型：

1. EMA經由特定點

　　經過特定城市（不管是停留點或轉機點）而有額外寬減哩數時，在票價的計算公式中該城市代號前必須加註符號「E/」。

範例 4. 經過孟買(BOM)，可減少700英哩

行程： DEL AA X / E / BOM BB BKK CC KUL DD MNL

Delhi-X / Munbai-Bangkok-Kuala Lumpur-Manila

德里（印度）－孟買－曼谷－吉隆坡－馬尼拉

說明： 德里(DEL)和馬尼拉(MNL)間的MPM為3,656英哩（請查PAT Worldwide Fares），其TPM總和為4,869英哩，4869÷3656＝1.33，超過 25M，應該要分成兩個票價構成段，但因經過孟買(BOM)，符合EMA table之規定，其 TPM 可減少700英哩，得到其新的TPM為4,169，而在陳述其票價公式時，必須在BOM的城市代號前加註 E/ 的符號，即 E/BOM，表示是經由 BOM 而有額外哩程減免。

2. 經由強制性路線點

當票價結構組成因為經過特定路線，而有額外寬減哩數時，在票價的計算公式中行程結束時必須馬上加註符號「E/AAA」。（註：AAA 代表城市代碼）

範例 5. 經過伊斯蘭馬巴德(ISB)及喀拉蚩(KHI)，可減少700英哩

行程： CAI-ISB-KHI-KUL

開羅－伊斯蘭馬巴德－喀拉蚩－吉隆坡

說明： 由開羅(CAI)至吉隆坡(KUL)一定要經過伊斯蘭馬巴德(ISB)及喀拉蚩(KHI)兩點，額外寬減哩數700英哩。

例如： CAI AA E / ISB BB E / KHI CC KUL

3. 經由非強制性的兩點

在兩個特定城市，中間點非特定，而有額外寬減哩數時，在票價的計算公式中該城市代號前必須加註符號「E/XXX」。

範例 6. 經由布宜諾斯艾利斯(BUE)及卡拉卡斯(CCS)，可減少400英哩

行程： 經由南美任何兩點時額外寬減哩數400哩，符號E/XXX。

Buenos Aires(BUE)-Quito(UIO)-Bogota(BOG)- Caracas(CCS)

布宜諾斯艾利斯－基多－波哥大－卡拉卡斯

說明： 經由布宜諾斯艾利斯(BUE)及卡拉卡斯(CCS)之間額外寬減哩數400哩。

BUE AA UIO BB BOG CC CCS E/XXX M898.00

第六節　票價計算欄

一、書寫格式

1. 票價計算欄(FARE CALCULATION AREA)

範例 7 解說票價書寫格式及注意事項：

範例 7.　　票價書寫格式

TPE ▌ CI ▌ HAN577.17VN ▌ SGN430.00CI ▌ TPE577.17NUC1584.34END ▌ ROE29.6609

臺北—華航—河內—越航—胡志明—華航—臺北

1. 英文名詞單字與英文名詞單字相鄰時要留一個空白格（如上文藍色處）。

2. 數字與數字相鄰時要留一個空白格。

3. 英文名詞單字與數字相鄰時不必留一個空白格。

4. 數字寫到小數第2位。

5. 金額在票價構成段點列出，緊鄰城市代號。

6. 「10M」代表超哩程加價10%，例：10M NYCBUE。

7. 「E/」表示額外寬減哩數，例：CI E/BOM。

8. 「X/」表示不停留。

9. 「B/」表示在這票價點（城市）決定最大哩程數。

10. 「T/」表示此票價點不列入哩程計算。

11. 當兩個票價點之「全球飛行指標」(GI，Global Indicator)超過一個時，以符號（　）表示。例：MOW KL(RU)TYO；MOW KL(EH)TYO（莫斯科—荷航—東京）

12. 表面航段(Surface Sector)，電腦訂位狀況代號「ARNK」。

    (1) 當表面航段不列入哩程計算中，則以「/-」表示。例如：OKA/-NGO。

    (2) 當表面航段列入哩程計算中，則以「//」表示。例如：OKA//NGO。

13. 旁岔行程(Side Trip)：一般屬於國內航段或無直接票價之航點，以符號「*」或括號（　）表示。

    (1) 旁岔行程是來回行程時，

    例：AMS CX HKG6243.24CX TPE Q4.25*CI KHH118.00CI TPE118.00* JL TYO M915.40NUC7398.89END ROE0.76707。（阿姆斯特丹—香港—臺北—高雄—臺北—東京）

    (2) 旁岔行程是單程時，

    例：AMS CX HKG6243.24CX TPE Q4.25*CI KHH118.00/-TPE* JL TYO M915.40NUC7280.89END ROE0.76707。（阿姆斯特丹—香港—臺北—高雄 /—臺北—東京）

二、S附加費

（一）中停點收費 (S, Stopover Charges)

1. 特定點必須收取中停點收費，則該收入歸屬航行至該點之航空公司，票價計算欄在該城市後面加註「S」。

> ### 範例 8.　特定歸屬之S費用置於行程中
>
> 行程：TPE AA NYC BB CHI S10.00CC LAX DD TPE
> 說明：臺北－紐約－芝加哥－洛杉磯－臺北；S10.00歸屬於BB航空公司

（二）中停點附加費分帳

　　若該行程允許 1 次免費停留，若共計停留 4 次，則需加收 3 個停留點費用，假設每個停留點收費 15.00，則將 45.00 列於總 NUC 數之前；先以票價構成段 (Fare component) 先均分 45.00，再由各個票價結購區內之航空公司依「分帳因子」(Prorate factor) 分帳。所謂「分帳因子」即以各航段哩程數為因子權重，依其因子權重比例分配金額。

> ### 範例 9.　共分之S費用置於行程後，NUC前
>
> 行程：NYC AA LAX BB HNL CC TYO DD TPE M1548.00 EE BJS FF CAN GG BKK M758.00
> 　　　HH HKG JJ TYO KK NYC M1685.00 3S 45.00NUC4036.00END ROE1.00000
>
> （紐約－洛杉磯－夏威夷－東京－臺北－北京－廣州－曼谷－香港－東京－紐約）
>
> 說明：此航程分為3個票價構成段：
> 　　　第1個票價構成段：NYC AA LAX BB HNL CC TYO DD TPE
> 　　　第2個票價構成段：TPE EE BJS FF CAN GG BKK
> 　　　第3個票價構成段：BKK HH HKG JJ TYO KK NYC
> 　　　因此每個票價構成段分配到停留點金額為3S45.00÷3＝15.00。
> 　　　DD航空公司TYO-TPE屬於第1個票價構成段，若欲計算其可分得之中停點費用
> 　　　(Stopover charge)多少，再將15.00依分帳因子(Prorate factor)由AA、BB、CC
> 　　　、DD航空公司分帳。

第 14 章 票價基礎規則（二）

第一節 票價計算名詞
第二節 票價檢查－特定航路
第三節 票價檢查－高票價
第四節 票價計算方向

教學目標

1. 瞭解票價計算名詞。
2. 如何檢查高票價。
3. 瞭解票價計算方向。

課前導讀

　　本章各項名詞在爾後計算票價時，將重複出現，讀者必須記憶，在票價檢查中，特別介紹特定航路，其票價固定，且不作哩程系統檢查，而高票價檢查為每一次計算票價時都要做的檢查。

第一節　票價計算名詞

於瞭解票價檢查之前，我們彙整票價計算有關之各專有名詞，請見表 14-1。

表14-1　專有名詞

編號	專有名詞	解釋
1	Fare construction	表示「票價結構」或「票價結構區」。
2	FBP(Fare Break Point)	表示「票價斷點」。
3	Fare construction break point	表示票價結構斷點或票價結構區斷點。
4	FCP(Fare Component Point)	表示「票價構成段點」。（註：2.～4. 意思相同）
5	Fare component	表示「票價構成段」。 啓程點至第一個票價結構斷點或第二個票價結構區起點至第二個票價結構區斷點，以此類推，形成各個票價構成段。
6	Intermediate point	表示「中間點」。 除了啓程點及目地點外，中間出現之票價點。
7	Ticketed point	表示「票價點」，即停留點 (Stopover point)。
8	Scheduled point	表示「班表預定點」。 啓程點至目地點中間之停留點，但非票價點，哩程不列入 TPM 計算。 如 TPE/ANC/NYC 航線中的 ANC
9	Original point	「啓程點」，全部行程的出發點。
10	Final point	「終點」，全部行程的最後一點。
11	Start point	「起點」，票價構成段。
12	End point	「迄點」，票價構成段。
13	Destination point	「目地點」，最遠的點。也稱為「迴轉點」Turnaround(Point)。
14	DF(Direct through Fare)	表示「直接票價」，起點至迄點之票價。
15	Type of Journey	表示「旅程型式」，OW、OJ、RT、CT、RTW。
16	GI(Global Indicator)	表示「全球飛行指標」，PA、AT、AP、TS、PO、EH、WH、RU、FE、PN、SA，請參閱第八章第三節。
17	NUC(Neutral Units of Construction)	表示「中性貨幣單位」，代表票價金額。
18	SR(Specified Routing)	表示「特定航路」，直接使用其哩程數。

續下頁

編號	專有名詞	解釋
19	TPM(Ticketed Point Mileage)	表示「票點哩程」或「實際搭乘航段哩程」。（見第 13 章第 5 節）
20	EMA(Extra Mileage Allowance)	表示「額外寬減哩數」。 從 TPM 中減掉折讓哩程數。
21	MPM(Maximum Permitted Mileage)	表示「最大允許哩程」
22	EMS(Excess Mileage Surcharge)	表示「超哩程附加費」，代號 5M、10M、15M、20M、25M。
23	HIF(Higher Intermediate Fare)	表示「高票價」。 HIF 對應的點為高票價點 (HIP，Higher Intermediate Point)。 在票價購成段起點至中間點票價高過起點至迄點票價，此中間點即為高票價點。
24	AF(Applicable fare)	表示「適合票價」。 票價構成段內直接票價（OW 或 1/2RT）加計高票價 (HIF) 差額及超哩程附加費 (EMS)。
25	TTL NUC(Total Amount)	表示「總金額」。 全部構成段票價及調整金額加總。
26	IROE 或 ROE(IATA Rate of Exchange)	表示「IATA 換算匯率」。
27	LCF(Local Currency Fare)	表示「當地貨幣價格」，有時也稱為「當地銷售價格」(LSF，Local Selling Fare)。
28	ADC(Additional Collection)	表示「額外收費」。以下內容依序排列顯示在票價計算欄中。 「Q」(Surcharge)：附加費。 「S」(Excess Stopovers)：額外停留。 「P」(Premium)：加價。
29	LESS	扣減。 LESS 使用於特定折扣 (Specified discount)。
30	END	表示「結束」，其後緊接「ROE」。
31	YY	表示「班機尚未決定 (Open)」，例如：TPE YY LAX。
32	M	表示「團體 (IT) 加價」或「超哩程加價」或「高票價點票價」。 例：SEL CI TPE CI SIN M/IT MH KUL。
33	COND(Conditions)	表示「條件」。
34	Surcharge	表示「附加費」。 依照超哩程 (5% ～ 25%) 收取。
35	Outbound	表示「向外行程」。 從啓程點至最遠迴轉點（目地點）之行程。

續下頁

票價基礎規則（二） 第 **14** 章

261

編號	專有名詞	解釋
36	Inbound	表示「返回行程」。 從最遠迴轉點（目地點）回到終點之行程。
37	Turnaround point	表示「折回點」或「迴轉點」。
38	TKT(Ticket)	機票簡稱。
39	CF(Component Fare)	構成段票價。
40	BHM(OW，Backhaul Minimum)	表示「最低單程金額」。
41	One way Backhaul plus	表示「單程低價加額」。
42	OLC(One way Lowest Combination)	表示「單程最低組合」。
43	DFUC(Direct fare undercut check)	表示「直接票價最低檢查」。 對於最低組合的全程票價不得低於出發地到目的地（最遠點）的公布直接票價。
44	CTM 檢查 (Circle Trip Minimum Check)	表示「環狀行程最低票價檢查」。 指全程票價不得低於出發地至行程中任意中途點之間的直接來回程票價。如果低於來回程票價，需要提升到這個最低限額。

第二節 票價檢查－特定航路

「特定航路」(Specified Routings) 是指某些符合條件的航路，可以直接使用公布的直接票價，而不必按哩程系統的規定進行超哩程附加費的檢查。

此類特定航路規定於 PAT（Passenger Air Tariff 客運票價書）General Rules book（如表 14-2），使用此類表格時，必須依據城市的排列順序由左至右或是由右經左使用。

表14-2　PAT General Rules book

Between	Via	And
Karachi 喀拉蚩（巴基斯坦）	Bangkok / Manila － Tokyo 曼谷 / 馬尼拉－東京	Seoul 首爾

表 14-2 中符號「－」表示 and 或者 or；符號「/」表示 or。根據表 14-2，「從左至右」解讀為從 Karachi 到 Seoul 經由 Bangkok 或是 Manila 及或是 Tokyo 都可當為特定航路，例如表 14-3。

表14-3　特定航路單程票價及路線

行程	反向行程
KHI-BKK-TYO-SEL NUC1054.73 （喀拉蚩－曼谷－東京－首爾）	SEL-TYO-BKK-KHI NUC1178.15
KHI-BKK-SEL NUC1054.73 （喀拉蚩－曼谷－首爾）	SEL-BKK-KHI NUC1178.15
KHI-TYO-SEL NUC1054.73 （喀拉蚩－曼谷－首爾）	SEL-TYO-KHI NUC1178.15
KHI-MNL-SEL NUC1054.73 （喀拉蚩－馬尼拉－首爾）	SEL-MNL-KHI NUC1178.15
KHI-MNL-TYO-SEL NUC1054.73 （喀拉蚩－馬尼拉－東京－首爾）	SEL-TYO-MNL-KHI NUC1178.15
KHI-SEL NUC1054.73 （喀拉蚩－首爾）	SEL-KHI NUC1178.15

第三節　票價檢查－高票價

高票價 (HIF, Higher Intermediate Fare) 即在高票價點之處所查出之票價。

高票價點檢查 (HIP check, Higher Intermediate Point check) 方法介紹如下：

1. 在同艙級及同條件之票價下作比較。

2. 查出票價構成段起點至票價構成段迄點之票價。

3. 在票價構成段中，依計算方向，尋找高票價點。

   (1) 從原啓程點至每一個中停點(Stopover point)票價（OW如中停點是高票價點，則
       需作Back Haul Check）。

   (2) 每一個中停點至其後的每一個中停點票價。

   (3) 每一個中停點至其後的票價構成段（迄）點票價。

4. 當啓程點與終點爲同一點時，返回行程應由原來的啓程點往票價構成段點方向查
   出票價。

5. 將3.中(1)～(3)找到的每一個票價與2.作比較。

6. 有高票價點之票價構成段應提升至高票價(HIF)計價。

7. 如有超出哩程，則 HIF 亦必須按比例收取超哩程附加費。
   例如：

   GVA KL <u>FRA LH CAI</u> M FRACAI1200.00LH AMS KL GVA M

   1100.00NUC2300.00END

   （日內瓦－法蘭克福－開羅－阿姆斯特丹－日內瓦）

   此例爲環狀行程，其中 FRA-CAI 是高票價航段，高票價區係中間兩點，只須
   提升此票價構成段金額，不必做 CTM 檢查。（見p.216、44）

第四節　票價計算方向

當有高票價 (HIF) 時，且艙級不同 (Class differential)，哩程附加費 (Mileage Surcharge) 依照下述規則計算。

一、單向行程(OW)

票價計算方向（查票價），從啓程點至最遠點或中間之高票價點。

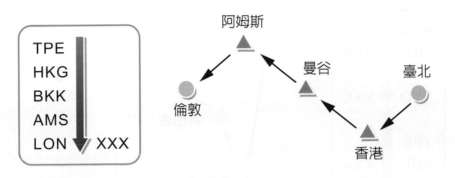

圖14-1　OW票價計算方向

二、來回行程(RT)

票價結構要素中，「啓程點」與「終點」爲同一點或同一國家內，則

1. 向外行程(Outbound)之票價計算方向（查票價），從「啓程點」至「最遠迴轉點（目地點）」。

2. 返回行程(Inbound)之票價計算方向，從「終點」反方向計算至「最遠迴轉點（目地點）」。

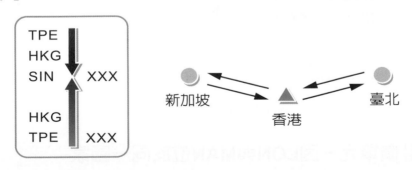

圖14-2　RT票價計算方向

三、環狀行程(CT)

　　票價結構要素中，「啓程點」與「終點」爲同一點或同一國家內，則向外行程 (Outbound) 之票價計算方向（查票價）從啓程點至最遠迴轉點（目地點）；若有三個票價構成段以上，則最後一個票價構成段之返回行程 (Inbound) 票價計算方向，從終點反方向計算至票價結構點（或目地點）。同一國家之不同城市爲啓程點及終點，可視爲同一點；如 KUL 及 PEN。

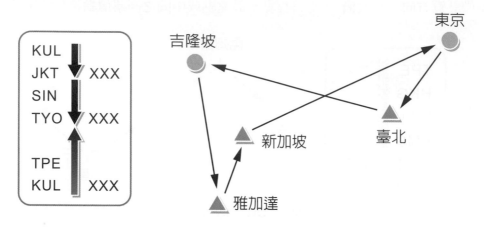

圖14-3　CT票價計算方向

四、開口行程(OJ)

　　票價計算方向（查票價），從啓程點至最遠點或中間之高票價點。

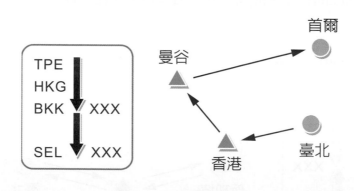

圖14-4　OJ票價計算方向

五、多重計價單元－因LON與MAN位於同一國家

　　當票價結構要素中，「中間點」與「終點」爲同一點或同一國家內，則向外行程 (Outbound) 之票價計算方向（查票價），爲啓程點至最遠迴轉點（目地點）；若有三個以上票價構成段，則最後一個票價構成段之返回行程 (Inbound) 票價計算方向，從終點反方向計算至票價結構點（或目地點）。

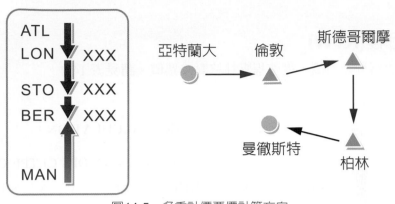

圖14-5　多重計價票價計算方向

六、旁岔行程(Side Trip)－含在同一票價構成段內

　　單向行程中，若旁岔行程 (Side Trip) 之哩程數，未超過 25M 且在同一票價構成段內，則票價計算方向（查票價），從啓程點至最遠點或中間之高票價點。

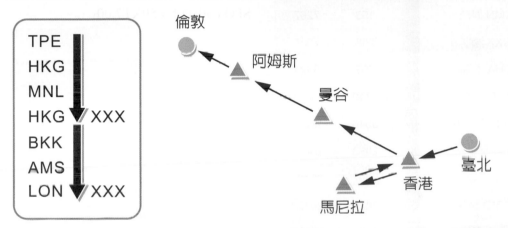

圖14-6　旁岔行程票價計算方向

七、旁岔行程(Side Trip)－獨立計算票價

　　旁岔行程（例如：HKG-BJS-HKG）獨立成一個來回行程之票價構成段，則依來回行程方式及方向計算票價，其餘依照上述規則計算票價（查票價）。

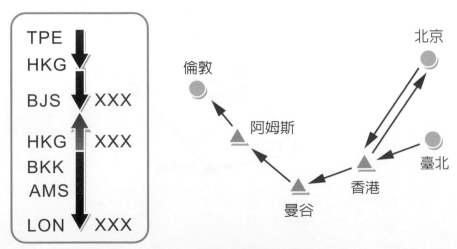

圖14-7　旁岔行程票價計算方向

八、環球行程(RTW)

環球行程之行程及票價，從啓程點往終點查票價。請見表 14-4。

表14-4　RTW 行程票價計算方向

CITY	方向	TPM	CUM
SGN 胡志明市			
SIN 新加坡		679	679
DPS 峇里島		1040	1719
TPE 臺北		2375	4094
BKK 曼谷		1555	5649
KHH 高雄		1425	7074
XMN 廈門		193	7267
SXZ 深圳		298	7565
SHA 上海		759	8324
PAR 巴黎		5746	14070
DTT 底待律		3946	18016
SFO 舊金山		2083	20099
HNL 夏威夷		2397	22496
x/TYO 東京		3831	26327
HKG 香港		1823	28150
SGN 胡志明市		743	28893

FARE CALCULATION：

SGN VN SIN KL DPS CI TPE CI BKK CI KHH MF XMN CZ SXZ MU SHA AF

PAR DL DTT DL SFO Q100.00DL HNL Q100.00DL X/TYO DL HKG VN SGN Q4.25 Q580.00 6679.00 NUC7463.25END ROE1.00XF DTT4.50 SFO4.50HNL4.50XT7.00

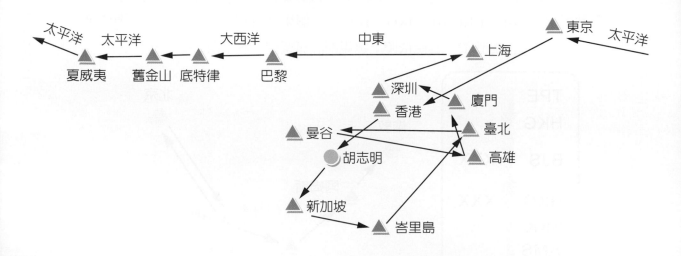

第 15 章　航空機票訂價策略分析

第一節 航空機票訂價因素
第二節 航空機票訂價方法
第三節 航空機票訂價策略

教學目標

1. 瞭解航空機票訂價因素。
2. 瞭解航空機票訂價方法。
3. 瞭解航空機票訂價策略。

課前導讀

　　航空公司訂價的目標是促進銷售，獲取利潤，因此除了要考慮成本的補償，又要考慮消費者對價格的接受能力，從而使訂價策略具有買賣雙方雙向決策的特徵。訂價目標有損益平衡目標、利潤最大化目標、適度利潤目標、銷售額目標、市場占有率目標、穩定價格目標。

　　此外，價格還是市場行銷組合中最靈活的因素，產品價格的合理與否，是決定了購買者是否接受這個產品的關鍵，直接影響市場占有率。

　　航空公司不可能簡單地採用公布票價的基準價進行銷售，而必須考慮多種因素，靈活地運用價格策略實施產品的訂價。

獲取最大利潤是企業生產和經營的最終目的，其基本內涵即「投入與產出」。因此，成本是企業訂價的基礎，它決定著服務價格的最低界限。如果服務的價格低於成本，無法得到應有的回報，企業便無利可圖，最終導致企業倒閉。

　　訂價是市場行銷組合中一個十分關鍵的組成部分，價格通常是影響交易成敗的重要因素，同時又是市場行銷組合中最難以確定的因素。

　　航空公司訂價的目標是促進銷售，獲取利潤，因此除了要考慮成本的補償，又要考慮消費者對價格的接受能力，從而使訂價策略具有買賣雙方雙向決策的特徵。此外，價格還是市場行銷組合中最靈活的因素，產品價格的合理與否，是決定購買者是否接受這項產品的關鍵，直接影響市場占有率。

　　票價是以參考同業價格及本身成本為基礎所確定的價格。但在市場經營中，由於每個企業的成本、消費者的支付能力和支付意願、企業經營目標及競爭環境等多方面條件的不同，航空公司不可能簡單地採用公布票價的基準價進行銷售，而必須考慮多種因素，靈活地運用價格策略實施產品的訂價。

範例 1.　低成本策略

　　美國西南航空是以低成本策略贏得市場，避免與美國各大航空公司的正面交鋒，只開設中短途的點對點的航線，沒有長途航班，更沒有國際航班。時間短，班次密集，高頻率的飛行班次不僅方便了那些每天都要跨越於美國各大城市的旅客，更重要的是，單位成本的降低才是西南航空公司所要追求的市場定位，通過和其他航空公司之間的代碼共用，提供更好的聯運服務。

　　美國西南航空成功地運用低價格策略，打破了美國航空業統一實行民航局批准的高票價規則，成功地實行了雙重票價——高峰票價和離峰票價，並使飛機成為城際間快捷而舒適的「空中巴士」。在低價格中保持優質服務，良好飛機維護和飛行操作標準，並以市場為導向，消除官僚主義，提高管理效率，隨時進行調整。

第一節　航空機票訂價因素

由於航空公司具有多重特性（見第 3 章），尤其是無法儲存性，以及航空服務消費者需求差異化等特殊性，航空公司和顧客之間的關係通常比較複雜，航空機票的訂價也就有了與有形產品訂價不同的特點，影響航空機票訂價的基本因素，主要來自企業決策、競爭對手、顧客和政府幾個方面。

一、來自企業決策的影響

（一）服務成本

航空公司成本的高低是決定航空機票訂價的重要因素。一方面是航空公司的資產具有極強的專業性，並且價格極高，多數航空公司的飛機都是通過融資或租賃的方式購買，公司必須儘快回收固定資產的投入，另一方面航空服務產品具有無法儲存性，一旦航班起飛，座位沒有銷售出去，便不會產生任何價值。因此，航空公司一般堅持成本領先策略。

例如成立於 1972 年的新加坡航空公司，就把低成本、高效益這一價值觀融入企業管理體系，以低成本高標準的營運方式，為顧客提供卓越的高品質航空服務，在航空業這個激烈競爭的行業，新航卻「一路領先」，其年度經營從未出現過虧損，連續40 多年創造了超越競爭對手的佳績。

（二）訂價目標

訂價目標，就是航空公司在進行服務訂價時，有意識地要求達到的目的和標準。它是由航空公司經營目標決定的訂價目標。也就是說，訂價目標是影響航空公司進行價格決策的主要因素，是航空公司作出訂價策略選擇的主要依據。

在航空公司的不同經營目標、不同時期、不同市場條件下，訂價目標皆可能有所變動，而一個企業對它的目標越清楚，制訂價格也就越容易。

對於航空公司來說，訂價目標主要有以下幾種：

1. 損益平衡目標

當航空公司面對供過於求，而市場競爭激烈時，首先應把維持生存作為最基本的目標，而把利潤作為次要目標。在這種狀況下，航空公司最好採取低價策略，並希望

自己的低價能夠刺激消費者的需求。有時候，航空公司甚至將價格制定在成本以下，只要能夠收回變動成本，維持企業活力，渡過難關即可。

2. 利潤最大化目標

實現利潤的最大化，是航空公司的最終目標。而最大利潤往往有長期和短期之分。一般而言，航空公司追求的是長期最大利潤。最大利潤目標並不必然導致高票價，價格太高，會導致銷售量下降，利潤總額可能因此而減少。有時，採用低票價策略，待占領市場後再逐步提高售價，以獲取最高利潤；有時，也可以採用促銷訂價策略，對部分配套產品訂定低價，賠錢銷售，以擴大影響，吸引顧客，帶動其他產品的銷售，進而謀取最大利益。

3. 適度利潤目標

它是指航空公司在成本的基礎上，加上定額利潤作為售票價格，以獲取正常情況下合理利潤的一種訂價目標。以最大利潤為目標，儘管從理論上講十分完美，也十分誘人，但實際運用時常常會受到各種限制。所以，很多航空公司為保護自己免於受到激烈的市場競爭，或者提升自己在消費者中的形象，為長期經營做準備，往往按適度原則確定利潤水準，並以此為目標制訂價格。

4. 銷售額目標

這種訂價目標是指在保證一定利潤水準的前提下，謀求銷售額的最大化。某種產品在一定時期、一定市場狀況下的銷售額，由該產品的銷售量和價格共同決定，因此銷售額的最大化既不等於銷量最大，也不等於價格最高。航空服務的無法儲存性決定了航空公司必然要充分銷售飛機上的每一個座位，在提高載客率的情況下增加可售座位公里 (ASK：Available Seats of Kilometers) 的收益，以確保航空公司的利潤水準。因為銷售額的增加，並不必然帶來利潤的增加，在兩者發生矛盾時，除非是特殊情況（如為了儘量地回收現金），應以保證最低利潤為原則。

5. 市場占有率目標

市場占有率是指航空公司的銷售額在同業中所占的比例，一般用百分比表示。它包括絕對市場占有率和相對市場占有率。通常說的市場占有率一般係絕對市場占有率，或是指該公司的服務產品在市場上的銷量所占的比重。市場占有率是企業經營狀況和企

業產品競爭力的直接反映，關係到企業的興衰存亡。作為訂價目標，市場占有率與利潤的相關性很強，從長期來看，較高的市場占有率必然帶來較高利潤。

市場占有率訂價目標的方法是以較長時間的低價策略來保持和擴大市場占有率，增強航空公司競爭力，最終獲得最優利潤。

6. 穩定價格目標

穩定的價格通常是航空公司獲得一定目標收益的必要條件，市場價格越穩定，經營風險也就越小。穩定價格目標的實質即是通過本航空公司服務產品的訂價來左右整個市場價格，避免不必要的價格波動。按這種目標訂價，可以使市場價格在一個較長的時期內相對穩定，減少因價格競爭而發生的損失。

而為達到穩定價格的目的，通常情況下是由那些擁有較高的市場占有率、經營實力較強或較具有競爭力和影響力的領導企業、先制定一個價格，其他企業的價格則與之保持一定的距離或比例關係。

對實力雄厚的航空公司來說，這是一種穩妥的價格保護政策；對中小航空公司來說，由於大公司不願意隨便改變價格，競爭性減弱，其市場及利潤也可以得到保障。

二、來自競爭對手的影響

（一）對競爭對手行為的預測

當航空公司決定採取某種訂價策略，用某個價格賣出座位時，競爭對手都會有相應的反應，這些反應很可能造成訂價策略的失效。那麼，優秀的航空公司就應該在訂價前事先對對手反應加以預測，並制定出相應的應對策略，這樣，一旦訂價策略實施，因為有了充分的準備，就可以將自己的優勢盡可能保持較長時間，使自己處於主動有利的地位。

（二）性能差異

性能差異主要是指各航空公司技術、空服等品質的差異。技術差異在現在基本可以克服，但是空服品質差異卻是天差地別的，航空公司在制定訂價策略時，應該充分考慮自己公司服務產品的品質水準，與其他公司進行對比，制定出契合本身品質水準的價格。

（三）成本差異

這是企業制定訂價策略的一個主要因素。成本包含了已知成本、機會成本等。航空公司在進行訂價時，需要充分瞭解競爭對手與自己的成本差異，才能制定出比較有競爭力的價格。

（四）替代品情況

所謂的替代品情況，主要是指汽車、火車、高鐵等對飛機的替代程度，火車、汽車等陸路交通越發達，對航空運輸的替代程度就越高，航空公司在進行訂價時，就要適當放低價格；替代程度越低，則航空運輸發展便越有競爭優勢，訂價就能相對抬高。此外，替代品數量越少，對於航空公司訂價來說越有利。

值得注意的是，航空運輸市場的價格競爭與有形產品和其他普通服務產品的價格競爭是有一定區別的。在一般的價格競爭中，企業的產品是可以完全相互替代的，消費者往往把價格作為取捨的唯一標準。

而在航空運輸市場中，航空服務產品並不是可以完全替代的，主要因素就是**航班時刻和航空公司品牌**。因為不可能在同一時刻，兩家航空公司使用相同的機型，同時起飛，運行同一條航線。在一條航線的經營中，必然存在航班時刻的區別，而這個因素對某些消費者而言卻又是相當的重要，所以即使有些公司採取低價策略、也不會使其他航空公司的旅客變為零，只不過可能使旅客的數量減少。

三、來自顧客的影響

以客為尊，對於航空服務來說，顧客的需求是決定性的影響要素。航空公司在針對顧客狀況進行訂價時，主要應該考慮以下幾點：

（一）顧客的收入狀況

顧客的收入水準直接決定著顧客對服務的需求。在價格與其他因素不變的情況下，收入水準升高，則顧客對服務的需求數量變化程度就小；而收入水準降低，顧客對服務的需求數量變化程度就大。

（二）顧客的需求程度

顧客對服務的需求程度越高，對訂價越有利；顧客對服務的需求程度低，就越不利於訂價。由於顧客需求具有時效性和多層次性，航空公司可以根據不同需求的特點採用分別訂價方式。通常情況之下，航空公司會將某一個航班的座位分成若干個子艙

位，每個子艙位分配一定數量的座位，不同的子艙位制定不同的銷售價格，即在公布票價的基礎上予不同的折扣。實施這種多艙等級票價體系，將價格競爭變爲了低價艙位座位數量設置多少的競爭。如果低價座位設置的數量越多，也就越能夠吸引更多有低價艙位需求的顧客。

（三）顧客對服務的認知度

顧客對服務的認知度是指顧客在購買或使用服務的過程中，對服務的性能、外觀、層次、價格及售後服務等的感受。顧客對服務的認知度決定顧客對服務的認知價值，因此，顧客對服務的認知度越高，就越有利於訂價。在影響航空服務消費購買行爲的諸多因素中，機票價格並不是最重要的，消費者更看重航空公司的品牌、航班時刻、服務和安全。因此提高顧客對非價格因素的認知，提供差異化的服務產品，與價格因素同等重要。

（四）顧客的偏好

顧客對服務的偏好是指顧客對服務的喜好程度。顧客根據自己的意願對航空公司的服務進行排序，這種排序反映了顧客個人的需要、興趣和嗜好。航空服務的需求量與顧客對該服務的偏好程度成正比：如果其他因素不變，對某種服務產品的偏好程度越高，顧客對該服務產品的需求量就越多。顧客的偏好受到自身多種個性因素的影響。在現今航空運輸市場處於高速增長期，已經出現供過於求現象的情況下，航空公司提供差異化、個性化的服務產品，將在很大程度上吸引更多對價格不太敏感的客戶。

四、來自政府的影響

在航空事業的發展中，政府的作用無疑是巨大的。由於航空涉及國土安全等特殊性，各國政府均實行一定的空中管制，對航空服務價格往往也會採取一些控管的政策，以維持航空市場秩序。航空運輸企業價格的制定受到民航局的管理與控制，通常情況下，航空公司使用的最高價格就是民航局制定的公布價格，可以認爲這個價格就是航空公司的壟斷價格。

第二節 航空機票訂價方法

航空機票訂價方法，是航空公司在其特定的訂價目標指導下，依據對成本、需求及競爭等狀況的研究，運用價格決策理論，對其機票價格進行計算的具體方法。主要包括成本導向、競爭導向和顧客導向等三種類型。

一、成本導向訂價法(Cost- orientation Pricing)

以產品成本為基本依據，再加上預期利潤來確定價格的成本導向訂價法，是最常用、最基本的訂價方法。航空公司採用成本導向訂價法，就是以航空服務產品的單位成本為核心，制定出對公司最有利的價格方法，包括總成本加成訂價法、目標收益訂價法、邊際成本訂價法、損益平衡訂價法等幾種具體的訂價方法。

（一）總成本加成訂價法 (Total cost markup pricing)

這是一種最簡單的訂價法，即在航空服務產品的單位總成本基礎上，加上預期利潤。在這種訂價方法下，把所有因航空服務而發生的耗費均計入成本的範圍，計算單位的變動成本，合理分攤相應的固定成本，再按一定的目標利潤率來決定價格。其計算公式為

單位價格＝單位總成本 X（1＋目標利潤率）

採用成本加成訂價法，確定合理的成本利潤率是一個關鍵問題，而成本利潤率的確定，必須考慮市場環境、行業特點等多種因素。服務產品在特定市場以相同的價格出售時，成本低的航空公司能夠獲得較高的利潤率，並且在進行價格競爭時可以擁有更大的調整空間。

總成本加成訂價法的優點在於：

1. 這種方法簡化了訂價工作，便於航空公司實施運價計算。

2. 所有航空公司都使用這種訂價方法，他們的價格就會趨於相似，因而價格競爭就會減到最少。

3. 在成本加成的基礎上制定出來的價格對航空公司和消費者來說都比較公平，在市場環境基本穩定的情況下，可以保證航空公司能得到正常利潤，消費者也不會覺得不公平。

缺點是只考慮了服務本身的成本和預期利潤，忽視了航空服務需求和航空市場競爭的特點等因素，因此，無論在長期還是在短期，都不能使航空公司獲得最佳利潤。

（二）目標收益訂價法 (Target-return pricing)

目標收益訂價法又稱投資收益率訂價法，是根據航空公司的投資總額、預期銷量和投資回收期等因素來確定一個目標收益率，作爲訂價的標準。

與成本加成訂價法相類似，目標收益訂價法很少考慮到航空市場競爭和航空服務需求的實際情況，只是從保證航空公司的利益出發制訂價格。另外，先確定航空服務產品銷量，再計算航空服務產品價格的作法，完全顛倒了價格與銷量的因果關係，把銷量看成是價格的決定因素，在實際上很難行得通。

（三）邊際成本訂價法 (Marginal cost pricing)

邊際成本是指每增加或減少單位服務產品所引起的總成本變化量。由於邊際成本與變動成本比較接近，而變動成本的計算更容易一些，所以在訂價實務中多用變動成本替代邊際成本，而將邊際成本訂價法稱爲變動成本訂價法，即在訂價時只計算變動成本，不計算固定成本，在變動成本的基礎上加上預期的邊際利潤。用公式表示爲：

單位價格＝單位變動成本十單位預期邊際利潤

採用邊際成本訂價法時，是以單位產品變動成本作爲訂價依據和可接受價格的最低界限。

在價格高於變動成本的情況下，航空公司出售服務產品的收入除完全補償變動成本外，尚可用來補償一部分固定成本，乃至可能提供利潤。邊際成本訂價法改變了售價低於總成本便拒絕交易的傳統做法，在競爭激烈的市場條件下具有極大的訂價靈活性，對於航空公司有效地應對競爭、開拓新市場、調節需求的季節差異、形成最優產品組合可以發揮巨大的作用。但是，過低的成本有可能被指控爲從事不正當競爭，並招致競爭者的報復。

（四）損益平衡訂價法 (Break-even pricing)

在銷量既定的條件下，航空公司服務產品的價格必須達到一定的水準才能做到損益平衡、收支相抵。既定的銷量就稱爲損益平衡點，這種制訂價格的方法就稱爲損益平衡訂價法。

以損益平衡點確定價格只能使航空公司的生產耗費得以補償，而不能得到收益。因此，在實際中均將損益平衡點價格作為價格的最低限度，通常在加上單位產品目標利潤後才作為最終市場價格。有時，為了實施價格競爭或應付供過於求的市場格局，航空公司通常採用這種訂價方式以取得市場競爭的主動權。

二、競爭導向訂價法(Competitor-driven pricing)

競爭導向訂價法即是以競爭者為目標的定價策略，根據競爭對手的價格，定出與其一致或更低的價格。

在競爭十分激烈的市場上，航空公司通過研究競爭對手的服務狀況、價格水準等因素，依據自身的競爭實力，參考成本和供需狀況來確定商品價格。這種訂價方法就是通常所說的競爭導向訂價法。主要包括以下幾種方法。

（一）市場導向訂價法 (Market-driven pricing)

市場導向的訂價法，係指先以企業外部市場與環境為考量，再考量企業內部。在完全競爭的市場結構條件下，任何一家航空公司都無法憑藉自己的實力而在市場取得絕對的優勢，為了避免價格競爭帶來的損失，大多數航空公司都採用市場導向訂價法，即將本公司服務產品價格保持在市場平均價格水準上，利用這樣的價格來獲得平均報酬。此外，採用市場導向訂價法，可以忽略消費者對不同價差的反應，也不會引起價格波動。

（二）服務產品差別訂價法 (Product-different pricing)

產品差別訂價法是指航空公司通過不同行銷手段，使同種同質的服務產品在消費者心目中樹立起不同的產品形象，進而根據自身特點，選取低於或高於競爭者的價格作為本公司服務產品價格。服務產品差別訂價法是一種進攻性的訂價方法。

服務產品差別訂價法的運用，首先要求航空公司必須具備一定的實力，在某一區域市場占有較大的市場比率，消費者對其服務產品有一定的依賴性；其次，在服務品質大體相同的條件下，實行差別訂價是有其限度的，尤其對於定位為"質優價高"形象的航空公司來說，必須支付較大的廣告和售後服務方面的費用。因此，從長遠來看，航空公司只有通過提高服務產品品質，才能真正贏得消費者的信任，在競爭中立於不敗之地。

（三）穩定價格目標訂價法 (Price-steadiness pricing)

穩定價格目標訂價法是指以保持價格相對穩定，避免正面價格競爭為目標的訂價。當市場供需與價格的經常性變動，需要制定一個穩定的價格來穩定市場時，航空業中的大公司和占主導地位的航空公司或率先制定一個長期的較為穩定的價格，其他航空公司則要在價格上與之保持一定比例。這樣，對大公司來說比較穩妥，對中小公司也可以避免遭受大公司隨意降價的打擊。

三、顧客導向訂價法(Customer-driven pricing)

顧客導向訂價法是指企業根據市場需求狀況和消費者的不同反應分別確定產品價格的一種定價方式。現代市場行銷觀念要求航空公司的一切經營活動必須以消費者需求為中心，並在服務產品品質、價格和促銷等方面予以充分體現。又稱「市場導向訂價法」(Market-based pricing)、「需求導向訂價法」(Demand-based pricing)。主要包括認知價值訂價法和需求差異訂價法。

（一）認知價值訂價法 (Perceived-value pricing)

所謂「認知價值」，也稱「感受價值」，是指消費者對某種服務價值的主觀判斷。認知價值訂價法是指航空公司以消費者對服務價值的理解度為訂價依據，運用各種行銷策略和手段，影響消費者對服務價值的認知，形成對本公司有利的價值觀念，再根據所提供的服務產品在消費者心目中的價值來制訂價格。

認知價值訂價法的關鍵和難點，是獲得消費者對有關服務價值理解的準確資料。航空公司如果高估消費者的認知價值，其價格就可能偏高，難以達到應有的銷量；反之，若航空公司低估了消費者的認知價值，其訂價就可能低於應有水準，使自身收入減少。

因此，航空公司必須準確地判定消費者對服務的認知價值，制定服務產品的初始價格。然後，在訂定最初價格的條件下，預測可能的銷量，分析目標成本和銷售收入，在比較成本與收入、銷量與價格的基礎上，確定該訂價方案的可行性，並制定最終價格。

（二）需求差異訂價法 (Demand difference pricing)

所謂需求差異訂價法，是指產品價格的確定以需求為依據，首先強調適應消費者需求的不同特性，而將成本補償放在次要的地位。這種訂價方法，對同一商品在同一

市場上制訂兩個或兩個以上的價格，或使不同商品價格之間的差額大於其成本之間的差額。其好處是可以使企業訂價最大限度地符合市場需求，促進商品銷售，有利於企業獲取最佳的經濟效益與獲利率。

但是，實行需求差異訂價必須具備一定的前提條件，包括下面幾個方面。

第一、符合國家相關法律法規及政策。

第二、市場能夠細分，並且在各細分市場，顧客對服務的需求有明顯的差異。

第三、執行不同價格不會導致本公司以外的企業在不同市場間進行套利，即不允許低價購買者將其在高價市場上出售。

第四、顧客在心理上或者主觀上認為服務確實存在差異，不能使顧客產生被歧視的反感。

第五、市場細分與控制產生的費用，不會超過實施差異訂價帶來的收入。

第三節 航空機票訂價策略

訂價策略 (Pricing strategy) 是指價格之高低，會影響購買者購買商品或服務之意願及決策，因此企業的訂價策略相當重要。許多企業將訂價策略視為是一種競爭工具，用來對抗競爭者，並形成一種進入障礙。

航空公司實行「一種票價多種折扣」，應根據定期的市場調查結果，區別不同時期、不同航線、不同艙位以及不同類型的旅客需求，例如，是否特別追求奢華的享受、時間的價值是否特別高、有沒有耐心尋找便宜的旅行社代理、有沒有恆心辦理哩程獎勵手續等，來制定有針對性的、相對合理的的彈性價格，在充分利用公司資源的同時，也充分體現顧客價值，在改變供過於求的同時，避免陷入"折扣惡戰"。

一、一般行銷訂價策略

一般企業有時會配合市場競爭狀況、消費者心理、新產品上市、及市場實際狀況之需要而調整價格。因此企業訂價之調整策略包括下列方式：

（一）折扣與折讓策略

所謂價格折扣和折讓，就是企業為了鼓勵顧客及早付清貨款、大量購買、淡季購買，酌情降低或調整其基本價格。

價格折扣和折讓策略有五種：

1. **現金折扣**：這是企業給那些以現金支付貨款的一種減價。

2. **數量折扣**：這種折扣是企業給那些大量購買某種產品的顧客的一種減價，以鼓勵顧客購買更多的產品，因為大量購買能使企業降低生產、銷售、儲運、記帳等環節的成本費用。

3. **特殊折扣**：又稱貿易折扣。特殊折扣是製造商給某些批發商或零售商的一種額外折扣，促使他們願意執行某種市場行銷功能（如推銷、儲存、服務）。

4. **季節折扣**：企業給那些過季商品或服務的一種減價，使企業的生產和銷售在一年四季保持相對穩定。

5. **折讓策略**：這是另一種類型的價目表價格的減價。例如，一輛小汽車標價為70萬元，顧客以舊車折價5萬元購買，只需付65萬元。這叫做以舊換新折讓。如果經銷商同意參加製造商的促銷活動，則製造商賣給經銷商的貨物可以打折扣，這是促銷折讓。

（二）地區訂價策略

一般地說，一個企業的產品，不僅賣給當地顧客，而且同時賣給外地顧客。而賣給外地顧客，把產品從產地運到顧客所在地，需要支付運費。

所謂地區訂價策略，就是企業要決定：對於賣給不同地區（包括當地和外地不同地區）顧客的某種產品，是分別訂定不同的價格，還是訂定相同的價格。也就是說，企業要決定是否訂定地區差價。地區訂價策略有五種：

1. **FOB原產地訂價**：就是顧客（買方）按照廠價購買某種產品，企業（賣方）只負責將這種產品運到產地某種運輸工具（如卡車、火車、船舶、飛機等）上交貨。交貨後，從產地到目的地的一切風險和費用概由顧客承擔。如果按產地某種運輸工具上交貨訂價，那麼每一個顧客都各自負擔從產地到目的地的費用是很合理的；但是這樣訂價對企業也有不利之處，即偏遠地區的顧客就可能不願購買這個企業的產品，而購買其附近企業的產品。

2. **統一交貨訂價**：這種形式和 FOB 原產地訂價正好相反。所謂統一交貨訂價，就是企業對於賣給不同地區顧客的某種產品，都按照相同的廠價加相同的運費（按平均運費計算）訂價，也就是如對不同地區的顧客，不論遠近，都實行一個價格。

3. **分區訂價**：這種形式介於前兩者之間。所謂分區訂價，就是企業把全國（或某些地區）分為若干價格區，對於賣給不同價格區顧客的某種產品，分別制定不同的地區價格。距離企業遠的價格區，價格定得較高；距離企業近的價格區，價格定得較低，在各個價格區範圍內實行一個價。

4. **基點訂價**：基點訂價就是企業選定某些城市作為基點，然後按一定的廠價，加上從基點城市到顧客所在地的運費來訂價（不管貨物實際上是從哪個城市起運的）。有些公司會為了提高靈活性，因而選定許多個基點城市，按照顧客最近的基點計算運費。

5. **運費免收訂價**：有些企業因為急於和某些地區做生意，會負擔全部或部分實際運費，當生意擴大時，其平均成本就會降低，因此足以抵償這些費用開支；採取運費免收訂價，可以使企業加深市場滲透能力，並在競爭激烈的市場上搶占先機。

（三）心理訂價策略

　　心理定價策略即指每一件產品都能滿足消費者某一方面的需求，其價值與消費者的心理感受有很大的關係。心理訂價策略有三種：

1. **聲望訂價**：所謂聲望訂價(Prestige pricing)，指企業利用消費者仰慕名牌商品或名店的心理，有意給產品制定高昂價格以提高產品地位的定價策略。品質不易鑒別的商品的訂價最適宜採用此法，因為消費者有崇尚名牌的心理，往往以價格判斷品質，認為高價格代表高品質。但這種價格也不能高得離譜，否則消費者將不能接受。

2. **基數訂價**：企業訂價時可採用基數訂價(Odd pricing)方式，也就是訂出非整數的價格，以吸引顧客購買。即利用消費者數字認知的特殊心理，制定帶有9字零頭的價格，使消費者產生價格較便宜的感覺，如訂價為199元，299元等。

3. **促銷訂價**：促銷訂價(Promotional pricing)指企業暫時地將其產品價格訂得低於目錄價格，有時甚至低於成本，從而達到促進銷售的目的。零售利用部分顧客求便宜的心理，特意將某幾種商品的價格訂得較低以吸引顧客，隨機推出降價商品，每天、每時都有一至兩種商品降價出售，吸引顧客經常來採購廉價商品，同時也選購了其他正常價格的商品。

（四）差別訂價策略

　　所謂差別訂價 (Discriminatory pricing) 也叫價格歧視，是指企業可依據顧客、時間、區域、及產品形式之不同，對同一種商品收取不同的價格。差別訂價與成本無關，主要是利用需求彈性之不同，獲取最高的利潤。差別訂價策略有四種：

1. **顧客差別訂價**：即企業按照不同的價格把同一種產品或勞務賣給不同的顧客。例如某汽車經銷商，按照價目表價格把某種型號汽車賣給顧客A，同時按照較低價格把同一種型號汽車賣給顧客B，這種價格歧視表明，顧客的需求強度和商品知識有所不同。

2. **產品形式差別訂價**：即企業對不同型號或形式的產品分別制定不同的價格，但是，不同型號或形式產品的價格之間的差額和成本費用之間的差額並不成比例。

3. **產品部位差別訂價**：即企業對於處在不同位置的產品或服務分別制定不同的價格，即使這些產品或服務的成本費用沒有任何差異。例如電影院，雖然不同座位的成本費用都一樣，但是不同座位的票價有所不同，這是因為人們對電影院的不同座位的偏好有所不同。

4. 銷售時間差別訂價：即企業對於不同季節、不同時期甚至不同鐘點的產品或服務也分別制定不同的價格，如過年的機票特別貴。

（五）新產品訂價策略

新產品訂價策略有兩種：

1. **壟斷性訂價**：壟斷性訂價(Monopolistic pricing)，即市場有足夠的購買者，他們的需求缺乏彈性，即使把價格訂得很高，市場需求也不會大量減少。高價使需求減少一些，因而產量減少，但仍能獲得超額利潤，尤其是本公司獨飛的航線或獲得專利保護的產品就是如此。

2. **掠奪性訂價**：掠奪性訂價(Predatory pricing)，即以低於競爭者之價格將競爭者趕出市場，待競爭者退出市場後，再提高價格。企業把它的創新產品的價格訂得相對較低，以吸引大量顧客，提高市場占有率。低價會刺激市場的需求迅速增長；企業的生產成本和經營費用會隨著生產增加而下降，低價則會排除實際和潛在的競爭者。

（六）產品組合訂價策略

產品組合訂價策略 (Portfolio pricing)：是指處理本企業各種產品之間價格關係的策略。當產品只是某一個產品組合中的一部分時，企業就需要研究系列價格，使整個產品組合的利潤實現最大化。產品組合訂價策略有三種：

1. **包裹式訂價**：包裹式訂價(Bundle pricing)，通常稱為「成組訂價」，把多餘的利潤（支援服務）放在價格之中，並超過產品本身的價格。在包裹策略中，其包含的不僅是硬體成本與獲利，其他諸如技術銷售支援、系統設計與工程、系統軟體及應用、人員訓練、維護費用等亦包含在內，進而吸引消費者購買產品線中的其他產品。

2. **補充產品訂價**：補充產品訂價(Complementary product pricing)，把一個主產品的價格訂在最有利的水準，不考慮其成本和利潤，爭取附屬或後續補充產品需求增加獲利，達到利潤最大化。

3. **副產品訂價**：副產品訂價(By-product pricing)，在生產加工過程中，經常有副產品，如果副產品價值很低且處理費用昂貴，就會影響到主產品的訂價，企業對副產品的訂價，必須能夠彌補副產品的處理費用，如果副產品能帶來額外收入，將有助於公司在競爭時調降主產品的價格。例如在生產加工肉類、石油產品和其他化工產品的過程中產生的副產品。

二、航空機票訂價策略

航空公司在日常經營活動中，根據自身條件變化結合市場環境具體情況，採用不同的訂價方法，制訂出適合市場變化的航空機票價格，使本企業在市場競爭中取得有利地位的一種手段。常見的產品訂價策略大致有以下幾種：

（一）新產品訂價策略

航空公司開闢新航線、銷售新的客艙等級、分析新的旅客市場、承運新的貨物種類、提供新的服務專案，都可以視爲開發新的服務產品。新服務產品能否順利地進入市場，能否站穩腳跟，能否獲得較大的經濟效益，訂價是個關鍵，它決定著服務的市場前景，也決定著企業的市場競爭力。目前，關於新產品的訂價策略有三種，即超值訂價策略、掠奪性訂價策略和適中訂價策略。

1. **超值訂價策略**：超值訂價策略(Value pricing strategy)，是根據需求端或是產品的價值所設定的價格，也就是指航空公司在新服務剛上市，消費者對服務價格反應還不靈敏，競爭對手還很少時，利用消費者的求新、求奇心理，抓住激烈競爭尚未出現的有利時機，有目的地將價格訂得很高，以便在短期內獲取最大利潤，盡快收回投資的一種訂價策略。

   超值訂價策略的優點在於利潤大，可以及時收回成本。高價位也有利於樹立高品質的服務形象，也給企業預留有降價空間，以吸引更多消費者。但是，它的缺點也是顯而易見的。如果最初訂價過高，就不利於開拓市場，大規模吸引消費者；同時，也會吸引大批競爭者加入，從而導致利潤的下降。所以，超值訂價策略是一種短期使用的價格策略，如果航空公司想要長期使用這種策略，就只有不斷進行服務創新。

2. **掠奪性訂價策略**：掠奪性訂價策略(Predatory pricing strategy)，又稱薄利多銷策略，它與超值訂價策略相反，是指航空公司在服務產品行銷初期，利用消費者求廉的消費心理，有意將價格訂得很低，使新服務產品以物美價廉的形象，吸引顧客，占領市場，以謀取遠期的穩定利潤，獲得滿意的市場份額。

掠奪性訂價策略的優點是有利於迅速占領市場，打開銷路，提高占有率，薄利多銷，使銷售量在短時間內急劇上升，成本下降，從而獲得長期收益；也有利於進行競爭，排斥對手的參與。

缺點是航空公司的利潤偏低，資金回收期長，價格變動餘地小，不太可能再依靠降價吸引消費者。這一策略一般適合市場容量很大，企業生產能力也很強，競爭者又能輕易進入的服務產品。

3. **適中訂價策略**：超值訂價策略和掠奪性訂價策略是新服務產品訂價的兩種極端情況。而適中訂價策略(Optimal pricing strategy)，又稱平價銷售策略，是介於超值訂價和掠奪性訂價之間的一種訂價策略。由於超值訂價法訂價過高，對消費者不利，既容易引起競爭，又可能遇到消費者拒絕，具有一定風險；掠奪性訂價法訂價過低，對消費者有利，對航空公司最初收入不利，資金的回收期也較長，若企業實力不強，將很難承受。

而適中訂價策略採取適中價格，基本上能夠做到供需雙方都比較滿意。採用這種策略時，航空公司應將社會或行業平均利潤作為確定其目標利潤的主要參考標準，比照市場價格，避免不必要的價格競爭。同時通過其他促銷手段，推廣新服務銷售。

（二）差別訂價策略

在運載量一定的條件下，利用每次航班座位分配不同對應的差別訂價，是一個最有效利用現存座位的方法。航空公司差別訂價策略有兩種：

1. **產品部位差別訂價(Location-different Pricing)**：航空公司對於處在不同位置的服務產品，分別制定不同的價格，即使這些服務產品的成本費用沒有任何差異。例如，飛機上雖然不同座位的成本費用都一樣，但是不同座位的票價有所不同，這是因為人們對機艙的不同座位的需求、偏好以及支付意願有所不同。

2. **銷售時間差別訂價(Timing-different Pricing)**：航空公司對於不同季節、不同時期及不同鐘點的服務產品分別制定不同的價格。比如，旅遊旺季、節假日及春節高峰等旅客對價格不太敏感的時期，或旅客受出行時間、出行目的地限制的時段。把航空旅客按需求彈性不同分為兩大類：一類是彈性小的高價值旅客，一般為商務旅客；另一類是彈性大的低價值旅客，一般為休閒旅客。航空公司可以根據旅客自身的需求特點、公司積累的歷史資料和競爭對手的價格制定情況，來確定不

同類型旅客的價格和艙位的數量。這一方面可以從商務旅客裡獲得最大的收益，一方面也為休閒旅客提供了很大的折扣空間，但同時也導致航空公司的訂價變得極為複雜，容易留下惡性競爭的隱患。

（三）折扣與折讓策略

折扣與折讓策略是一種在交易過程中即時運用的價格策略。即航空公司通過對市場的分析，為從多方面滿足不同旅客的消費需求，實行「一種艙等多種折扣」。航空公司折扣與折讓策略有四種：

1. **數量折扣**：當旅行社團體購買機票數量多時，給予15+1的免費票或一定的折扣優惠。採用這一策略，旨在鼓勵大量購買，購買量越大，折扣就越大。

2. **回程或方向折扣**：在回程或運力供給明顯大於需求的航線航向，給予一定的銷售折扣，爭取讓原本閒置的運力得到利用。

3. **季節折扣**：航空運輸產品的季節性很強，在運輸淡季給予一定銷售折扣，可刺激消費者均衡需求，以達到運輸產品的供應均衡。

4. **後退激勵佣金**：根據代理商、中間商在銷售過程中所作的貢獻，航空公司從銷售款中給予後退激勵佣金(VIC, Volume Incentive Commission)，返還一部分款項或者給予一定津貼，作為酬謝或資助，這樣能使代理商、中間商發揮更積極作用。

因此，採取以上價格競爭策略，應該有三個基本的條件：

(1) 選擇在需求價格彈性最大的時間實施，如旅遊旺季。

(2) 針對需求價格彈性最大的旅客進行，如休閒旅客。

(3) 設置低價機票的購買限制條件，如不得轉讓等。

總之，靈活多樣的價格體系是航空公司行銷的一個特點，差別訂價和折扣、折讓都屬於價格競爭策略。

附錄

附錄一 機票術語
附錄二 空服員報考參考資訊

附錄一　機票術語

一、簡稱

表IV-1　簡稱(abbreviation)

編號	簡稱	全稱	中文
1	ACN	Airline Code Number	航空公司代號
2	AD	Agents Discount Fare	代理商優待票
3	ADC	Airline Designtor Code	航空公司代號
4	ADC	Additional Collection	額外收費
5	AF	Applicable Fare	適合票價
6	APEX	Advance Purchase Excursion Fare	預購旅遊票
7	ARC	Airlines Reporting Corporation	美國航空報告公司
8	ATPCO	Airline Tariff Publishing Company. A corporation owned by various airlines formed to serve as agent for those owners (and forother airlines or vendors) to file and publish tariffs and relatedproducts.	航空票價出版公司
9	AWB	Air WayBill	貨運提單
10	BBR	Bankers buying rate	買入匯率
11	BCTA	Bilateral Clearing Traffic Agreements	雙邊清帳合約
12	BHC	One Way Backhaul Check	單程低價加額檢查
13	BIKE	Bicycle	自行車
14	BLND	Blind PSGR	視盲旅客
15	BSCT	Bassinets	嬰兒搖籃
16	BSP	Billing & Settlement Plan	銀行清帳計畫
17	BSP	Bank Settlement Plan（舊稱）	銀行清帳計畫
18	BSR	Bankers selling rate	賣出匯率
19	BULK	Bulk Baggage	大件行李
20	C.I.Q.	Customs, Immigration, Quarantine.	海關、移民局與檢疫
21	CBBG	Cabin Baggage	機艙行李
22	CF	Constructed Fare	結構票價
23	COUR	Commercial Courier	商業信差
24	CPN	Coupon	票聯

編號	簡稱	全稱	中文
25	CRS	Computer Reservation System	電腦訂位系統
26	CT	Circle trip	環狀行程
27	CTM	Circle Trip Minimum Check	環狀行程最低票價檢查
28	DEAF	DEAF PSGR	聾啞旅客
29	DEPA	Deportee Accompanied by Escort	有戒護之遞解出境者
30	DEPO	Deportee	遞解出境者
31	DEPU	Deportee Unaccompanied	無戒護之遞解出境者
32	DFUC	Direct fare undercut check	直接票價最低檢查
33	DIPL	Diplomatic Courier	外交信差
34	DOJ	Double Open Jaw	雙缺口
35	DST	Daylight Saving Time	日光節約時間
36	EMA	Extra Mileage Allowance	額外寬減哩數
37	EMD	Electronic Miscellaneous Document	電子雜項文件
38	EMS	Excess Mileage Surcharge	超哩程附加費
39	EMU	Economic and Monetary Union	（歐洲）經濟暨貨幣聯盟
40	ET	Electronic Ticket	電子機票
41	ETA	Estimated Time of Arrival	預定到達時間
42	ETD	Estimated Time of Departure	預定起飛時間
43	EU	European Union	歐盟
44	EXCH	Exchange	已換票
45	EXST	EXTRA SEAT	額外座位
46	F.O.C	Free Of Charge	免費票
47	FAA	Federal Aviation Administration	美國聯邦航空署
48	FBP	Fare Break Point	票價斷點
49	FCP	Fare Construction Points	票價結構點
50	FCR	Fare Construction Rules	票價結構規則
51	FIM	Flight Interruption Manifest	航班中斷艙單
52	FIT	Foreign Independent Tour	個別旅遊
53	FIT	Foreign Individual Tour	航空公司的個人票
54	FOP	Form of Payment	付款方式

續下頁

編號	簡稱	全稱	中文
55	FRAG	Fragile	易碎行李
56	FSC	Full Service Carriers	全服務航空公司
57	GDS	Global Distribution System	全球訂位系統
58	GIT	Group Inclusive Tour	全包式套裝團體旅遊
59	GMT	Greenwich Mean Time	格林威治時間
60	GO SHOW	Passenger go show in airport	未預定機位即直接前往機場後補搭機
61	GPS	Global Positioning System	全球定位系統
62	GSA	General Sales Agent	總代理
63	GTO	GovernmentTravel Order	政府公務人員旅行用開票憑證
64	GV 10	Minimum of 10 passengers to travel together. Must depart and return together	最低 10 人團進團出
65	HIF	Higher Intermediate Fare	高票價
66	HIP	Higher Intermediate Point	高票價點
67	IATA	International Air Transport Association	國際航空運輸協會
68	ICAO	International Civil Aviation Organization	國際民航組織
69	INAD	Inadmissible Passenger	禁止入境之旅客
70	IROE	IATA Rate of Exchange	IATA 換算匯率
71	ISIC Card	International identity Student Card	國際學生卡
72	LCC	Low Cost Carriers	低成本航空公司
73	LCF	Local Currency Fare	當地貨幣
74	LSF	Local Selling Fare	當地幣值票價
75	MCO	Miscellaneous Charge Order	雜項支出憑證
76	MITA	Multilateral Interline Traffic Agreements	多邊聯運協定
77	MPD	Multiple Purpose Document	多用途文件
78	MPM	Maximum Permitted Mileage	最大允許哩程數
79	MTP	Minimum Tour Price	最低票價
80	N/A	Non admissible	不允許
81	No Show	Passenger no show on departure date	預訂機位但未如期至機場搭機
82	NSSA	NO SMOKING AISLE SEAT	非吸煙靠走道座位

續下頁

編號	簡稱	全稱	中文
83	NSSB	NO SMOKING BULKHEAD SEAT	非吸煙靠艙壁座位
84	NSSW	NO SMOKING WINDOW SEAT	非吸煙靠窗座位
85	NUC	Neutral Unit of Construction	中性計價單位
86	OJ	Open Jaw	開口行程
87	OW	One Way	單程機票
88	Pax	Passenger	旅客
89	PETC	Pet in Cabin compartment	攜帶寵物
90	PF	Prorate factor	分帳因子
91	PFCs	Passenger Facility Charges	美國機場設施附加稅
92	PNR	Passenger Name Record	旅客訂位紀錄
93	PTA	Prepaid Ticket Advice	預付款通知
94	PUs	Pricing Units	計價單位
95	RBD	Reservation Booking Designator	訂位代號
96	ROE	Rate Of Exchange	換算匯率
97	RQST	SEAT REQUEST/SEAT NUMBER	要求特定座位或座號
98	RT	Round Trip	來回機票
99	RTW	Round the World	環球航線
100	RWM	Round the World Minimum	環球最低票價
101	SATA ticket	Students (ISIC) under 35 years old and Youth (IYTC) under 26 years old	學生或青年票
102	SITA	Société Internationale de Télécommunications Aéronautiques	國際航空電訊協會
103	SITI	Sold inside,ticketed inside	指售票及開票均在起程的國內
104	SITO	Sold inside,ticketed outside	指售票在起程點的國內，開票在起程點的國外
105	SLPR	Sleeper	機艙內床舖
106	SMSA	SMOKING AISLE SEAT	吸煙靠走道座位
107	SMSW	SMOKING WINDOW SEAT	吸煙靠窗座位
108	SOJ	Single Open Jaw	單缺口
109	SOTI	Sold outside,ticketed inside	售票在起程點的國外，開票在起程點的國內

續下頁

編號	簡稱	全稱	中文
110	SOTO	Sold outside,ticketed outside	指售票及開票均在起程的國外
111	STCR	Stretcher Passenger	擔架旅客
112	S/O	Stopover	停留點
113	STPC	Stopover Paid By Carrier	由航空公司負責轉機地之食宿費用
114	SUBLO	Subject To Load Ticket	不能預約座位的機票
115	TAT	Transitional Automated Ticket	電腦自動化機票
116	TCP	Traveling together	同進同出
117	TFCs	Tax, Fee, and Charges	稅規費
118	TKNO	Ticket Number	機票號碼
119	TPM	Ticketed Point Mileage	城市票點哩程數
120	TTL	Ticketing deadline	最後開票日
121	TTL	Total	總計
122	TWOV	Transit Without VISA	轉機免簽證
123	UATP	Universal Air Travel Plan	環球航運計畫
124	UM	Unaccompanied Minor	單獨旅遊之未成年少年
125	UPGRD	Upgrade	提升服務等級
126	UTC	Universal Time Coordinated	環球標準時間
127	WCHC	WHEELCHAIR/PSGR MUST BE CARRIED	輪椅/旅客需有人攙扶
128	WCHR	WHEELCHAIR/PSGR CAN WALK UP STAIRS	輪椅/旅客可自行上下階梯
129	WCHS	WHEELCHAIR/PSGR CAN WALK TO SEAT	輪椅/旅客可自行走到機位
130	WCOB	WHEELCHAIR/ON BOARD	輪椅登機
131	XBAG	Extra Baggage	額外行李
132	YRT	1 year ticket	1年票
133	ZED	Zonal Employee Discount	員工票一種

二、一般術語

表IV-2　一般術語

編號	術語	說明
1	INTERLINE 聯運	使用在有關班機時，指兩家或兩家以上的航空公司班機的相互銜接，如：INTERLINE CONNECTION，使用在有關合同時，即指任何兩家航空公司，互相承認且接受對方機票，並應搭載持該機票之旅客，如：INTERLINE AGREEMENT。
2	班表預定點	是指除了起點及終點以外，於旅客行程中之班機時刻表所列或機票所訂定之停留點。
3	授權旅行社	是指被航空公司指定為代理其航空公司銷售航空運輸機票之旅行社，或授權其代理他航業務。
4	行李	是指旅客於旅途中所需穿、用、為了舒適或方便所攜帶的物品及個人的財物。除有特別指定外，否則均包括旅客託運及隨身的行李。
5	行李票	是指記載旅客託運行李所運送之航段。
6	行李核對標籤	是指航空公司所印專為核對託運行李的文件。
7	航空公司	是指開發機票之航空公司及所有載運旅客及／或行李之航空公司。
8	航空公司的規定	是指於此運送條款之外航空公司所訂之規則，並於開發機票時即生效，用以規範旅客及／或行李的載運，同時包括適用的費率。
9	託運行李	是指航空公司負責承運並已開發行李票的行李。
10	聯票	是指開發給旅客的一張機票必須和其他的機票合用始構成一份運送合約。
11	損害	包括死亡、傷害、遲延、損失、部分損失或其他由航空公司的運送或服務所引起的損害而言。
12	天數	是指按日曆計算的天數，包括一週內的七天；若為知會旅客事情，則發通知的當天不算入；若為計算機票效期，則開票日及啟程日都不算入。
13	電子票聯	是指電子搭乘聯或其他儲存於航空公司資料庫的有價文件。
14	公約	是指適用於運送合約的下列任何公約： 1929 年 10 月 12 日在華沙簽署之國際運送統一規章公約－ The Convention for The Unification of Certain Rules Relating to International Carriage by Air at Warsaw,12 October 1929（以下簡稱為華沙公約）。 1955 年 9 月 28 日於海牙修訂的華沙公約。 1975 年增訂蒙特婁一號議定書的華沙公約。 1955 年在海牙修訂及 1975 年增訂蒙特婁二號議定書的華沙公約。 1955 年在海牙修訂及 1975 年增訂蒙特婁三號議定書的華沙公約。
15	電子機票	是指航空公司或其代理人所開發的旅客行程表／收據、電子票聯及或可適用於登機之文件。
16	機票搭乘聯	為有記載搭乘區間 (good for passage) 之機票，如使用電子機票時則為電子票聯，指旅客有權搭乘所記載之航段。

續下頁

編號	術語	說明
17	旅客行程表 / 收據	係指文件或電子機票之一部分文件含有國際航空運輸協會第 722f 號決議案第六條 6.2.1.7 之規定及注意事項。
18	旅客	是指航空公司同意其飛機載運除飛行組員及空勤服務員之外的任何人。
19	旅客存根聯或旅客收據	是指航空公司或其代理人所開發的機票的一聯，上面註明此聯由旅客持有。
20	中間停留	是指旅客於其行程中有意的停留點，此點是事先經航空公司同意的起點和終點之間的一點。
21	機票	是指航空公司或其代理人所開發的「機票及行李票」或電子機票文件，其中包括契約條款及注意事項以及票聯。
22	隨身行李	是指旅客託運行李之外的任何行李。
23	混合艙等機票	混合艙等機票 (Mix Fare Ticket) 指旅客在航程中，由於搭乘的艙等座艙不一而產生不同票價的機票。
24	共用班機號碼	共用班機號碼 (Code Sharing) 即某家航空公司與其他航空公司聯合經營某一航程，但只標註一家航空公司名稱、班機號碼。這種共享一個航空公司名稱的情形目前很多，可由該班機號碼來分辨，即在時間表中的班機號碼後面註明「*」者就是此類班機共用。這種經營模式對航空公司而言，可以擴大市場；對旅客而言，則可以享受到更加便捷、豐富的服務。
25	出發後更改行程機票	出發後更改行程機票 (Rerouting Ticket) 是旅客搭機啟程後，途中由於更改行程而產生票價不同的機票。
26	更換座艙支付差額機票	更換座艙支付差額機票 (Reissue Ticket) 是旅客自願或因原訂艙等客滿要求更改座艙升等 (Up Grade, UPGRD) 或降等 (Down Grade, DNGRD)，而重新開立的機票。
27	接駁航班	是指在同一張機票或聯票上所提供的連續運輸下一接續航班。
28	不可抗力	指非航空公司或旅客能控制的不尋常及不可預見的情況，即使已經適當且謹慎處理，仍不可避免其後果之發生。
29	票價	是指旅客為該航班已付或應付之金額。
30	機票搭乘聯	為有記載搭乘區間 (good for passage) 之機票，如使用電子機票時則為電子票聯，指客有權搭乘所記載之航段。
31	旅客行程表 / 收據	係指文件或電子機票之一部分文件含有相關規定及注意事項。
32	SDR	是指國際貨幣基金組織 (International Monetary Fund) 所定義之特別提款權 (Special Drawing Right)。
33	Surcharge	附加費 (Q)
34	Allowance	折讓或減免
35	Fare construction	票價結構

續下頁

編號	術語	說明
36	票價構成段	票價構成段或票價組成區 (Fare component) 提指旅行路線中兩個連續票價結構點之間的部分，如果行程僅有一個票價構成段，則起點及終點為惟一的票價結構點。一個 Circle Trip 最少有兩個票價構成段。A portion of an itinerary between two consecutive fare construction points. If the journey has only one fare component, the points of origin and destination are the only fare construction points.
37	Outbound	是指出境（出國）或到國外。
38	Inbound	是指入境（返國）或國外來臺
39	Outbound trip	向外行程；去程。
40	Inbound trip	返回行程；回程。
41	PAT	即 Passenger Air Tariff，也就是航空客運票價手冊。
42	VOID	作廢。
43	Refund	退票。
44	Exchange	更換機票。
45	Revalidation	更改效期。
46	Reissue	重新開票。
47	Code-share	航線聯盟。
48	Denied Boarding Compensation Plan	旅客被拒登機賠償制度。
49	Bulk IT Fare	團體全包式旅遊票價。
50	Published Fare	公布票價。
51	OAG-Official Airlines Guide	航空公司各類資料指引，時刻表以出發地為標準。
52	ABC-ABC World Airways Guide	航空公司各類資料指引，時刻表以目的地為標準。
53	Off Load	班機超額訂位或不合搭乘規定者被拉下來，無法搭機的情形。
54	Through Fare	全程票價。
55	Frequency (CODE)	班次（縮寫），OAG 或 ABC 上之班次縮寫以 1、2……等代表星期一、二。
56	Embarkation/ Disembarkation Card	入 / 出境卡，俗稱 E/D CARD。
57	Baggage Claim Tag	行李認領牌。

續下頁

編號	術語	說明
58	Accompanied Baggage	隨身行李。
59	Unaccompanied Baggage	後運行李。
60	Duty Free Shop	免稅店。
61	Diversion	無法降落於原定之機場而至備用機場的情形。
62	Baggage Tag	行李標籤。
63	Lost & Found	遺失行李詢問處。
64	Claim	申告要求賠償。
65	Affidavit	宣誓書。
66	Discrimination	歧視，差別待遇。
67	Active member	正會員。
68	Associate member	準會員。
69	Tariff Conference	票價會議。
70	Proration	分帳。
71	Clearing House	清帳所。
72	Stand by	候補。
73	(One Way) BackHaul Check(BHC)	原來 Backhaul 意思是「載貨返航／回程／回傳」，因早期單程機票行程 (One Way Trip) 之最低金額檢查，除了要作順向高票價點檢查，還要作逆向回程高票價點檢查，後來取消逆向回程高票價點檢查，但仍延用原名詞。
74	Reconfirmation	即「再確認」。雖然現在許多航空公司已取消 72 小時前需確認機位的手續，然而，預防萬一，最好仍在回程或前往下一段旅程前打電話確認機位無誤。若機位預訂有問題，最好馬上重新訂位，以免延誤行程。一般來說，除團體行程之機位會由當地導遊或服務人員替您確認之外，建議仍須在回程前 72 小時向航空公司之當地服務中心做回程確認，以確保機位。
75	TSA	TSA(Transportation Security Administration) 即美國運輸安全管理局。
76	APIS	APIS(Advance Passenger Information System) 即旅客資料預報系統： 1. 前往大陸的旅客須於記錄中輸入「T」- 臺胞證或「P」- 護照或「C」- 港澳回鄉證資料。 2. 輸入美國政府 (TSA) 規定之旅客資料。 3. 前往日本、韓國以及俄羅斯的旅客須於記錄中輸入護照資料。 4. 電子機票輸入 FOID 資料。

續下頁

編號	術語	說明
77	免簽證計 (VWP)	2012 年 10 月 2 日美國宣布臺灣加入免簽證計劃 (VWP)。根據 VWP,符合資格之臺灣護照持有人若滿足特定條件,即可赴美從事觀光或商務達 90 天,無需簽證。
78	空位搭乘	除 ID50 可訂位外,持 ID00、ID90、ID75 及 CI Zed 機票者,需於班機有空位時,始能搭乘,不得預訂確認機位。
79	ESTA	旅遊許可電子系統,目前有 37 個免簽之國家護照進入美國需先上網申請 ESTA: 臺灣、安道爾、愛沙尼亞、愛爾蘭、摩納哥、新加坡、澳大利亞、芬蘭、義大利、荷蘭、斯洛伐克、英國、奧地利、法國、日本、紐西蘭、斯洛維尼亞、比利時、德國、拉脫維亞、挪威、南韓、文萊、希臘、列支敦斯登、葡萄牙、西班牙、捷克共和國、匈牙利、立陶宛、馬耳他共和國、瑞典、丹麥、冰島、盧森堡、聖馬力諾、瑞士等 37 國。
80	特別餐點 (Special Meal)	特別餐點 (Special Meal) 是針對不分艙等的個別旅客特殊的需求準備的。最常見的如表 IV-3。

表IV-3　特別餐選擇內容[1]

英文縮寫	說明
AVML	印度素食 (Hindu or Indian Vegetarian Meal) AVML is a combination of spicy vegetables. An VOML can be used in case of being unable to prepare Hindu meal requested.
BBML	嬰兒餐 Infant/Baby Food. BBML is available to infants under 24 months and set 1stand 2nd stages (1st stage/0-10 months, 2nd stage/11-24 months).
BLML	軟質餐（無刺激性飲食） Bland/Soft diet for passengers of old age with bad teeth, or suffering from peptic ulcer or heart diseases etc. If a specific needs for liquid food, use code SPML-liquid diet.
CHML	兒童餐 (Children Meal) CHML is available to passengers aged 2-12 years old.
DBML	糖尿病餐 (Diabetic diet)
FPML	水果餐 (Fruit Platter I/O main dish).
GFML	無麵筋飲食 (Gluten intolerant Meal)
HNML	印度餐 (Hindu Meal) No beef and dairy products, dishes prepared with Indian spices.
KSML	猶太餐 (Kosher Meal. Individually packed)
LCML	低卡路里餐 (Low Calorie Meal)

續下頁

1　資料來源:中華航空公司。

英文縮寫	說明
LFML	低脂餐 (Low Fat Meal)
LSML	低鹽餐 (Low Salt Meal)
MOML	回教餐 (Moslem Meal) Strict restriction of pork and its products.
NBML	無牛肉餐 (No Beef Meal (CI only))
NLML	低乳糖餐 (Low Lactose Meal)
RVML	生菜水果餐 (Raw Vegetarian/Fruit Meal)
SFML	海鮮餐 (Seafood or Fish Meal)
VGML	無乳製品西方素食餐 (Vegetarian vegan meal)
VLML	奶蛋素西方素食餐 (Vegetarian Meal - Western style)
VOML	東方素食餐 (Vegetarian Oriental Meal) VOML is prepared in Chinese style. No meat, poultry, fish, seafood, egg, dairy product, garlic, onion, shallot, leeks, and other spicy vegetables.

小知識

美國運輸安全管理局(TSA)要求航空公司必須在起飛72小時前,將下列資料輸入,若低於起飛前72小時,則須立即輸入。

1. 美國核發證件之旅客全名:王小明

2. 旅客性別

3. 出生日期

有關姓名書寫規則如下介紹:

1. 英文姓名與中文姓名之對應

　　(1)family name（姓）:王。

　　(2)first name（名字）:小明。

　　(3)middle name（中名）:指西方人第一個名字與姓之間的名字。

2. 姓名書寫的順序

　　(1)[first name] [second name] [family name]（也稱為last name）

　　(2)[family name], [first name] [second name]

中國人的名字對西方人來說就是「first name」,西方人名的第一個字即是「first name」。西方人的第二個名字是不一定有的,視家庭而定!

三、TPM及MPM參考表

表VI-4　TPM及MPM參考表

FROM	TO	TPM	MPM	FROM	TO	TPM	MPM
AKL	BUE	6418	7701	GVA	MIL	158	189
AMS	PAR	247	296	HAN	BKK	606	727
AMS	LON	211	253	HAN	CAN	495	594
ATH	PAR	1306	1567	HAN	SGN	708	850
ATH	LON	1495	1794	HKG	BKK	1049	1258
AUA	ATL	1720	2064	HKG	TPE	511	613
BCN	GVA	395	474	HKG	TYO	1823	2187
BKK	SIN	889	1066	HKG	SEL	1295	1554
BKK	HKG	1049	1258	HKG	SIN	1594	1912
BKK	TYO	2869	3442	HKG	KUL	1572	1886
BKK	HAN	606	727	HKG	SHA	773	927
BKK	KUL	754	904	ISB	KHI	701	841
BOM	BKK	1878	2253	JED	LON	2949	3585
BUE	NYC	5301	6361	JKT	CAN	2077	2492
BUE	CAS	5775	6931	KHH	BKK	1425	1710
CAI	DMM	1147	1376	KHH	LON	7143	8572
CAN	HAN	495	594	KHH	LON	7143	8572
CAN	JKT	2077	2492	KUL	BKK	754	904
CAN	TPE	530	636	KUL	MNL	1545	1854
CAS	IST	2069	2482	LAX	SFO	339	407
CAS	NAN	12110	14532	LAX	TYO	5458	6549
CPH	AMS	393	471	LAX	TPE	6781	8137
DEL	BOM	708	849	LON	AMS	211	253
DEL	MNL	3040	3648	LON	MUC	569	682
DMM	ISB	1475	1770	LON	PAR	214	256
FRA	MUC	186	223	LON	VIE	774	928
FRA	NYC	3851	4621	LON	CPH	589	706
GVA	ZRH	144	173	MIL	BRI	488	586

續下頁

承上頁

FROM	TO	TPM	MPM	FROM	TO	TPM	MPM
MNL	BKK	1363	1635	TPE	KUL	2018	2421
MNL	TYO	1880	2256	TPE	MNL	731	877
MUC	FRA	186	223	TPE	SFO	6450	7740
MUC	CPH	503	603	TPE	SHA	422	506
NAN	AKL	1341	1609	TPE	MUC	6515	7818
NAN	BUE	7758	9310	TUN	GVA	683	819
NYC	PAR	3635	4362	TYO	SEL	758	909
NYC	AMS	3639	4366	TYO	MNL	1880	2256
NYC	FRA	3851	4621	TYO	TPE	1330	1596
NYC	CAS	3609	4330	TYO	FRA	5928	7113
PAR	SAO	5851	7021	TYO	KHH	1491	1789
PAR	LON	214	256	TYO	NYC	6737	8084
SCL	AUA	3250	3900	TYO	FUK	567	680
SEL	FUK	347	416	VIE	FRA	385	462
SEL	TPE	914	1096	ZRH	MUC	163	195
SEL	MNL	1627	1952	SGN	DPS	1718	2062
SEL	NAN	5048	6057	SGN	SIN	679	814
SFO	TYO	5130	6156	SGN	BKK	453	543
SGN	TPE	1380	1656	SGN	KHH	1217	1460
SHA	CAN	752	902	SGN	XMN	1235	1482
SHA	BKK	1787	2144	SGN	SZX	943	1135
SHA	HAN	1197	1436	SGN	SHA	1700	2040
SHA	JKT	2761	3313	SGN	PAR	6275	8095
SIN	KUL	196	235	SGN	DTT	8725	10470
SIN	KHH	1833	2199	SGN	SFO	7830	9396
TPE	HKG	511	613	SGN	HNL	6297	7557
TPE	KHH	185	222	SGN	TYO	2706	3247
TPE	BKK	1555	1866	SGN	HKG	929	1114
TPE	SEL	914	1096	CAN	BKK	1047	1256
TPE	FUK	802	962	TPE	SIN	2008	2409

表VI-5　特殊MPM項目

錄

FROM	TO	TPM	MPM
BKK	LON	5922	7778
BRI	TSR	395	1111
CAI	KHI	2213	2678
DAM	CPH	1913	2868
DAM	LON	2209	2794
DAM	AMS	2043	2692
FRA	BKK	5584	7339
HKG	LON	5965	8163
HKG	FRA	5688	7724
HKG	AMS	5763	7995
IST	SEL	5185	7813
JED	ATH	1455	1748
MUC	BKK	5459	7117
PAR	HKG	5956	7936
SIN	LON	6742	8581
TPE	LON	6084	8480
TPE	AMS	5873	8312
VIE	DAM	1449	2300

附錄二　空服員報考參考資訊

一、中華航空公司招考航空服務人員（客艙組員）資訊

【航空服務人員】

　　航空服務人員係指本公司所有面對旅客之一線同仁，含客艙組員、機場運務人員及客服人員等。為利本公司航空服務人員之多元職涯發展及適才適用，客艙組員應依公司職期輪調政策及相關作業規範轉任地勤職務。

【工作說明】

　　本次招募之航空服務人員為桃園站客艙組員及高雄站客艙組員（係以桃園站或高雄站為派飛基地），本公司將視前述職缺需求派任，通過甄試未報到者將永不錄用。

　　桃園站／高雄站客艙組員工作內容：執行班機地面準備、空服用品檢查、安全及清艙檢查、空中服務、免稅品銷售與帳款繳交作業。

　　註：航空服務人員客艙組員為經勞動部核定公告之勞動基準法第 84 條之 1 特殊工作者，工時須配合航班彈性調整，應徵者需同意錄取後簽署約定書。

（一）報名資格

1. 具有教育部認可學士學位或以上者
   (1) 國內學歷者，須備妥畢業證書及在校各學期含操行之成績單。
   (2) 國外學歷者，所備之畢業證書及成績單均需經駐外機構認証。
   (3) 大陸學歷者，需備有教育部相當學歷證明、畢業證書及在校各學期成績單。

2. 具備以下任一項英檢成績（2018/01/01（含）以後取得之成績）：TOEIC/600分、BULATS/45、IELTS/4.5或TOEFL ITP/480、iBT/64等以上成績；恕不接受多益團體考試無相片之英檢成績。

3. 男性須具退伍令、除役、免役或待退等相關證明文件正本。（如經通知錄取，而未於2020年1月16日之前繳交前述檔正本者，視同自動放棄。）

4. 具護理背景者尤佳。

5. 改名或繳交英文文件者，請攜帶相關佐證證明。

（二）報名日期

2019/11/01 中午 12:00 至 2019/11/14 夜間 23:59。

（三）報名方式及報名注意事項

至華航官網 www.china-airlines.com 首頁，「華航徵才」「現有職缺」中報名。

1. 歡迎有興趣且符合資格者報名，報名時，可選填「桃園站」或/及「高雄站」為派飛基地，本公司保留最終依人力需求安排派飛基地之決定權。

2. 資格不符者，切勿嘗試報名。

3. 請務必於報名資料送出前，確認所有資料均已正確填寫，報名資料一經送出不得更改。

4. 本公司全部採用線上登錄報名及查詢，不受理傳統通信報名及電話查詢。

（四）甄選流程說明

1. 報名資料審核：審核應試人員系統報名資料（網路報名資料一經送出無法修改）。

   (1) 作業時間：網路報名結束後開始。

   (2) 初試面試場次公告查詢：2019/11/20中午12:00至2019/11/22夜間23:59。

2. 初試：書面資料審核、面試。

   (1) 初試時間：2019/11/23~24舉行，應試人員依公告場次時間報到。

   (2) 初試結果公告查詢：預計於2019/11/27中午12:00至2019/11/29夜間23:59。

3. 複試：面試、服務專業職能評量。

   (1) 複試時間：2019/12/07舉行，應試人員依公告場次時間報到。

   (2) 複試結果公告查詢：預計於2019/12/11中午12:00至2019/12/13夜間23:59。

4. 本公司綜合評量階段

   (1) 通過複試之應試人員須於本公司綜合評量階段，配合辦理自費體檢事宜。

   (2) 通過複試之應試人員須於複試結果查詢系統開放時間內，選取體檢日期。

   (3) 體檢日期共四梯次，分別為2019/12/17、12/18、12/19、12/20，每梯次員額均有限制，額滿須選擇其他梯次。

(4) 未登錄選取體檢日期，或登錄後未依時間體檢者，視同自動放棄航空服務人員客艙組員甄試。

(5) 體檢日期一經登錄，恕無法變更。

(6) 綜合評量結果公告查詢：預計於2020/01/14中午12:00至2020/01/17夜間23:59。

5. 受訓報到：預計於2020/02/03起開始受訓。（註：以上時程／內容如有異動，將另行公告。）

二、長榮航空招募空服員

1. 報考資格/類別（培訓空服學員—大專組）

(1) 具中華民國國籍者。

(2) 中華民國教育部認可之國內外大專院校畢業者，不限科系。

(3) 身高160公分以上，矯正視力後達0.8，並合乎本公司規定之體格標準。

(4) 具全民英語能力分級檢定測驗達中高級以上程度或TOEIC達550分以上或TOEFL CBT達133分以上。

2. 報考資格/類別（培訓空服學員—護士組）

(1) 具中華民國國籍者，各大醫院護士三年以上經驗。

(2) 大專或高職護理科系畢業，報名資料表經歷欄內須詳填服務醫院名稱、科別及年資。

(3) 身高160公分以上，矯正視力後達0.8，並合乎本公司規定之體格標準。

(4) 具全民英語能力分級檢定測驗達中高級以上程度或TOEIC達550分以上或TOEFL CBT達133分以上。

3. 報考方式：如您符合報考資格，想加入長榮航空空服員的陣容，歡迎您利用網路報名登錄。

4. 報考時間：即日起至XXX止，面試日期將視報名人數及本公司人力需求另行通知。

5. 考試項目及招募流程：本公司於收到應徵資料後將進行審核，合格者將另行以電子郵件方式通知考試時間及地點，從應徵到成為本公司空服學員須通過以下程式：

(1) 初審面試及初步體檢：主管依面試者的應變、儀態、英文及臺語發音等進行初步篩選。初審合格者立即進行初步體檢（含視力檢查、臂力檢查、量身高、血壓、體重、問診等）。

(2) 筆試及適性測驗：筆試包括心算測驗、適職測驗及英文測驗三項。

(3) 面試：面試包括主管面試、英文面試二項。

(4) 體檢：通過面試以及筆試的人員，本公司將提供「應徵人員體檢表」，請持本表格自行至教學醫院進行體檢（體檢包含血液檢驗、尿液檢驗、心電圖、胸部X光檢驗等）。

(5) 錄取：體檢合格者，將寄發錄取通知，參加本公司空服學員訓練課程。

三、星宇航空空服員招募資訊

尋找充滿熱忱的客艙組員

漫步雲端，無限翱翔，在動靜之間，兼顧細節與品質，

是韌性的力量，更是前瞻的創新。

星宇相信，最體貼的服務，是打造一個讓旅客安心的氛圍。

這不僅是源自對安全的堅持，更是發自內心的真誠相待。

我們致力於實踐「幸福企業」的目標，

讓客艙組員擁有坦誠、直接、彼此尊重的工作環境。

本著賓至如歸與對生活的熱愛，洞察需求、勇於挑戰，

為每位旅客創造超乎想像的搭機體驗。

（一）職務說明

1. 執行客艙安全程式，維護航機和旅客安全，提供優質旅客服務。

2. 客艙組員為勞動基準法第84條之1規範之特殊工作者，工時須配合航班彈性調整，例假日、休息日及國定假日亦須另行調移排休，應徵者須同意簽署前揭84條之1約定書。

（二）工作地點

以桃園國際機場及臺北松山機場爲派飛基地，受訓地點爲臺北市（星宇航空總部）。

（三）報考資格

1. 持中華民國國民身分證。

2. 中華民國教育部認可之國內、外公私立大專院校畢業，具大專以上學歷。具下列任一之有效英文檢定成績證明：

   (1)TOEIC 600分以上。

   (2)BULATS 45分以上。

   (3)TOEFL iBT 64分以上。

   (4)TOEFL ITP 480分以上。

   (5)IELTS 4.5分以上。

3. 因執行客艙安全相關工作所需，雙手上舉可觸及210公分的高度。

4. 雙眼裸視0.1以上，經隱形眼鏡矯正後兩眼視力均達1.0以上。

5. 於國際線航空公司任職客艙組員3年以上。

（四）報名期間與方式

1. 報名期間：不定期公布。

2. 報名方式：一律採取網路報名。

（五）甄試通知

應徵者履歷經審查符合甄試資格者，本公司將另寄發甄試通知。

甄試日期：不定期公布。

甄試地點：臺北市內湖區南京東路六段 382 號（星宇航空總部）。

確定之甄試日期與時段依甄試通知內容所載。

（六）甄試應備文件

1. 中華民國國民身份證正本。

2. 最高學歷畢業證書正本（若持國外學歷須完成學歷認證手續）。

3. 英文檢定成績證明正本（無效期限制，但建議提供最新的成績資料）。

4. 退伍令或免役證明正本；服役中之役男請提供軍人身分證正本。

　　上述檔正本將於繳驗後當場發還。甄試報到時須完整提供上述所有檔，若有缺件則視同放棄甄試資格。

（七）甄試流程

1. 網路報名。

2. 面試／筆試。

3. 體格檢查／職前調查。

4. 任用條件通知。

5. 報到通知。

（八）注意事項

1. 相關招募及甄試資訊將透過本公司官網或電子郵件發布，恕不接受來電諮詢。

2. 如有任何疑問，請來信至ccrecruit@starlux-airlines.com。

3. 報名資料如有任何不實記載，本公司將取消甄試資格不予錄用。

4. 錄取者須與本公司簽訂聘僱暨訓練合約及勞動基準法第84條之1約定書，且自完訓之翌日起，須於本公司服務至少三年。

5. 受訓期間各項成績未達本公司標準或試用未通過者，將終止訓練並停止試用。

6. 本公司未與坊間補習班或相關機構合作招募事宜，且不會以任何通訊軟體（如Line、FB、微信等），或非官方管道向求職者要求提供個人資料，為保護求職者權益，敬請提高警覺。

7. 託人關說者，恕不錄用。

參考文獻及資料來源

1. 洪宛萱、金燕汝、林家慶，2010，探討廉價航空通路發展現況之研究—以臺灣地區為調查對象。

2. 周榮昌、劉祐興、王唯全，國際航線低價航空公司及一般航空公司選擇行為之研究－以臺北－新加坡航線為例，運輸計畫季刊，第三十六期，第一卷，頁307~332，2007。

3. 蔣文育、梁金樹、余坤東，應用Logit Model於航空市場之消費行為研究，東吳經濟學報，第四十八期，頁57-72，2005。

4. 王淑娟，2008，交通部。

5. 陳明達，2005，國籍航空公司採用低成本經營方案之評估，國立交通大學。

6. 交通部民航局網站及統計資料。

7. 長榮航空公司公開說明書。

8. IATA中華民國地區銀行清帳計畫BSP作業簡介。

9. 中華航空公司機票使用規定。

10. 中華航空公司客艙行李規定。

11. 中華航空公司託運行李規定。

12. 中華航空公司運送條款。

13. 中華航空及長榮航空機票使用規定。

14. 華信航空公司運送條款規定。

15. 立榮航空公司運送條款規定。

16. Ticketing handbook, 2012, International Air Transport Association.

17. http：//www.faa.gov。

18. http：//www.sita.aero。

19. http：//www.ttbs.com.tw/common/citycode.html

20. http：//www.ttbs.com.tw/common/citycode.html

21. http：//www.shenzhenair.com/

國家圖書館出版品預行編目 (CIP) 資料

航空服務管理與票務 / 鄭章瑞編著 .

-- 四版 . -- 新北市 : 全華圖書 , 2020.08

面；　公分

ISBN 978-986-503-389-7（平裝）

1. 航空運輸管理 2. 客運

　557.943　　　　　　　　　106013796

航空服務管理與票務

作　　者 / 鄭章瑞

發 行 人 / 陳本源

執行編輯 / 廖珮妤

封面設計 / 蕭暄蓉

出 版 者 / 全華圖書股份有限公司

郵政帳號 / 0100836-1 號

印 刷 者 / 宏懋打字印刷股份有限公司

圖書編號 / 0821403

四版二刷 / 2022 年 09 月

I S B N / 978-986-503-389-7（平裝）

定　　價 / 新臺幣 490 元

全華圖書 / www.chwa.com.tw

全華網路書店 Open Tech / www.opentech.com.tw

若您對書籍內容、排版印刷有任何問題，歡迎來信指導 book@chwa.com.tw

臺北總公司（北區營業處）
地址：23671 新北市土城區忠義路 21 號
電話：(02) 2262-5666
傳眞：(02) 6637-3695、6637-3696

中區營業處
地址：40256 臺中市南區樹義一巷 26 號
電話：(04) 2261-8485
傳眞：(04) 3600-9806

南區營業處
地址：80769 高雄市三民區應安街 12 號
電話：(07) 381-1377
傳眞：(07) 862-5562

學後評量
航空服務管理與票務

第 1 章
航空概論與主管機關

班級：＿＿＿＿＿＿　學號：＿＿＿＿＿＿

姓名：＿＿＿＿＿＿＿＿＿＿＿＿

一、選擇題（每題 3 分，共 30 分）

（　　）1. 下列何者為我國負責飛安事件調查之單位？

　　　(A) 交通部民用航空局　　　　　　(B) 交通部航政司

　　　(C) 行政院飛航安全委員會　　　　(D) 國家運輸安全委員會

（　　）2. 下列哪一項非 IATA 的重要商業功能？

　　　(A) 設立清帳所　　　　　　　　　(B) 推動 BSP

　　　(C) 推動 MITA　　　　　　　　　(D) 機票印刷精緻化

（　　）3. 茂林國家風景區之主管單位是

　　　(A) 交通部民用航空局　　　　　　(B) 交通部航政司

　　　(C) 交通部觀光局　　　　　　　　(D) 國家運輸安全委員會

（　　）4. 哪一項非 GDS 服務的內容？

　　　(A) 代訂機票　　(B) 醫院掛號　　(C) 代訂租車　　(D) 航空班表陳列

（　　）5. 以下何者為我國之特等航空站？

　　　(A) 高雄機場　　(B) 松山機場　　(C) 桃園中正機場　　(D) 花蓮機場

（　　）6. 清帳所 (Clearing House) 設立於何處？

　　　(A) 巴黎　　(B) 日內瓦　　(C) 蒙特婁　　(D) 倫敦

（　　）7. 飛航情報區的劃定是由下列哪個組織負責？

　　　(A) IATA　　(B) ACI　　(C) ICAO　　(D) IGHC

（　　）8. 下列那一個組織中並沒有我國政府組織或民間企業正式加入？

　　　(A) ICAO　　(B) IATA　　(C) ACI　　(D) APEC

（　　）9. 一個國家「開闢新航線」，要向下列哪一個國際組織註冊？

　　　(A) International Civil Aviation Organization, ICAO

　　　(B) International Air Transport Association, IATA

　　　(C) International Association of Convention & Visitors Bureaus, IACVB

　　　(D) International Congress and Convention Association, ICCA

（　　）10. 下列何者為聯合國下的機構？

　　　(A) 國際民航組織 (ICAO)　　　　　(B) 國際航空運輸協會 (IATA)

　　　(C) 國際機場協會 (ACI)　　　　　(D) 國際飛行員協會 (IFAPA)

二、解釋名詞(每題10分，共20分)

　　1.銀行清帳計畫

　　　答：

　　2.票價會議

　　　答：

三、問答題(每題10分，共50分)

　　1.國際航協(IATA)有哪些重要商業功能？

　　　答：

　　2.何謂多邊聯運協定(MITA)？

　　　答：

　　3.何謂雙邊清帳合約(BCTA)？

　　　答：

　　4.請說明全球訂位系統(GDS)的服務內容？

　　　答：

　　5.觀光旅館、旅行業及導遊人員證照之核發與管理係由哪個單位所核發？

　　　答：

得 分

學後評量
航空服務管理與票務

第 2 章
航空公司組織與產業

班級： _____ 學號： _____

姓名： _____

一、選擇題（每題 5 分，共 30 分）

（　　）1. 以下哪一項產業非航空公司中游關聯產業？

（A) 廣告業　(B) 空廚業　(C) 地勤服務業　(D) 石油業

（　　）2. 航空公司中負責航機簽派作業單位為？

（A) 客運處　(B) 機務處　(C) 空服處　(D) 飛安聯管處

（　　）3. 以下何者非航空公司業務主要內容？

（A) 客貨運業　(B) 空中照相　(C) 飛航情報蒐集　(D) 航空雜誌發行

（　　）4. 以下哪一項產業非航空公司下游關聯產業？

（A) 旅行社　(B) 飛機租賃業　(C) 貨運承攬業　(D) 快遞業

（　　）5. 以下哪一項產業非航空公司上游關聯產業？

（A) 飛機維修業　　　　　　　(B) 飛機製造業

（C) 飛機租賃業　　　　　　　(D) 地勤設備製造業

（　　）6. 以下哪一項產業非航空公司中游關聯產業？

（A) 客貨運輸業　　　　　　　(B) 飛機租賃業

（C) 空廚業　　　　　　　　　(D) 地勤服務業

二、解釋名詞（每題 10 分，共 20 分）

1. 飛機製造廠商

答：

2. 快遞業

答：

三、問答題（每題 10 分，共 50 分）

1.航空公司主要業務內容有哪些？
　答：

2.航空公司之主要部門有哪七個？
　答：

3.地勤處為機場整體作業中之一環，其包括項目種類繁多，主要負責業務為何？
　答：

4.航空公司中游關聯產業有哪些？
　答：

5.航空公司下游關聯產業有哪些？
　答：

第 3 章
航空公司特性與分類

一、選擇題（每題 5 分，共 35 分）

（　）1. 標準型低成本航空公司 (LCC) 的特性，下列何項錯誤？

    (A) 以單走道客機為主　　　　　(B) 每趟航程時間以 6 小時以上為主

    (C) 使用次級機場為最多　　　　(D) 自有網站售票為最多

（　）2. 依交通部民用航空局統計，第一家進軍臺灣的低成本航空公司 (LCC) 為

    (A) 樂桃航空公司　　　　　　　(B) 宿霧太平洋航空公司

    (C) 真航空公司　　　　　　　　(D) 新加坡捷星航空公司

（　）3. 就臺灣桃園國際機場而言，下列何者為 Off-Line 之航空公司？

    (A)AI　(B)JL　(C)MH　(D)SQ

（　）4. 航空公司或是旅館業者經常會將機位或客房作一適度的超賣 (over-booking)，以避免顧客臨時取消機位或訂房而造成的損失，此種策略為何？

    (A) 目標管理　　　　　　　　　(B) 績效管理

    (C) 營收管理　　　　　　　　　(D) 成本管理

（　）5. 航空公司的特性中，下列何項錯誤？

    (A) 高資本性　(B) 國際性　(C) 專業性　(D) 無形性

（　）6. 阿根廷航空班機未飛抵臺灣，我們稱該航空公司為

    (A) On-Line　(B)Off-Line　(C)Off-Air　(D)GSA

（　）7. 以下航空公司，何者非以客運為主收入之航空公司？

    (A) 國泰航空　(B) 中華航空　(C) 新加坡航空　(D)FedEx Express 航空

二、解釋名詞（每題 5 分，共 25 分）

1. 全服務航空公司

    答：

2. ON-LINE Airlines

    答：

3.貨運航空公司

　　答：

4.包機公司

　　答：

5.GSA

　　答：

三、問答題（每題8分，共40分）

　　1.航空公司的特性中之可變性為何？

　　　答：

　　2.航空公司的特性中之整體性為何？

　　　答：

　　3.廉價航空降低成本的方式歸納有哪些？

　　　答：

　　4.航空公司依航行區域之分類有哪些？

　　　答：

　　5.航空公司依航線到達之分類有哪些？

　　　答：

得　分

學後評量
航空服務管理與票務

班級：＿＿＿＿＿　學號：＿＿＿＿

姓名：＿＿＿＿＿＿＿＿＿

第 4 章
航空客運市場

一、選擇題（每題 3 分，共 30 分）

(　　) 1. 把每個顧客都當成一個分析市場，分析企業服務的顧客所帶來的成本和收益，得到每個顧客對企業的財務價值，稱為

(A) 財務貢獻分析　　　　　　　(B) 營收貢獻度分析

(C) 人口特點的分析　　　　　　(D) 個性分析

(　　) 2. 所謂獎勵會議旅遊，其英文簡稱為

(A)NICE　(B)MEETING　(C)MICE　(D)TRAVELING

(　　) 3. 旅客訂好班機座位後，在航班起飛之前因故不來登機，此稱為

(A)NO SHOW　(B)OFF SHOW　(C)GO SHOW　(D)GOOD SHOW

(　　) 4. 體現一家航空公司的實力與信譽，更是商旅人士選擇航空公司的一個重要考量因素是

(A) 空服人員漂亮　(B) 航班準時率　(C) 地勤服務　(D) 關係良好

(　　) 5. 以下哪一項不是滿足航空運輸產品核心價值的重要保障？

(A) 航線網路　(B) 航班密度　(C) 航班時刻　(D) 免稅品銷售

(　　) 6. 經濟發展水準決定了整個社會的經濟結構、收入和消費水準，也因此決定了旅客哪項的需求？

(A) 航空服務　(B) 人口密度　(C) 飲食時刻　(D) 會議安排

(　　) 7. 自助報到機台系統又稱為

(A) KMS　(B) KIOSK　(C)E ticketing　(D)AUTOM

(　　) 8. 當航班最終決定取消時，根據旅客的不同要求，以下哪一項不是航空公司服務項目？

(A) 為其退票、改票　(B) 安排住宿　(C) 提取行李　(D) 購買機票

(　　) 9. 第一個將航班時刻利用拍賣分配機制，實現航班時刻市場化配置的首個國家是？

(A) 英國　(B) 美國　(C) 日本　(D) 德國

(　　)10. 哪一項是國民經濟計算的核心指標，也是衡量一個國家或地區經濟狀況和發展水準的重要指標？

(A) 國民生產總值 (GDP)　(B) 人口總量　(C) 班機數量　(D) 航空公司數量

二、解釋名詞（每題 5 分，共 20 分）

1. 獎勵會議旅遊

答：

2.常搭旅客計畫

答：

3.品牌態度

答：

4.航班密度

答：

三、問答題（每題 10 分，共 50 分）

1. 航空運輸需求可以從哪六方面分析？（簡答）

答：

2. 何謂航空運輸的核心產品？

答：

3. 影響航空服務需求，有人口的結構因素為何？

答：

4. 為了更好地理解航空產品的內涵，可以將產品的整體概念分為哪三個層次？（簡答）

答：

5. 旅行時間在航空市場行銷中是一個非常重要的市場分析因素，請問其旅客可以分為哪兩類呢？

答：

得　分　　學後評量
航空服務管理與票務

班級：＿＿＿＿＿ 學號：＿＿＿＿＿

姓名：＿＿＿＿＿＿＿＿＿＿

第 5 章
旅遊趨勢

一、選擇題（每題 3 分，共 30 分）

（　）1. 有效期限制為 30 天的票，稱為？

　　　　(A) 特別票　(B) 經濟票　(C) 正常票　(D) 免費票

（　）2. 航空公司使用收益管理系統及訂位艙等代號，來分配及控制各種艙等配置數量，以下何者非考慮因素？

　　　　(A) 機隊規模　(B) 航線結構　(C) 市場需求　(D) 超值訂價

（　）3. 跟著旅行團隊一同登機，到達目的地後，脫離旅行團，自由行動，直到回程的那天，重新與團體會合，一起乘飛機回來，稱為

　　　　(A) 節約行　(B) 折扣行　(C) 團體自由行　(D) 競爭行

（　）4. 不提供食品、飲料、報刊和毛毯等物品，飛機的貨艙載重量小，需要的空服員也少的航空公司，西方人稱為

　　　　(A) 豪華航空　(B) 低成本航空　(C) 零服務航空　(D) 自由航空

（　）5. 以下何者非自由行特性？

　　　　(A) 批量小　(B) 購物多　(C) 批次多　(D) 變化多

（　）6. 在美國，退一張機票和重新訂一張機票的額外費用為多少美元？

　　　　(A) 50 美元　(B)150 美元　(C) 50 到 150 美元　(D) 75 到 100 美元

（　）7. 旅行社組織到中華民國疆域以外其他國家或地區旅遊國外團體旅遊團隊，一般係以幾人以上的旅遊活動？

　　　　(A) 8 人（含）以上　　　　　　　(B) 10 人（含）以上

　　　　(C) 13 人（含）以上　　　　　　　(D)20 人（含）以上

（　）8. 以度假和休閒為主要目的一種自助旅遊形式，產品以機票＋酒店＋簽證為核心，精心為遊客打造的系列套餐產品，稱為？

　　　　(A) 團體旅遊產品　(B) 隨意行產品　(C) 自由行產品　(D) 組合行產品

（　）9. 航空公司因應激烈競爭市場，搶佔旅遊團體、自由行及散客市場，其相關策略如何？

　　　　(A) 使用收益管理系統　(B) 網路拍賣　(C) 採用長期簽約制　(D) 以上皆是

（　）10. 購買團體優待票，跟著團去團回，只買票，但不買團體旅遊，稱為？

　　　　(A) 湊票　(B) 網路拍賣票　(C) 團票　(D) 以上皆是

【背面尚有試題，請翻面繼續作答】

二、解釋名詞（每題 5 分，共 20 分）

　　1.團體旅遊

　　　答：

　　2.零團費旅行團

　　　答：

　　3.湊（團體）票

　　　答：

　　4.自由行

　　　答：

三、問答題（每題 10 分，共 50 分）

　　1.為因應激烈競爭市場，搶占團體、自由行及散客市場，航空公司有哪些相關策略？

　　　答：

　　2.團體旅遊的特點有哪些？

　　　答：

　　3.自由行有哪些低價機票攻略？

　　　答：

　　4.自由行有哪些省錢策略？

　　　答：

　　5.何謂紅眼航班？

　　　答：

得　分

學後評量
航空服務管理與票務

第 6 章
機場服務介紹

班級：＿＿＿＿＿　學號：＿＿＿＿＿

姓名：＿＿＿＿＿＿＿＿＿＿＿＿

一、選擇題 （每題 3 分，共 30 分）

（　）1. 航站大廈提供旅客辦理報到及候機之設施，以下哪項<u>不包括</u>？

(A) 安檢櫃檯　(B) 候機室　(C) 報到櫃檯　(D) 電影院

（　）2. 人們在機場不僅可以搭乘飛機，還可以進行購物、辦公、住宿、開會、展銷、商貿等各種活動，從而形成哪一種新的城市經濟模式？

(A) 機隊　(B) 航空城　(C) 市場　(D) 百貨商場

（　）3. 搭機前至航空公司櫃檯辦理報到後，櫃檯人員會給您一張印有航空公司名稱、班機代號、座位號碼，在證照查驗櫃檯及登機時，須連同身分證件出示給相關人員查驗後才可登機，稱為

(A) 登機證　(B) 折扣證　(C) 團體證　(D) 通行證

（　）4. 有關旅客出境每人攜帶之外幣、人民幣、新臺幣及黃金之限制規定為何

(A) 新臺幣 5 萬　(B) 新臺幣 10 萬元　(C) 新臺幣 15 萬元　(D) 新臺幣 20 萬元

（　）5. 旅客身上或隨身行李內所攜帶之液體、膠狀及噴霧類物品之容器，其體積不可以超過幾毫升？

(A) 20 毫升　(B) 50 毫升　(C) 100 毫升　(D)200 毫升

（　）6. 旅客禁止攜帶新鮮水果入境，如有攜帶動植物或其產品，應依照我國檢疫規定辦理，並向海關申報或向動植物防疫檢疫局申請檢疫，未依規定申報者，處新臺幣多少元以上罰鍰？

(A) 新臺幣 3,000 元　　　　　　　(B) 新臺幣 4,000 元

(C) 新臺幣 5,000 元　　　　　　　(D) 新臺幣 6,000 元

（　）7. 國人於出國時，護照效期必須在幾個月以上？

(A) 5 個月　(B) 6 個月　(C)8 個月　(D) 一年

（　）8. 申請自動查驗通關服務 (E-Gate)，可選擇 E-Gate，加快通關速度，其申請年齡資格為何？

(A) 年滿 14 歲　(B) 年滿 18 歲　(C) 年滿 20 歲　(D) 沒限制

（　）9. 刮鬍泡、防狼噴霧劑等容器容量，超過多少 ml 之液體、膠狀物品、噴霧狀物品禁止攜帶登機？

(A) 50ml　(B) 100ml　(C) 150ml　(D)200ml

（　）10. 旅客辦妥入境證照查驗後，應至行李檢查大廳，等候領取行李。旅客提取行李後，所攜行李如未超過免稅限額且無管制、禁止、限制進口物品者，可選擇哪種通道通關？

(A) 黃線檯　(B) 紅線檯　(C) 綠線檯　(D) 白線檯

【背面尚有試題，請翻面繼續作答】

二、解釋名詞（每題 5 分，共 20 分）

    1.轉機(Transfer)

      答：

    2.過境(Transit)

      答：

    3.免簽證計畫(VWP)

      答：

    4.空橋

      答：

三、問答題（每題 10 分，共 50 分）

    1.現行出境報到方式有哪些？（簡答）

      答：

    2.有關旅客出境每人攜帶之外幣之規定為何？

      答：

    3.旅客可使用自助報到機檯，辦理登機報到手續，其步驟為何？

      答：

    4.旅客攜帶動植物入境規定為何？

      答：

    5.轉機與過境最大的區別？

      答：

得　分　　　學後評量

班級：＿＿＿＿＿　學號：＿＿＿＿＿

航空服務管理與票務

姓名：＿＿＿＿＿＿＿＿＿＿

第 7 章

空勤服務

一、選擇題 （每題 3 分，共 30 分）

（　　）1. 旅客坐好之後，空服員進行客艙安全示範，隨後進行客艙安全檢查，內容並<u>不包括</u>以下哪一項？

    (A) 是否繫好安全帶   (B) 是否豎直椅背

    (C) 是否收起餐桌   (D) 是否打開視聽設備

（　　）2. 在航空器廁所內吸菸，依民用航空法第 119-2 條規定處罰多少罰鍰？

    (A) 新臺幣一萬元以上五萬元以下罰鍰

    (B) 警告

    (C) 新臺幣一千元以上五千元以下罰鍰

    (D) 新臺幣二萬元以上五萬元以下罰鍰

（　　）3. 航空公司原則上<u>不受理</u>幾週以內即將分娩之孕婦搭機？

    (A)4 週內   (B) 3 週內   (C)2 週內   (D)1 週內

（　　）4. 長榮航空 Hello Kitty 彩繪機，中華航空雲門彩繪機是屬於

    (A) 重視旅客期望，突出旅客價值

    (B) 貼近人性的服務

    (C) 擴大價值，為旅客增加全新的體驗

    (D) 增加個性化服務專案

（　　）5. 對飛行過程中的安全事項服務，保證全程飛行與旅客安全。<u>不包括</u>哪一項？

    (A) 逃生設備的介紹   (B) 觀察是否賭博

    (C) 監控駕駛艙門   (D) 觀察是否有劫機犯罪

（　　）6. 飛行時間多久以上的航班會供應飲料及餐食？

    (A) 1 小時   (B) 1.5 小時   (C) 2 小時   (D)2.5 小時

（　　）7. 懷孕超過幾週，且將於 4 至 8 週內即將分娩之孕婦如欲搭乘班機，旅客應填寫免責同意書外，並需備妥離啟程日 7 天內婦產科醫師簽署之適航申請書？

    (A) 32 週   (B) 30 週   (C)28 週   (D) 沒限制

（　　）8. 有些旅客對搭機過程出現恐慌、畏懼時，對旅客提供心理服務，像親人一樣關懷開導，並提供有益的幫助，稱為？

    (A) 延伸價值   (B) 旅客安撫   (C) 醫療幫助   (D) 創新特殊服務

（　　）9. 基於安全考量，航空公司<u>不受理</u>生產後未滿幾天之產婦登機？

    (A) 24 天   (B) 14 天   (C) 7 天   (D) 皆可

（　　）10. 某位旅客懷孕 38 週（或距離預產期約 2 週）到機場辦理報到手續，下列敘述何者正確？

      (A) 不得搭機，拒絕受理其報到

      (B) 須提供其主治醫師填具之適航證明，方可受理

      (C) 須事先通過航空公司醫師診斷，方可受理

      (D) 須於班機起飛 48 小時前，告知航空公司並回覆同意，方可受理

二、解釋名詞（每題 5 分，共 20 分）

    1. 機上販售商品

     答：

    2. ED card

     答：

    3. 電子用品規範

     答：

    4. 機上醫務急救

     答：

三、問答題（每題 10，共 50 分）

    1. 機上服務一般分為哪五個階段？（簡答）

     答：

    2. 飛行中的飛行實施階段有哪些工作內容？（簡答）

     答：

    3. 對飛行過程中的安全事項進行處理，清除各種事故隱患，保證全程飛行與旅客安全。內容包括哪些？

     答：

    4. 何謂客艙清艙檢查？

     答：

    5. 何謂登機禮儀服務？

     答：

得　分

學後評量
航空服務管理與票務

班級：＿＿＿＿＿　學號：＿＿＿＿＿

姓名：＿＿＿＿＿＿＿＿＿

第 8 章
航權與指標

一、選擇題（每題 3 分，共 30 分）

（　）1. 由臺北 (+8)15 時 25 分飛往美國洛杉磯 (-8) 的班機，假設總飛行時間需 13 小時，則抵達洛杉磯的時間為：

(A)12 時 25 分 　　　　　　　　(B)13 時 25 分

(C)14 時 25 分 　　　　　　　　(D)15 時 25 分

（　）2. 將航空公司登記國領域內之客、貨、郵件，運送到他國卸下之權利，亦稱卸載權，此為第幾航權？

(A) 第二航權　　(B) 第三航權　　(C) 第四航權　　(D) 第五航權

（　）3. 某航空公司由臺北飛往紐約班機，臺北起飛時間 16：30，抵達安克拉治為 09：25。略事停留後續於 10：40 起飛，抵達紐約為 21：30，其飛行時間為多少？(TPE/GMT+8，ANC/GMT-8，NYC/GMT-4)

(A)17 時 15 分　(B)11 時 45 分　(C)13 時 15 分　(D)15 時 45 分

（　）4. 根據下面顯示的可售機位表，TPE 與 VIE 兩地之間的時差為多少小時？

(A)15 小時　(B)8 小時　(C)7 小時　(D)1 小時

```
22JAN TUE TPE/Z ¥8 VIE/-7
1CI 63 J4C4D0Z0Y7B7TPEVIE 2335 0615 ¥1 343M0 26 DC/E
2BR 61 C4J4Z4Y7K7M7TPEVIE 2340 0930 ¥1 332M1 246 DC/E
3KE/OI *5692 C0D0I0Z4O4Y0TPEICN 0810 1135 3330 DC/E
4KE 933 P0A0J4D4I4Z0VIE 1345 1720 332LD0 246 DC/E
5CI 160 J4C4D0Z4Y7B7TPEICN 0810 1135 333M0 DC/E
6KE 933 P0A0J4D4I4Z0VIE 1345 1720 332LD0 246 DC/E
7TG 633 C4D4J4Z4Y4B4TPEBKK 1520 1815 330M0 X136 DCA/E
8TG/VO *7202 C4D4J4Z4Y4B4VIE 2355 0525 ¥1 7720 DCA/E
9TZ 202 Z7C7J7D6I0S7TPENRT 0650 1040 7720 DCA
10OS/VO *52 J9C9D9Z9P9Y9VIE 1215 1610 772MS0 X46 DC/E
11TZ 202 Z7C7J7D6I0S7TPENRT 0650 1040 7720 DCA
12NH/VO *6325 J4C4D4Z4P4Y4VIE 1215 1610 772MS0 X46 DCA/E
```

（　）5. 假設某航班於星期一 22 時 50 分自紐約 (-4) 直飛臺北 (+8)，於星期三 8 時抵達目的地，試問飛航總時間為多少？

(A)18 小時又 10 分 　　　　　　(B)19 小時又 10 分

(C)20 小時又 10 分 　　　　　　(D)21 小時又 10 分

（　）6. 下列空中巴士的機型，何者酬載量（可載客數）最小？

(A)A310　(B)A320　(C)A330　(D)A340

（　）7. 國際航空運輸協會 (IATA) 為統一管理及制定票價，將全世界劃分為 3 大區域，下列那一個城市不屬於 TC3 的範圍？

(A)DPS　(B)MEL　(C)DEL　(D)CAI

（　　）8. 下列哪一個航空客運行程的 GI(Global Indicator) 爲「WH」？

(A) 美國洛杉磯到美國紐約　　　　　(B) 美國紐約到法國巴黎

(C) 法國巴黎到德國法蘭克福　　　　(D) 德國法蘭克福到臺灣臺北

（　　）9. 華航由臺北飛澳洲的航線須經由印尼領空，請問必須取得印尼同意給予

(A) 第五航權　(B) 第一航權　(C) 第四航權　(D) 第二航權

（　　）10. 按 IATA 運輸會議區域之劃分，澳洲屬於第幾區？

(A) 第一區　(B) 第二區　(C) 第三區　(D) 第四區

二、解釋名詞（每題 4 分，共 20 分）

1. 通過權

答：

2. 技術降落權

答：

3. 卸載權

答：

4. 全球飛行指標

答：

5. GMT

答：

三、問答題（每題 10 分，共 50 分）

1. 何謂空中航權？

答：

2. 何謂第五航權？

答：

3. 三大區域中第三區域包含哪些區域？

答：

4. 美國大陸地區採用的時區自東向西爲何？

答：

5. 11 月 1 日東京/臺北 16：25/18：55，東京(GMT＋9)→臺北(GMT＋8)，實際飛行多久？

答：

得　分

學後評量
航空服務管理與票務

第 9 章
訂位系統與客運聯盟

班級：＿＿＿＿＿　學號：＿＿＿＿

姓名：＿＿＿＿＿＿＿＿＿＿

一、選擇題 (每題 3 分，共 30 分)

(　) 1. 成立於 1988 年，總公司設於新加坡，目前各地的行銷公司分處於澳洲、汶萊、香港、印度、南韓、馬來西亞、菲律賓、新加坡、臺灣及越南等 20 個市場之 CRS 系統稱為？

(A)ABACUS　(B)SABRE　(C)GALILEO　(D)AMADEUS

(　) 2. 根據下面顯示的 ABACUS 可售機位表，下列航空公司與 ABACUS 訂位系統之連線密切程度，何者等級最高？

(A)CI　(B)CX　(C)KA　(D)TG

```
23JAN SUN TPE/Z ￥8 HKG/ ￥0
1CX 463 J9 C9 D9 I9 Y3 B1 H0*TPEHKG 0700 0845 330 B 0 DCA /E
2CX 465 F4 A4 J9 C9 D9 I9 Y9* TPEHKG 0745 0930 343 B 0 1357 DCA /E
3CI 601 C4 D4 Y7 B7 M7 Q7 H7 TPEHKG 0750 0935 744 B 0 DC /E
4KA 489 F4 A4 J9 C9 D4 P5 Y9*TPEHKG 0800 0945 330 B 0 X135 DC
5TG 609 C4 D4 Z4 Y4 B4 M0 H0 TPEHKG 0805 1000 333 M 0 X246 DC
6CI 603 C0 D4 Y7 B7 M7 Q7 H7 TPEHKG 0815 1000 744 B 0 DC /E
*- FOR ADDITIONAL CLASSES ENTER 1*C
```

(　) 3. 依據 IATA 規定，航空公司對於託運行李的處理，下列敘述何者正確？

(A) 損壞或遺失的行李應於出關前，由領隊協助旅客填具 PNR 向該航空公司申請賠償

(B) 對於遺失的行李，航空公司最高理賠金額為每公斤 400 美元

(C) 旅客的託運行李以件數論計，其適用地區為 TC3 區至 TC1 區之間

(D) 遺失行李時，領隊應協助旅客購買必需的盥洗用品，並保留收據，每人每天以 60 美元為上限

(　) 4. 當旅客途中有某一段行程不搭飛機 (即有 Surface 的情況)，則該段行程在航空訂位系統中，會顯示下列何項訂位狀況？

(A)ARNK　(B)FAKE　(C)OPEN　(D)VOID

(　) 5. 下列何種機型為擁有四具發動機配備的客機？

(A) 波音 767 型客機　　　　　　(B) 波音 777 型客機

(C) 空中巴士 A330-200 型客機　　(D) 空中巴士 A340-300 型客機

(　) 6. 中華航空公司加入下列哪一個航空公司合作聯盟？

(A)Star Alliance　(B)Sky Team　(C)One World　(D)Qualiflyer Group

(　) 7. 下列何者不是「星空聯盟」(Star Alliance) 的創始航空公司？

(A) 美國聯合航空　(B) 德國漢莎航空　(C) 國泰航空　(D) 泰國航空

（　　）8. 航空電腦訂位系統 (ABACUS) 的功能，<u>不包括</u>

　　(A) 預訂旅館房間　(B) 建立客戶檔案　(C) 預訂租車　(D) 代辦電子簽證

（　　）9. 韓航、華航及法航皆為哪一個聯盟成員？

　　(A) 星空聯盟　(B) 天合聯盟　(C) 寰宇一家　(D) 四海一家

（　　）10. DELTA 航空可以利用亞洲聯營的華航機場地勤，不用自己聘雇，華航也不必在美國的聯營航點另外聘人，其目的為何？

　　(A) 節省油費　(B) 節省人事成本　(C) 建立客戶資料　(D) 提高載客率

二、解釋名詞（每題 8 分，共 40 分）

1. 中性票

答：

2. 機票契約

答：

3. 占位行李

答：

4. 查驗權

答：

5. 超重行李

答：

三、問答題（每題 6 分，共 30 分）

1. ABACUS 主要功能為何？

答：

2. 航空業五大航空聯盟為何？

答：

3. 請簡述加入航空聯盟，對客戶有哪些效益？

答：

4. 何謂共掛班號？其利益為何？

答：

5. 以計重制，成人及 2 歲以上之兒童搭乘 F、C、Y 之免費託運行李重量為何？

答：

一、選擇題(每題 4 分，共 44 分)

(　) 1. 機票表示貨幣價值時，均以英文字母為幣值代號，下列何者錯誤？

　　(A)CAD：加幣　　(B)EGP：歐元　　(C)NZD：紐元　　(D)GBP：英鎊

(　) 2. 搭乘本國籍航空公司帶團前往紐西蘭基督城，通常會於下列何城市入境紐西蘭？

　　(A)CHC　(B)BNE　(C)AKL　(D)SYD

(　) 3. 加拿大東部大城多倫多 (Toronto) 的城市代號 (City code) 為

　　(A)YYZ　(B)YOW　(C)YRN　(D)YTO

(　) 4. 加拿大的首都城市代碼 (CITY CODE) 為

　　(A)YOW　(B)YYC　(C)YVR　(D)YYZ

(　) 5. 美國大西洋沿岸的大城市有

　　① WAS ② NYC ③ BOS ④ PHL，「從北至南」依序排列為：

　　(A) ①④②③　　(B) ②③①④　　(C) ③②④①　　(D) ④③②①

(　) 6. 下列何者不是美國紐約地區的機場代號？

　　(A)JFK　(B)EWR　(C)LGA　(D)MSP

(　) 7. 下列何者是國際航空運輸協會 (IATA) 所賦予新加坡航空公司的代號？

　　(A)SA　(B)SI　(C)SQ　(D)SR

(　) 8. 以下哪一種非美國稅費代號？

　　(A) TG　(B)XA　(C)US　(D)XF

(　) 9. 以下何者非倫敦機場代號？

　　(A)LHR　(B) LGA　(C)LGW　(D)LTN

(　)10. 華信航空公司英文 2 碼代號為何？

　　(A)AZ　(B)AC　(C) AE　(D)AF

(　)11. 下列何者是國際航空運輸協會（IATA）所賦予新加坡航空公司的代號？

　　(A) SA　(B) SI　(C) SQ　(D) SR

二、解釋名詞（每題 8 分，共 16 分）

    1.XT稅

      答：

    2.SG稅

      答：

三、問答題（每題 8 分，共 40 分）

    1.安克拉治城市代號為何？

      答：

    2.倫敦機場有哪三座？

      答：

    3.SQ係哪家航空公司？

      答：

    4.CAD係哪一國家貨幣？

      答：

    5.YQ係何種費用？

      答：

得 分

學後評量
航空服務管理與票務

班級：＿＿＿＿＿ 學號：＿＿＿＿＿

第 11 章
機票種類與使用

姓名：＿＿＿＿＿＿＿＿＿＿＿＿＿

一、選擇題（每題 3 分，共 30 分）

(　　) 1. 搭機旅客攜帶防風（雪茄）型打火機回臺灣，其帶上飛機規定爲何？

    (A) 可以隨身攜帶，但不可作爲手提或託運行李

    (B) 不可隨身攜帶，但可作爲手提或託運行李

    (C) 不可隨身攜帶及手提，但可作爲託運行李

    (D) 不可隨身攜帶，也不可作爲手提或託運行李

(　　) 2. 我國民用航空法規定，航空公司就其託運貨物或登記行李之毀損或滅失所負之賠償責任，在未申報價值之情況下，每公斤最高不得超過新臺幣多少元？

    (A)1 千元　(B)1 千 500 元　(C)2 千元　(C)3 千元

(　　) 3. 旅客於航空器的廁所內吸菸，依民用航空法第 119 條之 2 規定，最高可處新臺幣多少之罰鍰呢？

    (A)5 萬元　(B)6 萬元　(C)7 萬元　(D)10 萬元

(　　) 4. 未滿 2 歲的嬰兒隨父母搭機赴美，其免費託運行李的上限規定爲何？

    (A) 可託運行李一件，尺寸長寬高總和不得超過 115 公分

    (B) 可託運行李二件，每件尺寸長寬高總和不得超過 115 公分

    (C) 20 公斤，含可託運一件折疊式嬰兒車

    (D) 20 公斤，含可託運一件折疊式嬰兒車與搖籃

(　　) 5. 依據 IATA 規定，航空公司對於託運行李的處理，下列敘述何者正確？

    (A) 損壞或遺失的行李應於出關前，由領隊協助旅客填具 PNR 向該航空公司申請賠償

    (B) 對於遺失的行李，航空公司最高理賠金額爲每公斤 400 美元

    (C) 旅客的託運行李以件數論計，其適用地區爲 TC3 區至 TC1 區之間

    (D) 遺失行李時，領隊應協助旅客購買必需的盥洗用品，並保留收據，每人每天以 60 美元爲上限

(　　) 6. 現今航空公司對於旅客行李賠償責任是依據何種公約處理？

    (A) 赫爾辛基公約　(B) 申根公約　(C) 華沙公約　(D) 芝加哥公約

(　　) 7. 依國際航空運輸協會規定，機票從開票日起多久以內，須開始使用第一個航段？

    (A)4 年　(B)1 年　(C)2 年　(D)3 年

(　　) 8. 下列有關填寫國際機票之注意事項中，何者不正確？

    (A) 一律用英文大寫　　　　　　(B) 姓名欄爲姓在前名在後

    (C) 一本機票只能一人使用　　　(D) 塗改之處應擦拭乾淨，始可再填寫

（　）9. 有關嬰兒機票之使用規定，下列敘述何者為<u>不正確</u>？

    (A) 嬰兒票的票價為成人票的 20%

    (B) 嬰兒票的托運行李重量上限為 10 公斤

    (C) 嬰兒票之手提行李可以攜帶搖籃，但不得占有座位

    (D) 嬰兒票之持票人不得超過兩歲，若在旅行途中超過必須補票

（　）10.超過免費行李部分，超重行李計價以該航段單程經濟艙最高成人票價多少百分比，作為每公斤超重計算基礎？

    (A)1.5%　(B)1%　(C)2%　(D)0.5%

二、解釋名詞（每題 6 分，共 30 分）

    1.CG折扣票

    答：

    2. 中性機票

    答：

    3. 占位行李

    答：

    4. 查驗權

    答：

    5. 超重行李

    答：

三、問答題（每題 10 分，共 40 分）

    1.依票聯性質區分，機票分哪四種？

    答：

    2.何謂普通一年期機票（Normal Fare）？

    答：

    3.行李損壞賠償請求權之消滅時效為何？

    答：

    4.依計重制超重行李收費，如何計算？

    答：

得　分

學後評量
航空服務管理與票務

班級：＿＿＿＿＿　學號：＿＿＿＿

第 12 章
電子機票

姓名：＿＿＿＿＿＿＿＿＿＿＿＿

一、選擇題（每題 3 分，共 30 分）

（　　）1. 根據上面顯示之 PNR，下列旅客何者<u>不占機位</u>？

(A)TUNG/JUILIN　　　　　　　　(B)TUNG/SUCHIN

(C)TUNG/WUNJIN　　　　　　　　(D)TUNG/GUANYANG

```
1.1TUNG/JUILINMR 2.1 TUNG/SUCHINMS 3.1 TUNG/WUNJINMISS*C6
4.I/1 TUNG/GUANYANGMTSR*I6
1 AA 333 Y 1MAY 3 AAABBB*SS3 0810 1150 SPM/DCAA
2 BB 555 Y 3MAY 5 BBBDDD*SS3 1410 1630 SPM/DCBB
3 ARNK
4 DD 666 Y 5MAY 7 DDDAAA*LL3 1530 1915 SPM/DCDD
TKT/TIME LIMIT
TAW N618 26APR 009/0400A/
PHONES
KHH HAPPY TOUR 073597359 EXT 123 MR CHEN-A
PASSENGER DETAIL FIELD EXISTS-USE PD TO DISPLAY
TICKET RECORD-NOT PRICED
GENERAL FACTS
1.SSR CHLD YY NN1/06JUN06 3.1 TUNG/WUNJINMISS
2.SSR INFT YY NN1/TUNG/GUANYANGMSTR/11JUN12 2.1 TUNG/SUCHINMS
3.SSR CHML AA NN1 AAABBB0333Y1MAY
4.SSR CHML BB NN1 BBBDDD0555Y3MAY
5.SSR CHML DD NN1 DDDAAA0666Y5MAY
RECEIVED FROM-PSGR 0912345678 TUNG MR
N618,N6186ATW 1917/31DEC12
```

（　　）2. Open Jaw Trip 簡稱為開口式行程，其意義下列何項<u>不正確</u>？

(A) 去程之終點與回程之啟程點城市不同

(B) 去程之啟程點與回程之終點城市不同

(C) 去程之起、終點與回程之起、終點城市皆不同

(D) 去程之起、終點與回程之起、終點城市皆相同

（　　）3. 在機票票種欄 (FARE BASIS) 中，註記「YEE30GV10/CG00」，其機票最高有效效期為幾天？

(A)7 天　(B)10 天　(C)14 天　(D)30 天

（　　）4. 下列機票種類，何項折扣數最為優惠？

(A)Y/AD90　(B)Y/AD75　(C)Y/AD50　(D)Y/AD25

（　　）5. 旅客 SHELLY CHEN 為 16 歲之未婚女性，其機票上的姓名格式，下列何者正確？

(A)CHEN/SHELLY MS　　　　　　(B)CHEN/SHELLY MRS

(C)CHEN/SHELLY MISS　　　　　(D)I/CHEN/SHELLY MISS

（　）6.旅客的機票為 TPE→LAX→TPE，指定搭乘中華航空公司，在機票上註明 Non-Endorsable，其代表何意？

    (A) 不可退票　　　　　　　　　　　(B) 不可轉讓給其他航空公司

    (C) 不可更改行程　　　　　　　　　(D) 不可退票和更改行程

（　）7 旅行社於 7 月 4 日開一張 YEE17 的旅遊票給旅客，該旅客於 7 月 10 日使用第一航段行程往香港，故該張機票的有效期限至何時？

    (A)7 月 21 日　　(B)7 月 23 日　　(C)7 月 25 日　　(D)7 月 27 日

（　）8.機票的停留限制欄，若標示「X」，則表示該航點不可以

    (A) 入境　(B) 過境　(C) 轉機　(D)下機

（　）9.若一城市有兩個以上的機場，則應在機票上的哪個欄位填寫機場代碼？

    (A) 班機號碼欄位（Flight）　　　　(B) 起飛號碼欄位（Time）

    (C) 航空公司欄位（Carrier）　　　　(D) 行程欄位（From／To）

（　）10.下列英文縮寫何者表示機票「不可變更行程」？

    (A)NONRTG　(B)NONEND　(C)NONRFND　(D)EMBARGO

二、解釋名詞（每題 20 分，共 40 分）

1.EXST

    答：

2.UM

    答：

三、問答題（每題 15 分，共 30 分）

1.何謂免背書(Free Endorsement)？

    答：

2.NONREROUTABLE 中文何意？

    答：

第 13 章

票價基礎規則（一）

一、選擇題（每題 3 分，共 18 分）

（　）1. 航空票務之中性計價單位 (NUC)，其實質價值等同下列何種貨幣？

(A)EUR　(B)GBP　(C)USD　(D)TWD

（　）2. 假設旅客旅遊行程中，所有航段的總哩程 TPM=3,000 哩，而 MPM=3,300 哩，則 EMS 為

(A)M　(B)5M　(C)10M　(D)15M

（　）3. 旅客機票之購買與開立，均不在出發地完成，此種方式稱為

(A)SOTO　(B)SITO　(C)SOTI　(D)SITI

（　）4. 航空票價之計算公式，下列何者正確？

(A)NUC+ROE ＝ LCF　　　　　　(B)NUC － ROE ＝ LCF

(C)NUC×ROE ＝ LCF　　　　　　(D)NUC÷ROE ＝ LCF

（　）5. 依據開立機票及付款地之規定，若在國內開票，票款在國外付款，下列代號何者正確？

(A)SOTO　(B)SOTI　(C)SITI　(D)SITO

（　）6. SFO/TPE/LAX 機票，旅客在 NYC 購票付款，再 LAX 開票，此 ISI 為？

(A)SOTO　(B)SOTI　(C)SITI　(D)SITO

二、解釋名詞（每題 3 分，共 12 分）

1. 環球飛行指標

答：

2. MPM

答：

3. TPM

答：

4. NUC

答：

【背面尚有試題，請翻面繼續作答】

三、問答題（每題 10 分，共 70 分）

　　1.行程種類(Types of Journey)主要分成哪兩類？

　　　答：

　　2.機票開立及銷售指標(ISI, Issuance/Sale Indicators)共有哪四種？

　　　答：

　　3.何謂哩程系統(Mileage System)？

　　　答：

　　4.何謂超哩程附加費(EMS)？

　　　答：

　　5.票價選擇準則(Fare selection criteria)為何？

　　　答：

　　6.環狀行程(Circle Trip)之票價計算方向為何？

　　　答：

　　7.請說明表面航段哩程是否列入計算？

　　　答：

得 分

學後評量
航空服務管理與票務

第 14 章
票價基礎規則 (二)

班級：＿＿＿＿＿ 學號：＿＿＿＿

姓名：＿＿＿＿＿＿＿＿＿＿＿＿

一、選擇題（每題 4 分，共 20 分）

（　）1. 航空票價計算的中性貨幣單位？

　　　(A)TWD　(B)USD　(C)NUC　(D)HKD

（　）2. 所謂的「Fare component」是指

　　　(A) 直接票價　(B) 票價構成段　(C) 航空段落　(D) 票價加成

（　）3. 在高票價點所對應的票價稱為

　　　(A)FAF　(B)HCF　(C)HIF　(D)HOF

（　）4. 從最遠迴轉點（目的地）回到啟程點之行程，稱為

　　　(A)Inbound　(B)Outbound　(C)Circle trip　(D)Turnaround point

（　）5. 以客人最佳利益為本，所計算的票價，稱為

　　　(A) 來回票價組合　(B) 環程票價組合　(C) 最高票價組合　(D) 最低票價組合

二、解釋名詞（每題 5 分，共 30 分）

　1. Outbound

　　答：

　2. Inbound

　　答：

　3. CTM

　　答：

　4. OLC

　　答：

　5. ADC

　　答：

　6. DFUC

　　答：

【背面尚有試題，請翻面繼續作答】

三、問答題（每題 10 分，共 50 分）

　　1.何謂特定航路(Specified Routings)？

　　　答：

　　2.高票價點檢查(Higher Intermediate Point(HIP)check)方法有哪些？

　　　答：

　　3.何謂票價構成段(Fare component)？

　　　答：

　　4.由KHI-MNL-SEL其 NUC 多少？

　　　答：

　　5.在票價構成段中，依計算方向，如何尋找高票價點？

　　　答：

得　分

學後評量
航空服務管理與票務
第 15 章
航空機票訂價策略分析

班級：＿＿＿＿＿　學號：＿＿＿＿

姓名：＿＿＿＿＿＿＿＿＿＿＿

一、選擇題（每題 4 分，共 20 分）

（　　）1. 企業利用消費者仰慕名牌商品或名店的心理，有意給產品制定高昂價格以提高產品地位的
定價策略，稱爲

    (A) 聲望訂價　(B) 掠奪性訂價　(C) 包裹式訂價　(D) 壟斷性訂價

（　　）2. 企業對於賣給不同地區顧客的某種產品，都按照相同的廠價加相同的運費（按平均運費計
算）訂價稱爲

    (A) 基數訂價　(B) 壟斷性訂價　(C) 統一交貨訂價　(D) 超值訂價

（　　）3. 以競爭者爲目標的定價策略，根據競爭對手的價格，定出與其一致或更低的價格的訂價法
稱爲

    (A) 顧客導向訂價法　　　　　　　　(B) 折扣與折讓策略

    (C) 總成本加成訂價法　　　　　　　(D) 競爭導向訂價法

（　　）4. 根據航空公司的投資總額、預期銷量和投資回收期等因素來確定一個目標收益率，作爲訂
價的標準稱爲

    (A) 顧客導向訂價法　　　　　　　　(B) 目標收益訂價法

    (C) 總成本加成訂價法　　　　　　　(D) 競爭導向訂價法

（　　）5. 企業選定某些城市作爲基點，然後按一定的廠價加上從基點城市到顧客所在地的運費來
訂價稱爲

    (A) 顧客導向訂價　(B) 基點訂價　(C) 總成本加成訂價　(D) 聲望訂價

二、解釋名詞（每題 10 分，共 40 分）

    1. 後退激勵佣金

      答：

    2. 掠奪性訂價策略

      答：

    3. 包裹式訂價

      答：

4.壟斷性訂價

答：

三、問答題（每題8分，共40分）

1.影響航空機票訂價的基本因素，主要來自哪幾個方面？

答：

2.航空公司新產品的訂價策略，主要有哪三種？（簡答）

答：

3.何謂基數訂價？

答：

4.掠奪性訂價策略有哪些優點及缺點？

答：

5.何謂成本導向訂價法？包含哪四個方法？（簡答）

答：

一、選擇題（每題 4 分，共 40 分）

（　　）1. 搭機旅遊時，在一地停留超過幾小時起，旅客須再確認續航班機，否則航空公司可取消其訂位？

(A)12 小時　(B)24 小時　(C)48 小時　(D)72 小時

（　　）2. 下列何者為班機預定到達時間的縮寫？

(A)EDA　(B)ETA　(C)EDD　(D)ETD

（　　）3. 患有糖尿病之旅客，可向航空公司預訂下列何種餐點？

(A)BBML　(B)CHML　(C)DBML　(D)VGML

（　　）4. 航空公司之班機無法讓旅客當天轉機時，而由航空公司負責轉機地之食宿費用，稱之為

(A)TWOV　(B)STPC　(C)PWCT　(D)MAAS

（　　）5. 下列何者屬於宗教性的特殊餐食？

(A)CHML　(B)MOML　(C)BBML　(D)SFML

（　　）6. 航空時刻表上，有預定起飛時間及預定到達時間，其英文縮寫分別為

(A)TED & TAE　　　(B)EDT & EAT

(C)ETD & ETA　　　(D)DTE & ATE

（　　）7. 帶團人員在機場應隨時注意「ETD」是指

(A) 班機預定起飛時間　　　　(B) 班機預定到達時間

(C) 班機延誤時間　　　　　　(D) 班機提前到達時間

（　　）8. 下列關於機場通關作業與要求之敘述，何者正確？

(A) 水果刀包裹妥當，可置於隨身手提行李

(B) 美工刀包裹妥當，可置於隨身手提行李

(C) 托運行李須複查時，由旅客本人開箱接受檢查，並核驗登機證及申報單

(D) 托運行李應親自攜往隨身手提行李檢查處

（　　）9. 某旅客訂妥機位的行程是 TPE → LAX → TPE，當從 LAX 返回 TPE 前 72 小時，該旅客必須向航空公司再次確認班機，此做法稱為

(A)Reservation　(B)Reconfirmation　(C)Confirmation　(D)Booking

（　　）10. 下列何者為貨運提單的縮寫？

(A)ACN　(B)AWB　(C)ARC　(D)AF

二、解釋名詞 (每題 15 分，共 30 分)
　　1.收益旅客公里

　　　答：

　　2.客運裝載率

　　　答：

三、問題討論 (每題 10 分，共 30 分)
　　1.TSA美國運輸安全管理局，要求航空公司必須在起飛72小時前，將哪些資料輸入？

　　　答：

　　2.何謂班表預定點？

　　　答：

　　3.何謂收益旅客公里(RPK)？

　　　答：